KB070376

미완의 꿈

미완의 꿈

언론인 성유보의 한국 현대사

성유보 지음

한겨레출판

여는 글

2014년 1월 1일부터 〈한겨레〉 '길을 찾아서'에 연재한 성유보(이룰태림) 선생의 회고록이 한 권의 책으로 묶여 나온다. 책머리의 글은 필자가 집필하는 것이 마땅하나, 선생께서 갑작스레 세상을 떠나는 바람에 '길을 찾아서'의 편집기획자란 인연으로 대신 소개를 하게 되었다. 출간 축하의 인사가 아니라 고인을 대신한 인사가 된 현실이 안타깝기만 하다.

"내 나이 어느덧 칠순에 들어서고 보니 우리 세대의 한평생이 격동기 한국 현대사 자체라는 생각이 든다."

'길을 찾아서'에 연재를 시작하기 전 인터뷰에서 성유보 선생은 이렇게 이야기를 시작했다. 이 한 문장에는 그가 '길을 찾아서'의 열다섯 번째 필자로 나선 이유가 압축적으로 담겨 있다. 하지만 그 이유가 연재 내내 본의 아니게 필자와 편집기획자의 신경전을 빚게 할 줄은 전혀 예상하지 못했다. 그 단서는 바로 '우리 세대'에 숨어 있었다.

성유보 선생은 1943년 일제 말기에 경북 경산에서 태어나 일본식 이름으로 불리다 2살 때 해방을 맞았고, 5살 때 비로소 대한민국 국민이 되었으며, 7살에 한국전쟁을 겪고, 고등학교 2학년 때 4월 혁명을, 대학 1학년 때 5·16 쿠데타를 겪었다.

선생의 삶이 굴곡진 우리 현대사의 수레바퀴에 본격적으로 빨려든 것은 1974년 이른바 '자유언론실천선언' 때부터라 할 수 있다. 서울대 정치학과를 졸업하고 군 복무를 마친 1968년 〈동아일보〉에 입사해 언론인의 길을 걷기 시작한 그는 그해 10월 24일 박정희 유신 독재의 영구 집권을 위한 언론 탄압에 맞서다 이듬해 해직 언론인의 이름을 얻었다. "그때부터 '서대문 국립대학(서대문형무소)'에서 두어 번 신세도 졌지 아마?"

1972년 유신 정권이 언론 통폐합과 함께 '긴급조치'란 초법적 수단으로 폭압 정치를 강행하자 그는 동료 기자들과 함께 노조를 결성해 언론 자유 수호 투쟁을 벌였다. 그 과정에서 중앙정보부는 〈동아일보〉의 1974년 10월 23일자 '서울대 농대생 300명 시위' 기사를 문제 삼아 송건호 편집국장을 비롯한 간부들을 연행했고, 이에 기자들은 24일 '자유언론실천선언'을 발표했다. 그 파장이 커지자 박정희 정권은 그해 12월 한국 신문사상 전례가 없는 '광고 탄압'을 가했지만 기자들은 독자들의 지지에 힘입어 꿋꿋이 두 달 넘게 버텼다. 결국 이 투쟁을 지지하며 농성하던 〈조선일보〉 기자 70명까지 포함해 200명 가까운 언론인이 거리로 내쫓겼다.

1979년 10·26 사태로 유신과 박정희는 종말을 고했지만 1980년 5·17 쿠데타로 집권한 신군부는 또 다시 언론 통폐합과 대량 해직의 만행을 저질렀고 수백 명의 언론인이 펜을 빼앗기고 입이 막혔다. 역설적으로 그 덕분에 언론 자유의 중요성은 더 절실해졌고 깨어난 언론인들은 뭉치기 시작했다.

선생은 1984년 민주언론운동협의회 초대 사무국장과 1986년 민주통일민중운동연합 사무처장 등을 맡아 민주화 운동의 일선에 나섰고 1987년 6월 항쟁의 승리를 이끌어내는 주역이 됐다. 그 여세를 몰아 1988년 5월 국민주로 태어난 새 신문 〈한겨레〉 창간에도 참여했다.

"그나마 지난 세월에서 가장 영광스러웠던 것은 잠깐이지만 〈한겨레〉 초대 편집위원장을 지냈다는 사실이다. 지금껏 '길을 찾아서' 연재를 애독해 왔지만 정작 집필 요청을 받았을 때에는 망설이지 않을 수 없었다. '나는 과연 지난 세월 어떤 길을 찾아 헤매었는지' 스스로에게 먼저 물어봐야 했기 때문이다. 또 '찾아가고자 했던 길 위에서 내가 얼마나 열심히 노력했는지'도 되돌아볼 필요가 있었다."

그렇게 오락가락하던 그의 마음을 잡아준 계기는 원풍모방 해고 노동자 박순희 씨와의 만남이었다. 박 씨는 "원풍노조 식구들이 '못다 이룬 꿈도 아름답다'며 서로를 위로하며 살고 있다"고 말했다. 그는 그길로 《원풍모방 노동 운동사》(삶창, 2010)를 구해 읽어봤다. 1982년 전두환 정권에 의해 570명의 노조원이 해고당했을 때 정선순 위원장의 이야기가 눈길을 사로잡았다고 한다.

"지난 이야기를 나누는 것은 단순히 회고하자는 것이 아니고 그 바탕에 소중한 것, 반성할 것을 찾아보고 성찰적 계승을 하자는 의미이겠지요. 오늘 좌담을 통해 못다 이룬 꿈도, 그 꿈은 참 아름다웠다는 생각이 듭니다. 그리고 또한 그 꿈은 여전히 우리들의 핏줄을 타고 뿌리내리고 있다는 생각이 듭니다."

그는 언론인으로서 지난 50년 삶을 스스로 되돌아봤다. 1991년 논설위원을 끝으로 〈한겨레〉를 떠난 이래 마지막 숨을 다하는 순간까지 그는 한 번도 언론 민주화와 진보 운동의 현장을 벗어난 적이 없었다. 그리고 그는 깨달았다. "그렇다. 1960년 '4월 혁명'이 나에게 안겨준 것은 '언론 자유와 민주의 꿈'이었다. 때때로 잊은 적은 있어도 그 꿈을 버린 적은 한 번도 없었다."

마침 2014년은 자유언론실천선언 40돌이었다. 동아자유언론수호투쟁위원회를 비롯한 해직 언론인들은 여전히 거리에서 복직 투쟁을 하고 있었고, 그들을 거리로 내몰았던 '독재자의 딸'은 또다시 대통령으로서 '폭압 정치의 망령'을 불러내고 있었다.

그는 글을 쓰기로 했다. 우리 세대는 물론 온 국민이 지난 반세기 동안 찾아 나선 '언론 자유와 민주의 꿈'은 아직도 진행형이다. 이 도정에서 우리가 겪고 느끼고 배운 것들을 남겨놓는다면 다음 세대들이 그 꿈을 더욱 가꾸고 발전시켜 나가는 데 조금이나마 도움이 되지 않을까 하는 생각에서였다.

그랬다. 선생은 개인사가 아니라 동세대가 함께 겪은 '우리 이야기'를 정리하고자 했던 것이다. 그래서 원고는 늘 '나~'나 '내가~'보다는 '그~'나 '우리~'를 주어로 시작했다. 개인 회고록에서 그런 화법의 서술은 낯설었을 뿐만 아니라 때로는 당황스러운 일이었다. 그러다 보니 내용은 상대적으로 건조할 정도로 객관적이었고, 독자들이 기대하는 '읽는 재미'나 잘 몰랐던 개인사의 이면을 엿보는 '흥밋거리'를 제공해주지 못했다. 나는 까마득한 후배의 본분을 잊고, 마감 때마다 수정을 요구하기도 했고 심지어 짜증을 내기도 했다. 그럼에도 불구하고 선생은 단 한 번도 화를 내지 않고 묵묵히 이야기를 들어주고는 했다. 물론 그렇다고 그 화법을 바꾸거나 주문대로 글을 수정하지도 않았다. 일찍이 '언론 자유와 민주화'의 대의에 투신한 남편을 위해 '가족 부양'이라는 가장의 멍에를 대신 짊어지고 평생토록 천 조각을 모아 손바느질로 생계를 도맡아온 부인의 헌신에 대한 이야기를 '단 한 줄' 언급했을 정도였다. 한편으로는 참 이기적인 '결벽증'이란 생각마저 들었다. 하지만 어쩌면 그 '고집스런 뚝심'과 '선공후사 정신'이 간난고초의 가시밭길을 흔들림 없이 걸어올 수 있었던 '지사'의 기개였는지도 모르겠다.

되짚어 생각해보면, 1988년 〈한겨레〉 창간 초기 몇 년간 편집국을 진두지휘하던 때에도, 신문사를 떠난 이래 대선배이자 언론 운동가로 가끔 오가며 인사를 나눌 때에도, 선생에게는 한결같은 인상이 있었다. 그는 어느 자리에서나 자신을 내세운 적이 없었고, 어투며 차림새며 표정까지 권위적인 구석이 전혀 없었다. 그 자신이 이야기하듯 타고난 '촌놈 기질'인지, 아니면 유교식 '겸양지도'를 지나치게 의식한 탓인지 가늠하기는 어렵다. 다만, 그런 선생의 평소 품성에 비추어, 회고록 집필 요청을 고심 끝에 승락했던 이유 역시 한 시대의 증인으로서 사명감에 따른 것이었다는 사실을 새삼 깨닫는다.

2014년 6월 24일, 마침내 반년에 걸쳐 혼신을 다한 집필을 끝냈을 때, 선생은 무언가 필생의 숙제를 해냈다는 듯 홀가분한 표정이었다. 그 초연함이 불과 몇 달 뒤 홀연히 우리 곁을 떠나도 여한이 없다는 '예시'가 될 줄이야. 언제나처럼 불쑥 전화를 걸어 "나요"라고 인사를 건넬 것처럼 선생의 '부재'는 여전히 실감이 나지 않는다. 그 몇 해 전부터 심혈을 기울여왔던

'희망래일'의 꿈을 안고, 지금도 만주나 몽골의 평원 위에서 '한반도의 통일 미래와 한민족의 비전'을 구상하고 있을 것만 같다. 그러므로 책의 제목 '미완의 꿈'은 선생의 마음에도 흡족할 것이라고 믿는다.

김경애(〈한겨레〉 인물탐구부장)

멈출 수 없는 언론 자유의 꿈

'6월 항쟁' 27돌을 맞은 2014년 6월 10일, 항쟁의 주역들은 정부 주최의 공식 기념식 참석을 거부하고 별도의 기념식과 거리행진을 벌였다. '6월민주항쟁계승사업회'를 중심으로 성공회대성당에서 민간 기념식을 열고, 500여 명이 참가한 가운데 "다시, 민주·평화·복지를 위한 시민 항쟁의 봉홧불을 올리자"는 선언문을 발표했다.

선언자 일동은 전교조 등록 무효화, 통합진보당 해산 기도, 한국사 교과서 입맛대로 맞추기, 수구 기득권층의 친일·독재 행적 삭제, 파당적인 소통 부재의 인사 정책 등 박근혜 정권의 문제점을 지적했다. 나아가 신자유주의의 노동 유연화, 기간산업의 민영화, 규제 완화 정책 등을 비판하고, 노동자의 정당한 권리를 손해배상 소송이나 업무방해 등 반민주적이고 야만적인 악법으로 탄압하는 것에 대해 강력히 규탄했다. 무엇보다 6월 항쟁의 주역들은 수십 년간에 걸친 한국 민주화 운동의 산물인 '민주화운동기념사업회' 이사장 자리마저 박 대통령의 후보 시절 지지자로 지명하여 사유화하려는 데 대해 깊은 절망감을 느꼈다.

근대 민주주의는 '제왕주권'에 대한 시민들의 저항에서 비롯됐다. 17~18세기 영국과 프랑스에서 시민들이 '왕의 전쟁, 왕족의 사치를 위한 중과세를 감당하지 않겠다'고 주장하면서 내전이 일어났고, 절대왕정은 무너졌다. 이 시민 혁명의 과정에서 '자유론'이 탄생했다. 특히 1789년 프랑스 혁명 당시 인간과 시민의 권리선언 제11조에서 "사상과 의견의 자유로운 소통은 인간의 가장 고귀한 권리 가운데 하나이다. 모든 시민은 자유롭게 말하고 쓰고 출판할 수 있어야 한다"고 선언하고, 사상의 자유, 학문의 자유, 종교의 자유, 집회·시위의 자유 등을 '하늘이 인간에게 부여한 권리'라고 주장했다. 또한 "모든 주권의 원리는 본질적으로 국민에게 있다(제3조)"고 하여, '왕권신수설'을 거부하고, '국민주권론'을 채택했다. 언론의 자유가 시민민주주의와 쌍생아인 이유는 바로 이 점에 있다.

언론은 육하원칙, 즉 '누가 언제 어디서 무엇을 어떻게 왜 했는가'를 강조한다. 그러나 이 육하원칙에서 '누가'라는 주인공을 잘못 선택하면 '언론의 자유'는 함정에 빠지고 만다. 보도의 주인공이 국민이냐, 아니면 권력자나 관료냐가 시민민주주의 사회와 권위주의 사회의 갈림길이다. 이러한 진실에도 불구하고 한국의 언론은 겉으로는 '민주주의'를 내세우면서 실제로는 6월 항쟁 이후에도 시민을 뉴스의 주인공으로 삼기를 거부해왔다. 일제 강점기에 언론은 "일본 천황이……", "조선총독부는……" 식으로 뉴스를 시작해 언제나 식민 지배자들이 주인공이 됐다. 이승만, 박정희, 전두환 시대의 뉴스 주인공도 마찬가지였다. "대통령은, 정부 당국자는, 검찰은, 경찰은, 집권 여당은……", 이렇듯 독재자와 그 하수인인 관료들이 주어였다.

그렇다면 1987년 6월 항쟁 이후 뉴스의 주어가 바뀐 적이 있었던가. 내

기억으로는 없다. 아니 오히려 재벌기업의 목소리가 추가됐을 뿐이다. 6월 항쟁 이후 우리는 국민이 '나라의 주인'이 된 줄로 믿고 있었다. 하지만 실제로는 요즈음에도 유권자들은 고작 선거 때에나 잠깐 주권자 대접을 받을 뿐이다. 선거가 끝나면 정당과 정치인들은 언제 그랬느냐는 듯이 약속을 잊고 이해관계가 있는 사람들하고만 어울린다. 국민들은 일상의 삶 속에서는 결코 주권자가 되지 못하고, 관료 독재와 천민 자본가의 노복이 된다. 그리고 언론은 언제나 변함없는 정경유착의 충실한 동맹자였다.

한민족의 근현대사를 잠시 되돌아보자. 우리는 구한말 일제에 나라를 빼앗겼다. 주자학의 '민본주의'를 내세운 조선왕조는 실제로는 관료 독재 사회였다. 관리들과 아전들, 지방 호족들은 착취를 일삼았고 백성들은 굶주리고 헐벗었다. 박석무는 《다산 정약용 평전》에서 1797년의 '이계심 사건'에 대해 이렇게 기술한다.

> 이계심은 곡산 백성이다. 아전이 농간을 부려 200냥 세금을 900냥이나 거두자, 이계심이 백성 1,000여 명을 인솔하고 관청에 들어와 항의했다. 아전과 관노비들이 몽둥이로 쫓아내자 달아났다. …… 다산이 곡산부사로 부임할 때, 정승 김이소 이하 여러 대신들이 주동자 몇 놈을 죽이라고 권했다. 다산이 곡산 땅에 이르자 이계심이 자수했다. 이계심은 백성들이 괴로워하는 10여 조목을 기록해 올려 바쳤다. …… 다산은 이렇게 판결했다. 피고인 이계심은 무죄다. 한 고을에 모름지기 너와 같은 사람이 있어 형벌이나 죽음을 두려워하지 않고 만백성을 위해 그들의 원통함을 폈으니, 천금을 얻을 수 있을지언정 너와 같은 사람을 얻기는 어려운 일이다.[1]

정약용 같은 목민관을 만나는 행운을 가졌던 이계심은 목숨을 건졌지만, 1894년 동학농민운동에 참가했던 '수십만의 이계심'은 개혁 대신에 외세를 끌어들인 조선왕조로부터 목숨을 잃거나 야반도주했다. 당시 조정에는 정약용 같은 목민관이 단 한 사람도 없었던 것이다. 굶주린 백성들의 일부는 하와이로, 멕시코로, 만주로, 시베리아로 흘러갔다. 나라 잃은 백성들은 그곳에서도 천대를 받았다. 시베리아 이민자 20여 만 명은 스탈린 시대 중앙아시아로 강제 이주 되는 신세가 되어 사막에 내버려지기도 했다.

조선조는 끝내 나라를 잃었고 한민족은 일본 제국주의의 노예가 되어 100만 명 이상이 일본 군수공장으로, 사할린으로 징용당했고 무수한 학생들이 징집됐으며 처녀들은 일본 군인들의 성노예로 끌려갔다. 조선 땅에 남은 사람들은 '공출이다, 부역이다' 하여 일제의 중일전쟁, 태평양전쟁의 병참 노예가 됐다. 제2차 세계대전으로 해방된 한민족은 남북 분단의 비극, 한국동란의 비극을 겪어야 했고, 400만 명 이상이 희생됐다. 이 분단과 전쟁의 한민족 현대사에서 유일하게 건진 것이 있다면, "대한민국은 민주공화국이다. 대한민국의 주권은 국민에게 있고, 모든 권력은 국민으로부터 나온다"이며 '국민주권'을 국가 이념의 기본으로 삼은 것이다.

1960년대 이후 한국의 민주화 운동사는 헌법 조문으로만 존재하던 '국민주권 사상'을 일상 속에 뿌리내리기 위한 '시민 행동'이었다고 할 수 있다. 이승만 독재를 타도한 1960년 4월 혁명은 최초의 국민주권 운동이었다. 26년 동안의 군사 정권에 대한 저항 끝에 "동장에서 대통령까지 우리 손으로!"라는 구호를 앞세워 대의민주주의를 진전시킨 1987년의 6월 항쟁은 2차 국민주권 운동이었다. 그러나 6월 항쟁은 '제왕주권'은 물리친 것 같았으나 '국민주권'을 제대로 확립하지는 못했다.

민주주의 사회는 원래 다양한 집단의 다양한 사상과 이데올로기가 공존하는 것을 의미한다. 사상과 이데올로기, 학문, 종교의 다양성을 혼란과 무질서, 정쟁으로 몰아붙이는 사회에서는 결코 시민민주주의가 뿌리내릴 수 없다.

세월호 사건으로 민낯이 드러난 한국 사회는 여전히 검찰공화국이다. 엄청난 현상금을 걸고도 검찰이 유병언을 잡지 못할 때에도 집권 여당은 '수사가 끝날 때까지 정치권은 조용히 있자'고 말했다. 이른바 주류 언론도 '정치권이 세월호 사건에 개입하면 정쟁이 된다'고 목소리를 드높였다. "가만히 있으라"의 총체적 명령어는 청와대로부터 나왔다. '대통령이 나서서 국민의 생명과 안전을 위한 국가 개조를 할 테니 국민들은 가만히 있으라'고 말한다. 해바라기 언론들은 이 '청와대발 가만히 있으라'의 홍보기관이 됐다.

연극 〈상처꽃: 울릉도 1974〉(최창남 원작, 양정순 극본)는 박정희 정권이 1974년 2월 조작한 간첩 사건을 다루고 있다. 이 연극의 서두 "그들이 왔다"라는 대목부터 관객들의 숨을 막히게 한다.

> 처음에 그들은 공산주의자들을 잡아갔다. 하지만 나는 침묵했다. 왜냐하면 나는 공산주의자가 아니었기 때문이다. 그다음에 그들은 노동 운동가를 잡아갔다. 하지만 나는 침묵했다. 나는 노동자도 노동 운동가도 아니었기 때문이다. 그다음에 그들은 대학생과 교사들을 잡아갔다. 하지만 나는 침묵했다. 나는 대학생도 교사도 아니었기 때문이다. 그다음에 그들은 문인들과 기자들을 잡

아갔다. 나는 이때도 역시 침묵했다. 나는 문인도 기자도 아니었기 때문이다. 그다음에 그들은 교회 목사들과 가톨릭 신부들을 잡아갔다. 하지만 나는 여전히 침묵했다. 나는 개신교도 가톨릭도 아니었기 때문이다. 그러던 어느 날 그들은 나를 잡으러 왔다. 하지만 이미 내 주위에는 나를 위해 큰 소리로 외쳐줄 사람이 아무도 남아 있지 않았다.

우리는 이제 다시 '가만히 있으라'에 굴종할 수 없다. 히틀러의 나치 시대와 다를 것이 없었던 '상처꽃'의 1970~1980년대로 되돌아갈 수는 없기 때문이다. '청영방송의 해바라기' 길환영 사장을 몰아낸 KBS(한국방송) 사태는 '제3의 시민 혁명'이 필요한 한국 사회에서 언론의 자유가 얼마나 중요한지를 여실히 보여줬다. '식민 지배는 하나님의 뜻'이라는 등 문창극 총리 후보자의 과거 발언도 KBS의 특종보도로부터 비롯됐다.

언젠가 희망래일의 고문으로 모시고자 세종시에 있는 경원사로 효림 스님을 찾아간 적이 있다. 효림 스님은 "관세음보살은 '세상 사람들의 목소리를 듣는 보살'이란 뜻인데, 인도말로 '보살'은 '민중'이란 뜻"이라고 말씀해 주셨다. 할머니가 자식들 잘되라고 읊조리던 "나무아미타불 관세음보살"의 '관세음보살'이 '민중 언론인'이라니. 그러고 보니 성경에 나오는 이스라엘의 선지자들 또한 그 시대 언론인들이 아니었던가.

그러므로 나는 한 시대 '언론의 자유'는 당대 백성들의 시대적 소망과 동떨어져 존재하지 못한다는 것을 요즈음 확실히 깨닫고 있다. 오늘날 우리 국민들의 세상 살아가는 목소리는 무엇일까? 두 가지로 요약해볼 수 있다. 안으로는 '경제 민주화와 복지', 국제정치적으로는 '한반도에서 전쟁 대신 평화'일 것이다.

오늘날 우리가 처한 현실은 안타깝다. 하지만 한편으로는 1960년 이후 지금까지 50여 년간 질풍노도의 시대를 역동적으로 살아온 우리의 21세기 삶에 새로운 민주화 운동이 일어날 것이라는 기대감도 점점 더 커지고 있다. 한국의 21세기 시민 사회가 언론 자유 쟁취 투쟁을 전개하면서 민주와 복지, 평화로의 새로운 대행진을 다시 시작한다면 우리 한민족은 '화약고 한반도'를 청산하고 '동아시아 평화와 공존의 문명 중심지'로 재탄생할 수 있을 것이다. 한민족의 새로운 역동성에 희망을 건다.

2014년 6월

성유보

차례

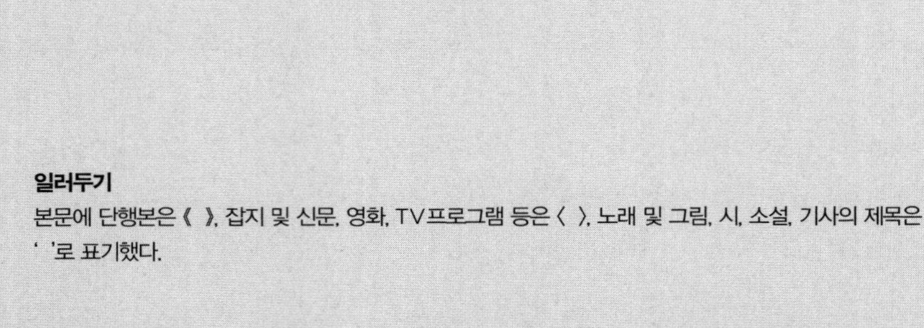

일러두기

본문에 단행본은 《 》, 잡지 및 신문, 영화, TV프로그램 등은 〈 〉, 노래 및 그림, 시, 소설, 기사의 제목은 ' '로 표기했다.

| 1부 |

민주의식의 태동

— 1장 —

철수에서 유보로

1943년 양띠, 암흑기에 태어나

나는 1943년 경북 경산에서 아버지 성태후와 어머니 신순득의 팔남매 중 셋째로 태어났다. 제2차 세계대전이 막바지로 치닫던 일제시대 말기 대부분의 '조선인'이 그러했듯이 우리집도 창씨개명을 해야 했고, 내 일본식 이름은 '나리오카 다카히코'였다. 1945년 8월 해방이 되자 아버지는 호적에 새로 이름을 올리면서 내 이름을 엉겁결에 '철수'로 적었다고 한다. 나는 어릴 때부터 놀림을 받던 그 이름이 싫어 대학을 졸업한 뒤 '유보(裕普)'라고 스스로 개명했다.

어머니는 살아생전 "일제가 쌀과 보리 등을 죄다 공출해가고 만주에서

콩깻묵을 가져와 배급해주는 바람에, 네가 갓난아기 때 젖을 제대로 못 먹어서 죽을 고비를 여러 번 넘겼다"고 하면서 "살아남은 것만도 기적이다"라고 말씀하시고는 했다. 허약해서 그랬던 것인지, 평생 부모님께 혼나거나 매 맞은 기억은 없다. 그렇다고 얌전한 아이는 전혀 아니었다. 5살 때인가, 무엇 때문인지 성이 난 나는 어머니에게 대들다가 엉엉 울면서 마당을 뒹굴었다. 어머니는 나를 달래서 목욕을 시키고 새 옷으로 갈아입혔다. 그런데도 화가 풀리지 않아 또다시 마당을 뒹굴 정도로 나는 고집쟁이였다. 6살도 채 안 되어 경산초등학교에 입학했는데, 그 이유는 "학교라도 보내 하루빨리 못된 성격을 고쳐보려는 속셈"이었다고 한다. 어쨌든 일제의 수탈과 이승만 정권의 방치로 그 시절 대다수 농민들은 끼니조차 찾아먹기 힘들었다. 그나마 우리집은 일제가 남기고 간 작은 과수원과 약간의 논밭 덕분에 보릿고개는 면했지만, 여름 한철에는 꽁보리밥만 먹어야 했다.

초등학교 4학년 여름이었던가? 아버지는 자식들 학비를 마련하려 농우(農牛)를 내다 팔았다. 경주까지 100리 길을 걸어서 오일장에 나가 소를 팔고 다시 걸어서 11시쯤 한밤중에야 돌아오셨다. 어머니는 제사용으로 아껴둔 쌀로 흰밥을 지어 늦은 저녁상을 차려 냈다. 우리 팔남매는 이미 저녁을 먹어놓고도 쌀밥에 넋이 나가 밥상에 둘러앉아 군침을 흘렸다. 아버지는 절반도 잡숫지 않고 "아 배부르네" 하시면서 숟가락을 놓으셨고, 우리는 앞다투어 숟가락을 들었다. 괴테의 '파우스트'는 권력과 부를 위해 영혼을 팔지만, 그 시절 우리네 농민들은 세끼 밥만 배불리 먹을 수 있다면 영혼을 팔고도 남았을 것이다.

초등학교 2학년 때인 1950년에는 한국전쟁이 터졌다. 다행히도 내가 살던 경산은 국군이 대구를 방어선으로 삼은 덕분에 전쟁터 신세는 면했다. 그렇다고 전쟁과 무관할 수는 없었다. 아이들까지 나서서 방공호를 파야 했고, 어머니는 피난에 대비하여 미숫가루를 잔뜩 만들었다. 7월 중순께부터 10명쯤 되는 '국민방위군' 어른들이 우리집에 기숙하더니, 열흘쯤 지나자 어디론가 사라졌다. 경산읍 상방동의 집 앞으로는 실개천이 흘렀는데, 남서쪽 논밭 너머로 신작로(부산 – 대구 – 서울을 잇는 경부국도)가 보였다. 7월 하순 어느 날부터 보름 넘게 흰옷 입은 어른들을 가득 태운 트럭들이 신작로를 줄지어 지나갔다. 그때는 무슨 일인지 전혀 알지 못했기에 그저 풍경화처럼 스쳐 바라봤을 뿐이었다.

2학기 들어 학교에 가보니 미군이 온통 점유하고 있었다. 대신 우리는 산과 들로 야외수업을 다니다가 늦가을부터 중방동에 있는 담배창고(당시 전매청에서 담뱃잎을 말리기 위해 지은 칸막이 창고)를 임시학교로 사용했다. 4학년 2학기가 되어서야 미군이 철수해 학교를 되찾았다. 소년 시절 한국전쟁을 통해서 미국과 미군은 내게 두 가지 강한 인상을 남겼다. 하나는 미국이라는 큰 나라의 국력에 대한 부러움이었고, 다른 하나는 그 힘이 주는 위압감이었다.

미군들은 간혹 동네 앞 실개천 제방에 나와 허공에 대고 사격 연습을 하고는 했다. 그럴 때면 동네 여자들은 모두 숨기에 바빴고, '제 식구 안녕조차 보장하지 못하는' 남자들의 자존심은 무참히 깨질 수밖에 없었다. 미 공군은 '쌕쌕이'라고 부르고는 했던 제트기와 B-29 전폭기로 우리 마을 상공을 지나 하루에도 몇십 대씩 북쪽으로 날아갔다. 우리는 운동화가 없어 고무신을 신고 다녔고 자전거만 가져도 부자로 쳤기 때문에 어린 마음에 미국은 어떻게 수만 리 떨어져 있는 북녘으로 비행기를 날려 보낼 수 있을까 의문이 들었다.

미국 병사들은 간혹 헬리콥터를 타고 동네 방천에 날아와서는 열댓 명씩 몰려나와 따라다니는 아이들에게 레이션 박스를 2~3개씩 주고는 했다. 그 속에 든 통조림이나 초콜릿, 사탕 등이 그렇게 맛있을 수가 없었다. 멋모르고 털어넣었던 새카만 커피가루는 써서 삼키지도 못했지만. 그렇게 한국전쟁을 통해 미군들에 의해 전파된 미제 먹거리나 의약품, 자동차, 통신, 석유, 양담배 등은 한국인에게 미국식 생활양식, 미국식 사고방식, 양키문화를 퍼뜨렸다.

나의 경산초등학교 시절은 한국전쟁의 시작과 끝이 맞물린 환란의 시대였다. 2학년 1학기 때 전쟁이 터져 5학년 여름방학 때 '정전 협정'으로 총성이 멎었다. 이 대격동기에 선생님들이 전쟁에 아랑곳하지 않으시고 일편단심으로 우리를 가르치시는 데 전력을 다한 것을 나는 요즈음 들어 새삼 경이롭게 생각한다. 전쟁의 소용돌이 속에서도 초등학교 6년 내내 수업에 공백이 있었던 기억은 없다. 다들 먹고살기 바쁜 농촌이라 촌지도, 치맛바람도 있을 턱이 없었고, 학부모들은 학교에 자식을 맡겨버리면 신경을 쓰지 않았다.

태어날 때부터 허약했던 나는 그 시절 "키는 조그마하고 볼품없지만, 공부는 좀 한다"는 소리를 곧잘 들었다. 지금 돌이켜보면, 내가 그나마 공부를 한 것은 머리가 좋아서가 아니라 선생님들의 관심과 칭찬 덕분이었다. 특히 1학년 담임 정태봉 선생님은 넷째 숙부님과 경산초등학교 동기동창으로, 친구의 조카인 내게 유독 많은 사랑을 베푸셨다. "이 문제 아는 학생

일제가 폐망하기 직전인 1943년 태어난 필자는 초등학교 2학년생일 때 한국전쟁을 겪으며 '큰 나라' 미국과 미군에 대한 강한 인상을 받았다. 사진은 1949년 할머니 회갑잔치 때 찍은 가족사진으로 가운데가 할머니, 그 뒷줄 좌우가 부모님, 할머니의 오른쪽 세 번째가 필자이다.

손들어?" 했을 때 내가 손을 들면 늘 기회를 주셨다. 그때 내 글씨는 추상화 수준으로 엉망이었다. 국어 교과서의 단어들을 공책에 베끼게 하고는 동그라미를 표시해주시고는 했는데, 내 공책에는 아예 동그라미도 치지 않고 "집에 가서 네 누나 앞에서 다시 써서 내일 가져와라" 하시고는 했다. 하지만 같은 학교 교사인 누나는 매우 귀찮아하면서 "잘 썼는데 뭘 그래?" 하고는 거들떠보지도 않았다. 혼자 낑낑대다 다시 써가면 선생님께서는 "많이 좋아졌는데" 하면서 동그라미 3개를 쳐주셨다.

새삼 묵은 일화가 떠오른 것은 둘째 아들의 초등학교 시절 쓰라린 기억 때문이다. 1990년 가을쯤이었다. 우리는 서울 강동구 고덕동에 살고 있었고, 둘째는 고일초등학교 4학년이었다. 어느 날 둘째가 "선생님께서 내일 아빠나 엄마, 학교 나오시래"라고 전하는 것이다. 그때까지 한 번도 학교로 불려간 적이 없었기에 우리 부부는 '녀석이 큰 말썽을 피웠구나' 하고 직감했다. 이튿날 선생님을 만나고 온 아내의 이야기는 이랬다. "둘째가 하도 개구쟁이여서 수업시간에도 장난치고 말썽을 부려 다른 학생 공부를 방해하는데, 아무리 야단쳐도 그때뿐이니 부모님이 말려달라고 하시네요." 우리집 교육철학(?)이 공부에 취미 없으면 재미있게 놀기라도 하라는 것이었으니, 아들이 공부 못하는 것이야 놀라지 않았다. 다만 다른 학생들까지 방해하고 있다니, 이건 큰 문제가 아닐 수 없었다. 둘째에게 연유를 물었더니 대답이 참으로 의외였다. 입학해서 그때까지 손을 열심히 들어도 선생님이 한 번도 자신을 지명한 적이 없었고, 그래서 이제는 아예 손을 들지 않는다는 것이다. 선생님이 알아주지도 않는데 공부할 필요가 뭐 있느냐고 항변하는 것이었다. 할 말이 없었다. 고작 공부 안 한다고 나무라지는 않을 터이니 남 공부는 방해하지 말고, 수업시간에는 절대 장난치지 말라고 타이를 수밖에. 두 아들 모두 공부를 잘하지 못한 데에는 물론 우리 부부 탓도 크다. 한국 사회에서는 선생님의 무관심 속에 방치된 학생들이 종종 '문제아'로 빠지는 일이 드물지 않다. 우리는 아들들이 그나마 문제아가 되지 않았다는 것을 위로 삼았다.

그럴수록 경산초등학교 시절 선생님들이 내게는 행운이었다는 생각이 든다. 2학년 때 담임은 그 시절 드물었던 여선생님이었는데, 성함은 기억 못하지만 젊고 미인이어서 학교 가는 것이 즐거웠다. 3, 4학년 때 담임 이한용 선생님은 얼마나 재미있게 가르치시는지 수업시간이 지루하지 않았다. 5학년 때 정오열 선생님께서는 여름방학이면 소질 있는 학생들을 따로 불러 무료로 붓글씨를 가르쳐주셨다. 선생님은 국전에서도 여러 번 입상한 서예의 대가였다. 예능에는 원체 소질이 없었던 나도 여름방학 어느 날 학교에 놀러 갔다가 우연히 선생님을 만난 덕분에 붓글씨를 배웠다. 선생님은 내게 붓과 먹, 벼루를 선물해주셨다. 그때 붓글씨 제자 중에 경산군 대회에 나가 최우수상을 수상한 내 동기 남학생 8명이 당시 대구·경북 지역 명문으로 꼽히던 경북중학교에 진학했는데, 그 역시 정오열 선생님과 6학년 담임 황규봉 선생님의 열성 덕분이었다. 두 분은 각각 10명씩을 뽑아 무료로 합숙 과외까지 시켜주셨다. '행복은 성적순이 아니다'라고 했듯이, 그때 고향에 남은 동기생들이 나보다 훨씬 더 재미있는 삶을 보내고 있다. 그래도 나에게는 고마움을 잊을 수 없는 은사님들이다.

경산 민간인 학살의 기억

초등학교 2학년생이던 어린 내 눈에 그저 멀리 풍경화처럼 스쳐 지나갔던 기억이 하나 있다. 1950년 여름, 트럭에 실려 가던 흰옷 입은 어른들은 누구였고 어디로 실려 갔으며 어떻게 됐을까? 1953년 정전협정이 체결되어 한반도에 총성이 멎자, 그 트럭에 실려 갔던 '흰옷 입은 어른들'이 인근 경산 코발트광산으로 끌려가 총살됐다는 소문이 돌기 시작했다. 내가 봤던 그 어른들이 모두 일제가 운영하다 폐광된 그 굴에서 집단 학살당했던 것이다. 하지만 부끄럽게도 이후로도 오랫동안 나는 내 고향 경산에서 일어난 코발트광산 민간인 학살 사건에 별 관심을 기울이지 못했다.

2005년이 되어서야 학살 사건의 진상을 확인할 수 있었다. '영남대 경산 광산 유적발굴단' 단장을 맡아 50여 구의 유해를 발굴해냈던 박현수 명예 교수(문화인류학과)를 만나 '진상'을 확인할 수 있었다. 2010년 정년퇴임한 박 교수가 건네준 '진실·화해를 위한 과거사정리위원회(이하 진실화해위)'의 〈경산 코발트광산 민간인 학살 관계 보고서〉(2010)에는 믿기 어려운 내용들이 담겨 있었다.

1949년 10월 이승만 정권은 남한 내 공산주의 세력 약화를 위해 과거 좌익에 몸담았던 사람들을 전향시킨다는 목적으로 '국민보도연맹'을 전국적으로 결성했다. 그러다 한국전쟁이 터지자 경산, 청도, 대구, 영동 등지에서 끌려온 국민보도연맹원과 요시찰 대상자 중 상당수가 예비 검속되어 경찰서 유치장, 인근 창고 등지에 구금되어 갑을병으로 분류됐다. 이 가운데 갑을로 낙인찍힌 사람들은 대구형무소의 재소자들과 함께 1950년 7월 중하순 무렵부터 8월 중순까지 경산 코발트광산(경산시 평산동 산42-1) 등지에서 군경에게 집단 사살됐다. 민간인 희생자는 1,800명을 넘을 것으로 추정되나 정확한 규모는 확인되지 않았다. 희생자들은 비무장 민간인이었다. 한국전쟁이 발발하자 이들은 남하하는 인민군에 협조할 위험이 있는 잠재적 적으로 간주되어 사살된 것이었다. 직접적인 가해기관은 각 지역 경찰서, 경북지구 미군 방첩대(CIC), 각 지역 방첩대 파견대, 국군 제22헌병대이다.[1]

보고서는 이들에 대한 학살이 내무부 – 치안국 – 경북지방 경찰국 – 각 경찰서, 육군본부와 경남북지구 계엄사령부로 이어지는 지휘명령 체계 속에서 이루어졌으며, 국민의 생명과 재산 보호 임무를 수행해야 할 군경이 범죄 사실이 확인되지 않은 민간인들을 예비 검속해 사살한 것으로, 명백한 불법 행위라고 결론짓고 있다.

박의원 경산 코발트광산 유족회장은 2013년 10월 '한국전쟁 전후 민간인 희생 사건 현장보전 및 유골안치를 위한 전국 토론회'에서 "경산 코발트광산 유해 발굴이 여섯 차례 진행됐는데, 1차는 2001년 2월 유족회와 MBC(문화방송)의 〈이제는 말할 수 있다〉 제작진에서, 2차는 2002년 유족회 자체 발굴, 3차는 2005년 8월 16일부터 11월 9일까지 유족회와 경산 시민단체들이 공동으로, 2007년부터는 진실화해위 주도로 4~6차 발굴 작업이 진행됐다"고 밝혔다.

이 토론회는 경기도 고양시가 주최하고 금정굴인권평화재단이 주관한 자리였다. 고양시도 민간인 학살의 비극이 벌어졌던 곳이다. 고양시민회가 2011년 12월 말 펴낸 〈금정굴의 진실을 찾아서〉를 보면, 금정굴 사건은 1950년 10월 9일부터 31일까지 고양·파주 지역 153명 이상의 주민들이 부역 혐의자와 그 가족이라는 이유로 고양시 일산서구 탄현동 황룡산의 금정굴에 끌려가 집단 총살당한 사건이다. 희생자의 아들인 이병순, 금정굴 유족회 부회장 이경숙, 금정굴인권평화재단 운영위원장 유왕선과 연구소장 신기철, 그리고 여순유족회 전 총무 김화자 등의 증언을 보면 금정굴 말고도 한강 이산포와 산남리 강변, 덕이동, 도내동 뒷산, 성석동 귀란골 등 여러 곳에서 집단 학살이 자행되어, 그 희생자가 1,000명이 넘을 것으로 추산된다.

한국전쟁 민간인 학살 사건은 전국적 현상이었다. 진실화해위는 2007년부터 3년 동안 전국 13개 민간인 학살 암장지에서 약 1,600구 이상의 유해와 6,000여 점의 유품을 발굴했는데, 당시 조사를 신청한 지역만도 전국적으로 154군데나 됐다. 그나마 이명박 정권이 들어선 후 예산 지원이 끊겨 발굴 작업이 중단됐다. 역사학자 이이화 선생과 서중석 교수는 민간인 학살 규모를 최소한 100만 명 이상으로 추산한다.

무장도 하지 않은 민간인들을 아무런 법적 절차도 없이 집단 학살하고, 정전 이후 60년이 지나도록 이 비극적 참극에 대한 진상규명과 피해자 가족들에 대한 위로와 보상이 없다는 것은 우리 스스로 '우리는 야만족'이라고 광고하고 있는 꼴이 아닐까?

4월 혁명의 선구자들

1960년 2월 28일은 일요일이었다. 그것도 그냥 일요일이 아니라 월말의 일요일이었다. 그때는 4월이 신학기여서 학년 말의 휴일이기도 했다. 그런데 그 이틀 전인 26일 갑자기 '이번 일요일에는 등교하라'는 지시가 내려왔다. 학년 말 시험을 앞당겨 치른다는 것이었다. 3학년 선배들은 대학 시험을 치른 뒤 아예 학교에 나오지 않고 있었고, 봄방학도 곧 다가오는 터라 들떠 있던 우리들은 영문도 모른 채 '일요 등교' 지시에 의아해했다.

나는 당시 대구 경북고등학교 2학년생이었다. 학생회 간부들은 역시 정보를 빨리 접했다. 그들은 이날 저녁 학도호국단 운영위원회를 열었다. 다음날 학교에서 반장에게 들으니 대구의 모든 중고등학생들에게는 등교 지시가, 대구의 모든 공무원과 노동자들에게는 특근 지시가 내려졌다고 했다. 28일 오후 2시 장면 민주당 부통령 후보가 대구 수성천변에서 선거 유세를 하기로 되어 있는데, 학생과 공무원, 노동자들을 유세장에 못 가게 하려고 도에서 이런 지시를 내렸다는 것이었다. 나중에 알게 된 사실이지만, 학교별 일요 등교의 명분도 개그 수준이었다. 자유당 선거 유세 날인 27일은 오전 수업만 하고 하교하고, 장면 유세 날이자 일요일인 28일에 경북고는 '기말시험', 대구고는 '토끼사냥', 대구상고는 '졸업식 예행 연습', 대구여중은 '영화관람'을 위해 등교하라고 했던 것이다.

3월 15일로 잡혀 있는 '제3대 정·부통령 선거'는 조병옥 민주당 후보가 병사하는 바람에 이승만 대통령이 단독 후보가 되어버린 만큼, 민주당 장면 후보와 자유당 이기붕 후보가 겨루는 부통령 선거가 선거 운동의 핵심이 되어 있었다.

당시 경북고 학도호국단 부위원장은 2학년 대표 이대우였다. 이대우는 교장과 교감 선생님에게 '일요 등교 취소'를 요청했다. 그러나 이미 반공독재의 화신이 되어버린 이승만 정권의 결정을 거부한다는 것은 '섶을 지고 불로 뛰어드는 것'처럼 무모한 일이었다. 어느 선생님이 학생들의 요구를 들어줄 수 있었겠는가. 우리는 "선생님들이 뭐라 말씀하시든 28일 등교를 하지 말자. 일요일 하루 결석했다고 우리를 어쩔 것인가, 설마 퇴학까지야 시키지 못할 것 아닌가?"라고 수군댔다. 그런데 27일 오후 학생회 쪽에서 "28일 전원 등교하라"는 통보가 전달됐다. 우리는 학생회가 무언가 모의를 하고 있다고 직감했다.

당시 경북고 학생 수는 1학년이 480명, 2학년이 600명이었다. 마침내 28일 아침, 학생 1,000여 명 가운데 800명 이상이 등교를 했다. 오후 1시

학생회에서 전교생을 운동장에 모이라고 했다. 나가보니 선생님들이 학생회 간부들을 단상으로 올라가지 못하도록 막고 있었고 학생들 일부가 선생님들의 만류를 저지하고 있었다. 이런 상황에서 이대우가 교정 단상에 올라가 두루마리에 쓴 글을 낭독하기 시작했다. 교정이 순식간에 숙연해졌다.

> 인류 역사 이래 이런 강압적이고 횡포한 처사가 있었던고! 근세 우리나라 역사상 이런 야만적이고 폭압적인 일이 그 어느 역사책 속에 끼어 있었던가? 우리 백만 학도는 지금 이 시각에도 타고르의 시를 잊지 않고 있다. 그 촛불 다시 한번 켜지는 날에 너는 '동방의 촛불'이 되리라. …… 순결한 이성으로 우리가 지금까지 배운 지식을 밑바탕으로 하여 일장의 궐기를 하려 한다.[2]

성명서를 낭독한 이대우가 "일요 등교를 지시한 도지사에게 항의하러 도청으로 가고자 한다. 다른 학교 학생들과 만나기로 했으니 우선 반월당(백화점)으로 가자!"고 외쳤다. 800여 명의 학생들은 행렬을 지어 반월당으로 달려갔다. 다른 학교 학생들은 아직 보이지 않았다. 이대우가 다시 "우리라도 먼저 도청으로 가자"고 하여 우리는 학교에서 2킬로미터 떨어진 경북도청 마당으로 달려갔다.

우리가 도청 마당에서 "도지사 나와라!"라고 외치자 건물의 기왓장이 들썩이는 것 같았다. 마침내 오임근 도지사가 우리 앞에 나타나자 이대우는 '성명서'를 다시 낭독하기 시작했다. 나는 그때 이대우가 우리들 앞에서 낭독한 글이 성명서라는 것, 우리가 대구 시내를 누비며 함께 도청으로 달려간 것이 권력의 부당한 행위에 대해 집단적으로 저항하는 수단 중 하나인

'시위'라는 것을 나중에야 알았다.

1960년 2월 28일 오후 2시, 우리 경북고생 800여 명은 150평쯤 되는 경북도청 마당을 꽉 메우고 있었다. 이대우는 오임근 도지사에게 따지듯 물었다. "일요일에 우리를 등교시킨 이유가 뭐냐?" 그러나 도지사는 질문에는 답하지 않고 오히려 우리를 훈계했다. "학생들이 하라는 공부는 않고 떼지어 도청으로 몰려오다니, 이 무슨 짓이냐?" 뒤쪽에서 "야 집어치워, 무슨 소리 하는 거야"라는 야유가 터져나오는 중에 부하 직원 누군가가 도지사에게 다가와 귓속말로 뭐라고 속삭였다. 그러자 도지사는 갑자기 태도가 표변해 "경찰들, 뭐 하고 있어? 이 빨갱이 새끼들 다 잡아!"라고 고래고래 고함을 질렀다. 멋모르고 학생들의 기습 시위를 맞은 도지사가 급히 대구 관내 경찰들을 호출한 모양이었다. 우리는 얼떨결에 도망치기 시작했다. 좁은 정문을 수백 명이 동시에 박차고 나가려니 도청 마당은 순식간에 아수라장이 됐다.

도청 바깥에는 100여 명의 정복 경찰과 사복형사들이 우리를 체포하려고 대기하고 있었다. 나는 키가 작다 보니 꽁무니에서 도망하는 신세가 됐고, 도청 문을 나오자마자 마치 씨름선수 같은 덩치의 형사에게 잡혔다. 그가 두 팔로 껴안는 바람에 숨이 막힐 지경이었다. 내가 너무 만만해보였던지, 그 형사는 나를 한 손으로 잡고는 다른 학생을 낚아채려 했다. 그 틈에 형사의 손아귀를 벗어나려 하자, 그는 '새로 잡을 고기'는 포기하고 '이미 잡은 고기'나마 놓치지 않으려고 내 학생복 소매를 움켜잡아 끌어당겼다. 그 바람에 윗도리 어깻죽지가 찢어지면서 다시 형사의 포로가 됐다. 결국 도청 회의실 강당으로 끌려갔는데, 그곳에는 이미 무릎 꿇린 학생이

50명쯤 있었다. 도망친 학생들도 곳곳에서 경찰들에게 쫓겨다니는 신세가 됐다. 시민들이나 상인들이 숨겨주어 많은 학생들은 체포를 면했으나 그래도 거리에서 100명이 더 잡히고 말았다.

나를 비롯해 강당에 꿇어앉은 학생들은 국장이라는 한 공무원으로부터 온갖 협박을 당했다. 그는 우리들 부모나 친척 중에 공무원이 있으면 그분들은 전부 파면될 것이라고 엄포를 놓았다. 아버지를 공무원이나 선생님으로 둔 학생들 가운데 몇 명은 이 소리를 듣자마자 훌쩍이기까지 했다.

오후 5시쯤 됐을까, 그 국장은 "이번에는 처음이니까 용서해준다. 다음에는 국물도 없다"고 말하더니, 우리를 인계받으러 온 선생님들에게 넘겨주었다. 우리는 그길로 선생님을 따라 학교로 돌아왔다. 오전에는 기세 좋게 보무도 당당하게 교문을 박차고 시위에 나섰던 800여 명이 도청까지 행진했다가, 오후에는 '패잔병'이 되어 되돌아온 것이다. 선생님들이라고 무슨 하실 말씀이 있었겠는가. "집에 가서 푹 쉬고 내일 다시 보자"고 하시면서 우리들을 집으로 돌려보냈다. 그날 밤 우리집은 물론이고 집집마다 부모와 자식들 사이에 한바탕 난리가 난 것은 불 보듯 뻔한 일이었다.

당시 고교생들의 반정부 시위는 상상조차 할 수 없는 상황이었다. 고교생 시위라고 하면 이승만 정권이 공산권 휴전감시단이던 체코와 폴란드 대표들을 내쫓으려고 중고생들을 동원했던 '관제 반공 시위'를 떠올리기 마련이었다. 정치인은 말할 것도 없고 어떤 어른 세대가 고교생들이 직접 반정부 구호를 외치며 거리로 나서리라고 생각했겠는가.

이승만 시대의 전국 경찰의 총병력은 3만 3,000명 정도였다. 오늘날처럼 전투경찰, 의무경찰 등의 제도는 없었다. 더구나 이승만 정권과 자유당은 경찰력을 관권 선거에 총투입하고 있었다. 이날도 대부분의 경찰력은 수성천변의 민주당 장면 부통령 후보 유세장에 동원된 상황이었다. 그런데 터무니없는 행정 당국의 '일요 등교 지시' 때문에 대구에서 한국전쟁 이후 최초로 고교생들이 반정부 시위에 나서는 뜻밖의 사태가 일어났던 것이다.

학생들의 발칙한 발상

1960년 2월 28일 선생님들의 만류를 뿌리치고 길거리로 나선 것은 우리 경북고만이 아니었다. 대구고와 경북여고, 대구여고, 대구사대부고 학생들도 있었다. 그리하여 대구 시내에서는 28일 오후 내내 시위가 이어졌다. 경북대사대부고 학생들은 야간에 뛰쳐나왔다. 모두 1,500여 명이나 됐다.

'2·28 대구 고교생 연합 시위'는 경북고 이대우의 발칙한 발상에서 비롯됐다. 이대우는 훗날 《2·28은 살아 있다》에서 이렇게 회고했다.

> 나는 2월 26일 긴급 학생회 소집을 허가받기 위해서 교무실로 갔다. 학교 당국은 한사코 만류했으나 계속 강행하겠다고 하자 결국 허락이 떨어졌다. …… 26일 하루 종일 학생들의 토론이 진행되어 점차 일요 등교 반대 분위기가 성숙되어 갔다.[3]

이대우는 집으로 돌아오면서 '일요 등교 거부의 구체적 전략'을 세우기 시작했다. 경북고 단독의 힘으로는 반독재 운동의 극대화를 꾀하기 힘들다고 판단해서 다른 학교와 연대하여 연합 전선을 구축하기로 결심한다. 그

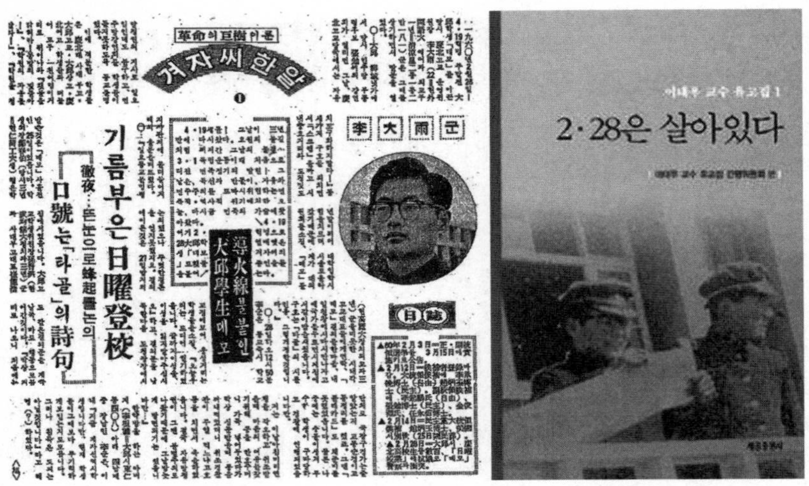

革命의 巨樹이 된

겨자씨 한알 ❶

李大雨군

기름부은 日曜登校

徹夜… 뜬눈으로 蜂起를 논의

口號는 「라골」의 詩句

導火線 불붙인 大邱學生데모

日誌

필자는 4·19 혁명의 신호탄이었던 대구 2·28 시위를 통해 사회 현실에 눈을 뜨게 됐다. 사진은 1960년 2·28 시위를 주동했던 이대우의 증언 기사가 실린 1963년 4월 19일자 〈동아일보〉 지면(좌)과 훗날 발행한 그의 유고집 《2·28은 살아 있다》(우)이다.

때부터 대구고, 경북대사대부고, 경북여고, 대구농고, 대구공고, 대구상고, 대구여고 학생 간부들을 만나기 위해 이 집 저 집으로 뛰기 시작했다.

2월 27일에는 이은상, 김말봉 등이 대구에서 자유당 선거 유세를 하고 있었는데, 이 유세에는 공무원, 학생뿐만 아니라 시골사람들까지 동원됐다. 이대우와 다른 학교 간부들은 일단 자유당 선거 유세를 들으러 갔다. 자유당이 어떻게 유세 인파를 동원하고 있는지를 똑똑히 보고 싶었기 때문이었다. 일행은 유세장에서 돌아와 이대우의 집 냉돌방에 둘러앉아 일요 등교 반대 시위에 대한 구체적 계획을 수립하기 시작했다.

경북고, 대구고, 경북대사대부고 등 각 학교 간부 30여 명이 모였다. 어둠 속에서 새로운 역사가 잉태되고 있었다. 모두 이의 없이 2월 28일 오후

1시를 기해 일제히 일요 등교 반대 시위를 하기로 결의했다. 경북고에서 먼저 나가면서 그 길목에 있는 대구상고와 경북대사대부고가 합세해 반월당으로 가고, 대구고는 일직선으로 달려와 반월당에서 합세하기로 결의했다. 경찰 저지선을 예상해 최소한 대구매일신문사까지는 가야 뜻을 전달할 수 있다고 생각했다. 이들은 이날 헤어질 때 비장한 마음으로 "철창에서 만나자, 천당에서 만나자, 만약에 살아남으면 강원도에 가서 화전민이나 되자"고 하면서 뜨겁게 악수했다고 한다.

당시 이대우와 2·28 시위를 함께 모의한 학생 간부들은 대구고의 손진홍, 장주효, 윤풍홍, 경북대사대부고의 최용호, 경북여고의 신구자, 경북고의 안효영, 윤종명, 전화섭, 권준화, 이영소, 김영갑, 임대용, 1학년 학생대표이던 윤무한 등이었다. 이대우는 1년 선배 하청일에게 선언문 작성을 부탁했다. 자신이 좋아하던 인도의 시성 타고르의 시 '동방의 등불'을 꼭 인용해 달라는 부탁도 잊지 않았다.

당시 자유당 독재의 영속화를 위한 일요 등교를 지시한 데 분개하지 않은 학생은 아무도 없었을 터이지만, 구슬도 꿰어야 보배라고 이대우가 없었더라면 대구 2·28 고교생 연합 시위는 일어나지 못했을 것이다. 어느 나라에나 시대를 앞서 내다보는 선구자가 있기 마련이다. 나는 이대우를 비롯해 그와 함께 시위를 모의한 학생들은 모두 '4월 혁명'을 예고한 선구자라고 생각한다.

이대우는 그때 이미 "누가 자유를 노래하지 않는 사람들에게 자유를 가져다준다고 하는가? 누가 시행착오만 거듭하는 사람들에게 민주를 가져다준다고 하던가?"라는 신념을 지니고 있었다. 그리고 우리들에게 독재에 대해 순종할 것이 아니라 저항으로 맞서야 한다는 '발칙한 발상과 도전'을 행동으로 보여주었다. 이대우는 나를 포함해 대부분 '범생이'였던 이들에게 독재에 맞서 '불온한 생각'을 하지 못하는 국민은 민주주의를 누릴 자격이 없다는 진리를 가르쳐주었다.

2·28 연합 시위 때 우리 경북고 선생님들이 학생들을 적극적으로 말리지도 않았고, 주동자 처벌에도 반대했다는 사실을 나중에야 알았다. 사실 2월 27일 저녁 나는 우리 반 학생 몇 명과 선생님은 '일요 등교' 문제에 대해 어떻게 생각하고 계실지 궁금해 담임 이효영 선생님 댁을 방문했다. 선생님은 곤혹스러워하시면서도 "자네들 소신대로 하게. 나는 언제든 사표를 쓸 각오가 되어 있어"라고 말씀하셨다. 우리 학교 대다수 선생님들이 말씀은 안 해도 같은 마음이었을 것이다.

2월 29일에도 대구상고 학생 40여 명이 아침부터 수업을 거부하고 구속 학생을 석방하라고 요구하며 시위를 벌였다. 자유당은 다급한 마음에 구속자는 없다고 발표했고, 경찰은 학생들에게 경찰서 유치장까지 보여주었다. 경찰이 2월 28일 연행 학생을 다 풀어준 것은 사실이었다. 그러나 예외가 있었다. 경찰은 이대우만은 29일까지 구금했다.

> 나는 체포되어 경찰국에 끌려갔다. 경찰 당국은 나를 조봉암 씨와 레닌의 〈이스크라〉와 연관지어 빨갱이로 몰려 했다. '2·28 때문에 평양에서는 군중대회를 열고 성원하고 있다. 너희들 시위는 이적 행위이다. 징역 10년 감이다'라고 엄포를 놓았다. 2월 29일 오후 늦게는 치안국장 이강학이 불러서 갔다. 대뜸 뺨을 후려갈기면서 '이 빨갱이 새끼'라고 말했다.[4]

2월 29일의 대구상고생 시위 이후 대구 고교생 사회는 곧 조용해졌다. 그러나 나에게는 아무도 모르는 '조용한 변화'가 일어났다. 신문을 열심히 읽기 시작하게 된 것이다. 마침 그 시절 내가 기숙하고 있던 다섯째 숙부댁에서는 〈동아일보〉를 구독하고 있었다. 나는 멋모르고 2·28 시위에 참가한 이후 어른들의 세계가 청소년 세계와 무관한 게 아님을 느끼기 시작했다. 어른들의 세계가 어떻게 돌아가는지 알기 위해 신문을 봐야겠다는 생각이 들었다.

당시만 해도 신문은 모두 국한문을 혼용하고 있었는데, 처음에는 모르는 한자가 많았다. 그러나 자꾸 보다 보니 한문 읽기에도 아주 익숙해졌다. 신문을 매일 대하니 당시 정치 상황 윤곽도 어렴풋하게나마 눈에 들어왔다. 신문을 보면서부터 고등학교 2학년에 불과했던 나에게도 정치 상황을 비판적으로 바라보는 안목이 생기는 것처럼 느껴졌다.

그 첫 느낌은 이승만 대통령이 '민심을 몰라도 너무 모른다'는 것이었다. 이때부터 이승만은 내가 교과서에서 배운 국부(國父)가 아니라 '권력의 화신'으로 보였다. 나는 또 대한민국 대통령의 집무실인 청와대가 산골짜기 외진 데 숨어 있어서는 안 되고, '민주주의 대한민국'의 대통령 집무실은 서울 시내 한복판으로 내려와야 한다고 생각하게 됐다. 50여 년이 지난 오늘날에도 청와대는 여전히 그 자리에 그대로 남아 있지만.

또 하나 느낀 점은 어떤 정치인이나 정치 집단도 장기 집권을 하면 권력에 도취되고 부패해진다는 것이었다. "절대 권력은 절대 부패한다"는 경구는 만고의 진리처럼 보이는데, 왜 권력을 잡으면 누구나 그 권력을 내려놓기가 그렇게 어려운지 도통 알 수 없었다. 이승만과 자유당 일당도 이미

'절대 권력'이라는 도그마에 중독되어 도저히 빠져나올 수 없을 것 같아 보였다.

이승만과 자유당은 이미 12년이나 권력을 쥐었다 폈다 하고 있었고, 민심은 이미 "못 살겠다 갈아보자"며 자유당을 떠나고 있었다. 그런데도 자유당은 영구 집권을 하겠다고 덤비고 있었다. 그 터무니없는 욕심은 '불법·부정 선거' 음모로 발전했고, 심지어 선거권도 없는 학생들까지 경계하고 감시하는 지경에 이른 것이었다. '2·28 일요 등교 지시'가 그 단적인 예가 아닐까? 나는 어느새 나도 머지않아 들어가야만 하는 '어른 세계'의 관찰자가 되기 시작했다.

끓어오르는 국민의 불만

1960년 3월 4일 〈동아일보〉는 민주당이 폭로한 정부가 경찰관과 공무원들에게 지령한 '부정 선거 감행 방법'을 자세히 보도했다. 참고로 그때는 조간과 석간, 하루 두 번 신문이 나왔다.

자유당은 선거인 명부 작성 때 유령 유권자(총 유권자의 7~15퍼센트)를 만들고, 야당계·사망자·전거자·입대자의 일부를 조사하여 가공의 유권자를 가입시켜 총유권자의 4할은 투표 번호표를 발부해주지 않아 '기권표'를 만든다. 그다음 각 경찰서에서는 각 투표소 위원장의 인장을 회수하여 '4할 유령표'를 자유당 지지표로 만들어, 투표 당일 새벽 반공청년단 50명, 자유당 50명으로 투표장 100미터 주변을 차단한 후 자유당계 투표구위원만 입회한 가운데 4할을 투입시킨다. 나머지 6할은 경찰에서 조직해둔 9인조를 동원, 그 가운데 3인조 조장이 조원 2명을 인솔하여 서로 누구를 찍었는지 볼 수 있게 공개투표하게 한다. 자유당이 최소 8할 득표의 압도적 승리를 거두도록 하고 자유당의 압승을 국제적으로 선전한다는 전략을 세우고 실행한다. 이것이 민주당이 고발한 내용이었다. 주한 미8군사령부 정보부서(G-2)가 이 민주당의 폭로 내용이 사실이라고 당시 국무부에 보고한 사실이 훗날 밝혀지기도 했다.[5]

자유당 정권이 모의한 불법·부정 선거의 핵심은 '4할 사전투표'와 '3인조, 9인조 공개투표'였다. 자유당은 이미 두 가지 선거 전략을 진행하고 있었다. 그중 하나는 '이승만 띄우기'였다. 영화 〈독립협회와 청년 리승만〉, 초중고 학생들의 '국부 이승만 글짓기 대회', KBS의 〈국부 이승만 주제 웅변대회〉 등 1인 숭배 아첨이 전국을 휩쓸고 있었다. 자유당은 덤으로 '이기붕 찬양 동요'까지 퍼뜨리려 애썼다.

너는 아느냐 이번 선거에 대통령 될 분
아이고 이 사람 그걸 모르겠나 이승만 박사
너는 모르지 부통령 될 이기붕 선생
그걸 모르나 벌써 알았지 국회의장
청렴하고요 결백하고요
근면하신 이기붕 선생 모르고야 될 말인가

다른 하나는 관권·금권 선거였다. 이승만 정권과 자유당은 경찰, 검찰, 군, 교육공무원 등 공직 사회를 총동원했다. 이승만은 1959년 3월 '자신의 괴벨스' 최인규를 선거 주무장관인 내무부 장관에 임명했다. 그는 1954년 총선에서 야당 지도자 신익희의 대항마로 출마하여 이승만의 눈에 띄었고, 1958년 총선에서 당선되어 국회로 진출해서는 예산결산위원장, 교통부 장관 등으로 출세가도를 달리고 있었다.

최인규는 장관 취임사에서부터 "공무원은 누구나 국가원수인 이 대통령에게 충성해야 한다. 이 박사, 이 의장(이기붕)을 정·부통령 선거에서 꼭 당선시키도록 하라"고 내놓고 훈시했다. 이어 선거 한 달 전인 1960년 2월 12일에는 "공무원은 가가호호를 방문해서 의무를 다하라. 고발당해도 내가 신분을 보장하겠다"고 독려했다. 그는 모든 경찰에게 사표를 내게 하고, '공무원 친목회'를 결성한 뒤 공무원들을 출신 고향에 보내 '귀향 선거 운동 보고서(최소 3~5명은 포섭했다는 명단 포함)'를 작성하여 직장으로 돌아올 때 그가 방문한 고향의 경찰서 사찰계에 제출하도록 지시했다. 각 경찰서 득표 책임제, 사찰계 직원들 득표 책임제, 각 지서와 파출소 득표 책임제를 실시했다. 사찰 형사들을 읍·면·동에 배치하고, 전직 경찰관들을 읍·동·리·통·반장으로 임명해 마을을 거미줄처럼 감시했다. 초등학교 교사들에게는 학부모 20명을 포섭하지 못하면 사표를 내라고 강요했다.

최인규는 경찰을 시켜 이승만이 만든 관변 단체들을 선거 운동에 총동원했다. 국민회, 대한부인회, 경로회, 공무원 친목회, 애향회, 효자열부찬양회, 농민회, 어민회, 반공청년단, 상이용사회, 4H구락부, 사친회, 자모회, 통반장 9인회 등 셀 수 없이 많았다. 행상인으로 가장한 정보원이 각 부락에 침투하여 선전 공세를 폈다. 반면 야당 선거 운동원들은 미행, 감시, 협박, 회유를 당했고 인쇄소들은 야당 선거 선전물을 인쇄하지 못하도록 강

1960년 3월 15일 정·부통령 선거를 앞두고 이승만과 자유당 정권은 노골적인 불법·관건 선거 운동을 자행했다. 사진은 최인규 내무부 장관의 부인 이기방 씨가 부녀계몽강연회에 초청받아 자유당을 지지해줄 것을 강조하는 모습.

요받았다.

3·15 정·부통령 선거는 불법·부정 선거의 백과사전이었다. 자유당 정권은 국민들로부터 표를 훔쳐가고 강탈해가는 도둑질과 강도 행위를 저질렀다. 선거와 투표가 무슨 의미가 있었겠는가. 독재 권력에 동원되는 국민에게 무슨 '국민주권'이 있겠는가.

자유당이 드러내 놓고 관권 선거에 나서는 상황에서 민주당의 집권 노력은 내 눈에도 '계란으로 바위 치기' 같아 보였다. 어린 마음에 '사전에 이미 결과가 다 결정된 선거'에 민주당이 왜 그렇게 열심히 선거 운동을 하는지 이해가 가지 않을 정도였다.

이런 일방적인 선거 공세에 허우적대던 민주당에 응원군이 나타났다. 바로 1960년 3월 5일 서울 동대문운동장에서 열린 장면의 선거 유세 직후 학생 1,000여 명이 1시간 동안 종로 일대를 행진하며 시위를 벌인 것이다. 이튿날인 3월 6일에는 대전고 학생들 1,000여 명이 "학원의 정치도구화를 배격한다", "우리의 주장이 관철되지 않으면 동맹휴학도 불사한다"는 결의문을 채택하고 시내 곳곳에서 시위를 했다. 시위 진압에 소방차가 물대포를 사용했다고 보도된 것으로 보아 이날 시위는 매우 격렬했던 것 같다.

3월 10일에는 대전상고 300여 명, 충주고 300여 명, 수원농고 200여 명 등 고교생 시위가 일어났고, 3월 12일에는 부산의 해동고 학생 150여 명이 광복동에서, 3월 13일에는 서울 시내 여러 곳에서 고교생들의 연합 시위가 있었다. 투표일 하루 전인 3월 14일에는 서울에서 10여 개 야간고 학생 1,000여 명의 연합 시위가 밤 9시부터 2시간 동안이나 계속됐다. 이들은 중동고, 대동고, 균명고, 경문고 등의 학생들이었다. 부산에서도 고교생 600여 명이 저녁 6시부터 9시까지 산발적 시위를 계속했다. 동래고, 부산상고, 항도고, 북부산고, 영남상고, 데레사여고 학생들이었다. 포항고, 원주고, 인천의 송도고 학생들도 시위에 나섰다.

당시 전국 각지에서 꿈틀대기 시작한 고교생들의 시위를 주목한 사람은 별로 없어 보였다. 하지만 그즈음 누구보다 열심히 신문을 들여다보던 나는 고교생들의 시위 구호가 바뀌고 있음을 감지할 수 있었다. '2·28 시위' 때에는 구호가 "권력의 횡포를 중단하라", "학생들을 정치도구화하지 말라"는 아주 소극적인 요구에 그친 데 반해 3월 이후에는 "부정 선거 배격하자", "권력의 횡포를 바로잡기 위해 총궐기하자"며 민주화 운동에 참여할 것을 호소하기 시작한 것이다.

그즈음 경북고 학생들은 이제는 대학생 형님들이 나설 때가 되지 않았나 기대하면서 겨울방학이 끝나기를 기다리고 있었다. 이런 기대에 부응이라도 하듯, 학생들의 정치의식이 급진전하고 있었다. 3월 7일 부산에서 '공명선거 호소 학생위원회'라는 이름으로 "부정 선거는 학생의 피를 보게 한다. 공명선거 사수하여 민주주의 수호하자!"는 구호가 적힌 전단이 뿌려졌다는 보도가 나왔다. 신문 지면의 분위기로는 어른들의 공기도 심상치 않은 것 같았다.

하지만 자유당은 오히려 고교생 시위를 "빨갱이들의 선동"이라거나, "철부지 아이들이 민주당의 선동에 놀아나고 있다"고 몰아붙이면서, 젊은 세대들의 정치의식의 변화를 철저히 외면했다. 그뿐만 아니라 "민주당이 자신들이 패배할 것임을 예감하고 그 패배를 남 탓으로 돌리려고 하는데 국민들은 아무도 속지 않을 것"이라고 흰소리를 한 것으로 보아 집권 세력은 시대 변화를 전혀 실감하지 못하거나 의식적으로 외면하는 것 같아 보였다.

이승만 정권과 자유당은 기왕의 선거권 도둑질이 들통 나자 오히려 더욱 뻔뻔해졌다. "3인조, 9인조는 자유당 기본 조직이다", "3인조, 9인조가 투표소에 함께 가는 것은 어떤 법에도 저촉되지 않는다"고 강변하고, "3인조, 9인조 투표를 중소 도시로 확대할 것"이라고 공언했다. 심지어 신문공론사 사장을 위원장으로 하는 '주간신문 발행인 정·부통령 선거 추진위원회'를 만들어 "주간신문들이 대통령에 이승만, 부통령에 이기붕 선생을 당선시키는 데 전력을 다할 것"이라는 성명을 발표하게 하고, 전국접객인협의회, 전국고학생육영회, 전국극장문화단체협의회, 남선전기노동조합 등을 동원해 이승만, 이기붕 지지 성명을 내도록 했다.

정치와 종교의 분리가 민주주의의 기본 원칙임에도, 천주교 신자인 장면 부통령에 대한 반대편을 부각시키기 위해 심지어 일부 신자들로 하여금 '천주교 신자들에게 고함'이라는 성명을 내게 하고 이를 신문 광고로 퍼뜨렸다. 괴청년들이 전국 곳곳에서 민주당 선거 운동원을 테러하고 있다는 폭로도 잇따라 보도됐다.

나는 어린 마음에도 '3·15 선거' 투·개표 과정에서 무언가 심상치 않은 사건이 일어나지 않을까 하는 흥분과 두려움을 동시에 느꼈다. 그렇게 '3·15 선거의 날'이 밝아왔다.

1960년 3월 15일 정·부통령 선거일은 법정 공휴일이라 나는 고향 경산 집에 내려와 지냈다. 당시 대구는 알아주는 '야도(野都)'라서 그랬는지, 바로 남쪽 경산에서도 지역 국회의원은 민주당 박해정이었다. 그는 훗날 장면 정부 때 교통부 장관도 지냈다. 그럼에도 그날 경산에서 투표 열기는 별로 느껴지지 않았다. 이승만 단독 출마로 이미 대통령 당선이나 마찬가지여서인지 어른들이 투표에 큰 흥미를 가지지 못하는 듯했다.

그런데 이튿날 학교에 갔더니 오후 들어 학생들 사이에서 "어제 마산에서 부정 선거에 항의하는 큰 시위가 일어났고, 경찰이 발포해 여러 명이 죽고 많은 사람이 다쳤다"는 소문이 돌기 시작했다. 나는 하교하자마자 신문을 찾아봤다. 〈동아일보〉는 석간에서 "마산에서 3월 15일 많은 학생 시민들이 '내 표를 돌려 달라'면서 오후 3시부터 밤늦게까지 종일 시위를 벌였고, 이날 밤에는 경찰이 가로등을 소등한 가운데 발포해 5~6명이 죽고 70여 명이 다쳤으며, 시위대가 오동동, 남성동 파출소와 자유당 허윤수 의원 집에 돌을 던지고, 북마산 파출소에 방화하여 전소됐다"고 보도했다. 기사에 이어 3월 15일 오후 민주당이 발표한 3·15 선거 불법·무효 성명서도 실려 있었다.

3월 16일 중앙선거관리위원회는 '이승만 대통령 당선(89퍼센트), 이기붕 부통령 당선(79퍼센트)'을 공표하고, 자유당은 "국민의 절대적 신임에 감사한다"는 성명을 발표했다. 하지만 국민들의 시선은 온통 마산 시민 시위에 쏠려 있었다.

마산 시민의 시위 이후 1주일 동안 신문의 정치면은 나의 눈을 아주 혼란스럽게 했다. 3월 16일 조순 자유당 선전위원장은 마산 사태는 폭동이며, 경찰은 진압에 전력을 기울여야 한다고 주장했고, 치안국은 '민주당 중앙당부 간첩 적발'을 발표했으며, 자유당과 민주당에서는 각각 조사단을 마산에 파견했다. 민족주의민주사회당도 이날 '선거 무효'를 선언하고 나섰다.

마산에서는 사망자와 부상자 수가 자꾸만 늘어나고 있었다. 연행된 사람이 학생들을 포함해 200여 명이라는 보도가 나오는 가운데, 경찰이 연행자들을 무자비하게 고문했다는 가족들의 항의 목소리가 신문에 실리기 시작했다. 가족들은 연행자들이 총대와 곤봉, 야전침대 각목으로 구타당했으며, 군홧발로 짓밟히기도 하고, 다리 사이에 나무막대기를 끼운 채 발로 밟히기도 했다고 폭로했다. 또한 휴지를 말아 입에 재갈을 물리고는 수갑을 채운 뒤 천장에 매달기도 하고, 물고문을 하기도 했다고 증언했다. 또 행방불명된 자녀를 찾으려고 병원이나 경찰서로 찾아온 가족들에게 "너도 빨갱이냐?"며 구타했다는 증언도 나왔다.

이승만과 자유당은 마산 사태에 대한 대응에서 치명적 과오를 저지르고 있었다. 이강학 치안국장은 3월 17일 "마산 사건이 공산당과 유사한 수법에 의하여 일어난 증거가 있다"고 발표했다. 이기붕은 "총을 줄 때에는 쏘라고 준 것이지 가지고 놀라고 준 것은 아니다"라고 말했다. 발포 경찰을 비호하기 위해서였다. 해방 정국과 한국전쟁을 거치면서 당시 '빨갱이'로 낙인찍히면 일제강점기의 '불령선인(不逞鮮人)'처럼 죽거나, 감옥에 끌려가거나, 최소한 사회에서 완전 '왕따'가 되기 마련인데, 마산 시민과 학생 수만 명이 그런 신세가 될 판이었다.

이승만 대통령은 3월 19일 '3·15 선거와 마산 사건' 담화에서 "비교적 규율 있는 선거가 실시되던 중 선거 날 마산에서 지각없는 사람들의 선동으로 다소 난동이 일어나 살상자가 나게 된 것을 국민과 더불어 유감으로 생각하는 바이다. 보고를 들으면, 특히 마산에서 철없는 어린아이들을 앞장세워 돌질을 하고 경찰을 습격하고 방화하며 가옥을 파괴한 것은 민주주의 국가에서는 있을 수 없는 일이다. 앞으로는 서로 자성 자계하여 두 번 다시 이러한 난동이 없게 하여야 할 것이다"라고 말했다.

이승만 대통령의 눈에는 "내 표를 돌려 달라"는 시민들의 항의 시위가 '난동'으로, "짓밟히는 한국 민주주의를 지키기 위해 우리라도 나서야겠다"며 길거리로 나선 고등학생들의 시위가 '철없는 어린아이들의 돌질'로 비치는 모양이었다. 국민들로부터 민주주의라는 소중한 자산을 훔쳐가려는 도둑이, 도둑을 잡기 위해 나선 국민들을 오히려 폭력 사범으로 몰아붙이는 꼴이었다. 이러한 상황에서 민주당 마산 사건 대책위원회는 마산 시위 과정에서 반공청년단과 정치깡패들에게 카빈총 30정이 지급됐다는 사실을 밝혀냈다. 대화와 타협의 여지는 점점 더 사라져가고 있었다.

본질적 문제는 이승만과 자유당이 불법·부정 선거에 대해 추호의 반성도, 마산 시민들이 제기하고 있는 '선거 민주화 운동'에 귀를 기울일 의사도 전혀 없음이 명백해졌다는 점이었다. 그들은 '반공 구국 노선' 일변도로 치닫고 있었다. 최인규 내무부 장관은 "마산 사태는 폭동으로, 소요와 내란을 일으킬 의도가 충분히 있었던 것으로 본다. 민주당 중앙당부와 도당부의 배후조종 여부, 공산당의 개입 여부도 철저히 밝혀낼 것"이라며 연일 몰아붙이고 있었다. 정치적 반대파를 빨갱이로 몰아 말살하고 도태시키는 수법, 이것은 이승만 이래 반공 독재 정권의 전형적 수법이었다.

1960년 4월 19일 '피의 화요일'

마산 시위에서의 유혈 사태 충격이 워낙 심각한 탓이었는지, 고교생 시위는 4월 초순까지 숨고르기에 들어갔다. 3월 16일 진해여고, 충무중, 영남상고, 해동고, 건국상고 학생들의 시위, 3월 24일 부산고 1,000여 명의 시위, 3월 25일 부산 동성중고 300여 명의 시위, 경남공고, 혜화여고 100여 명의 시위, 4월 6일 민주당과 민권수호국민총연맹 등이 서울시청 앞에서 연 3·15 부정 선거 규탄 시위, 4월 9일 부산에서 있었던 민주당 경남도당의 3·15 불법 선거 규탄 시위 등이 고작이었다.

이러한 잠정적 소강상태를 깨뜨린 것은 '3·15 마산 시민 의거' 때 실종됐던 김주열이 4월 11일 아침 한 낚시꾼에 의해 마산 중앙부두 앞바다에서 주검으로 발견된 사건이었다. 김주열은 눈부터 뒤통수까지 최루탄이 박힌

馬山바다 속에서 銃맞은 屍體發見

오른눈에 彈丸破片박힌채

檢事陣現地에

憤痛터지자 아우성

群衆들 "馬山市民은속지말라"고

3·15 시위에 참여했다 얼굴에 최루탄이 박힌 채 숨진 김주열 열사의 시신이 바다에서 떠오르자 이를 〈부산일보〉가 특종 보도하면서 4·19 혁명의 도화선이 됐다. 1960년 4월 12일자 〈부산일보〉 3면.

채 주검으로 떠올랐다. 김주열은 마산상고 학생으로 시위에 참가했다가 실종됐다. 그의 어머니(권찬주)는 아들을 찾기 위해 마산 시내 곳곳을 돌아다니며 수소문하고 있었다. 당시 김지태가 사주였던 〈부산일보〉는 이 처참한 김주열 사진을 보도하는 한편, 모든 신문 방송에 전부 제공했다. 김주열의 눈에 박힌 최루탄은 평화적 시위에 사용되는 무기가 아니라 무장폭도 진압용임이 밝혀졌다.

4월 11일 오후 2차 마산 의거가 일어났다. 죽은 김주열이 고등학생 신분이어서 그런지, 중고생들을 둔 학부모들이 시위에 대거 참가했다. 어머니들은 "죽은 자식 내놓아라. 나도 죽여달라"라고 울부짖었다. 오후 6시쯤에는 시위 군중이 3만 명 가까이 됐다. 마산의 고교생 대부분과 해인대생들이 시위에 동참했다. 저녁 7시 30분에 통행금지가 선포됐고, 경찰은 밤 9시 30분 다시 발포를 했으며, 2명이 사망했다. 시위대의 구호가 격렬해졌다. "이승만 정권 물러가라. 이기붕을 죽여라. 학살경관 처단하라"는 구호가 터져 나왔다. 1,000여 명이 체포·연행됐고, 그중 32명이 구속됐다.

최인규를 대신하여 새로 내무부 장관이 된 홍진기는 마산 소요에 5열 개재 혐의가 있으며, 적색분자들의 준동 혐의를 과학적으로 수사할 방침이라고 발표했다. 이승만 대통령도 공산주의자들에 의해 고무되고 조종된 것이라고 단정했다. 이승만 대통령과 자유당이 공산당 배후를 지목하거나 말거나, 반정부 시위는 2차 마산 의거 이후 확대되기 시작했다. 4월 12일에는 마산공고, 창신고, 마산여고, 제일여고, 마산고, 마산상고 등 대부분의 마산의 고교생들이 거리로 나왔다. 대구와 청주에서는 민주당원들이 시위에 나섰다. 4월 13일에는 마산 해인대생, 성지여중고, 마산여중고 학생들이, 4월 14일에는 진주 진양고 학생들이, 4월 15일에는 마산상고와 마산고 학생들이, 4월 16일에는 청주공고 학생들이, 4월 17일에는 인천시 민주당원들이 시위에 나섰다.

1960년 4월 들어 개학한 대학가의 분위기도 심상치 않았다. 긴장한 경찰은 사찰 형사들을 각 대학에 잠입시켜 학생들의 동태를 살피게 했다. 그러나 대학교를 감시한다고 해서 시위를 예방할 단계는 이미 지나 있었다. 대학 곳곳에서 시위가 모의되고 있었다. 가장 먼저 움직인 것은 고려대 학생들이었다. 신입생 환영회가 예정된 4월 16일 시위에 나서기로 묵계가 됐다. 낌새를 알아차린 학교에서는 환영회를 4월 18일로 연기했다. 하지만 학생들의 결심은 그럴수록 더 굳어졌다.

4월 18일 오후 1시 학생들은 인촌 동상 앞에 모이기 시작했다. 순식간에 3,000여 명이 모였다. 곧바로 선언문을 낭독한 학생들은 안암동 사거리로 나왔다. 경찰의 산발적인 저지망을 뚫고 고려대생들은 태평로 국회의사당(지금의 서울시의회) 앞으로 나아갔다. 수천 명의 중고생과 시민들이 합류해 오후 5시쯤에는 시위대가 3만 명으로 늘었다. 당시 고려대 총장이던 유진오가 직접 나서 시위를 중단하라고 설득했다. 연행된 학생들이 모두 석방됐다는 유진오 총장의 말을 믿고 학생들은 학교로 되돌아가기로 했다.

그런데 오후 6시 40분쯤 고려대생들과 수만 명의 중고생들, 시민들이 함께 을지로4가에서 종로 쪽으로 방향을 틀 무렵 100여 명의 정치깡패들이 시위대를 습격했다. 학생들이 그들과 맞서 집단 난투극이 벌어지자 정치깡패들은 순식간에 사라졌다. 하지만 경찰은 이들을 아무도 잡지 못했다. 아니 잡지 않았다.

이튿날 〈동아일보〉는 "벽돌과 몽둥이, 쇠뭉치, 갈고리 등을 들고 느닷없이 우리를 습격했다"는 고려대생들의 증언과 함께 이날 부상자가 41명이나 된다고 보도했다. 더구나 경찰의 보호 속에 귀교하던 고려대생들이 깡패들에게 공공연히 테러를 당했는데도 경찰이 1명의 범인조차 잡지 못했다는 기사와, 폭도들에 의해 부상당해 거리에서 신음하며 쓰러져 있는 학생들의 사진을 본 시민들은 분노하지 않을 수 없었다. 4월 19일 아침 시민들은 거리로 쏟아져나왔다. '4·19 혁명'은 그렇게 일어났다.

그러면 4월 18일 고려대생들을 습격한 정치깡패들은 누구였을까? 당시 신문들은 이들 정치깡패가 임화수, 이정재, 유지광이 거느리고 있던 주먹

들임을 밝혀냈는데, 그 셋은 경무대(청와대) 경호실장 곽영주의 비호 아래 있었다. 그중 대장 격인 임화수는 이승만의 비호로 중앙극장을 소유하고 '반공예술인단'을 만들어 단장 자리를 차지하고, 배우들을 강제 동원해 〈독립협회와 청년 리승만〉이라는 영화를 제작한 인물이었다. 그는 배우 김희갑을 때려 갈비뼈를 부러뜨리는 중상을 입혀 구속됐다가 나흘 만에 곽영주의 입김으로 풀려나기도 했다. 이정재는 동대문시장 일대에서 '한국판 마피아'로 군림하고 있었고, 유지광은 그의 수하였다.

민주당은 임화수가 고려대생 테러 직후인 4월 18일 밤 11시 30분쯤 이정재, 유지광까지 대동하고 조인구 치안국장을 만나고 돌아갔다고 폭로했다. 조인구 치안국장은 민주당의 추궁에 대해 "임화수가 아무 연락도 없이 찾아왔으며, 도쿄영화제에 다녀온 인사차 방문한 것"이라고 둘러댔다. 소도 웃을 일이었다.

4월 19일은 전국이 시위로 용광로가 됐다. 서울에서는 서울대, 고려대, 연세대, 성균관대, 동국대, 중앙대, 한양대, 경희대, 이화여대, 숙명여대 등 대학생들과 대광고, 강문고, 동성고, 선린상고 등 학생들, 그리고 시민들이 한데 뭉쳐 경무대, 대법원, 이기붕의 집, 내무부 등으로 몰려다니며 불법·부정 선거를 규탄했다. 부산, 대구, 광주, 인천, 대전, 청주 등 거의 모든 대도시에서도 대규모 학생·시민 시위가 일어났다.

경찰력은 한계를 드러냈다. 경찰은 경무대로 몰려가던 시위대에 발포를 했고 수십 명이 죽고 다쳤다. 오후 2시 서울에 계엄령이 선포됐고, 오후 4시 반에는 부산, 대구, 광주, 대전, 인천 등지로 계엄이 확대됐으며, 오후 5시에는 경비계엄이 비상계엄으로 강화됐다. 군병력의 가세에 자신감을 찾은 듯 경찰은 시위대를 향해 본격적으로 발포를 했고, 결국 서울에서만 100여 명이 목숨을 잃었다. 광주에서는 통행금지령이 내려진 밤 9시쯤에도 야간 시위가 벌어져 경찰의 총에 9명이 죽고 74명이 다치는 등 유혈 사태가 벌어졌다. 훗날 역사학자들은 이날을 '피의 화요일'로 기록했다.

4월 20일 이승만은 긴급담화를 발표했다. "급선무는 법과 질서를 회복해 계엄령의 필요성이 없게 하는 일이다. 질서가 회복되면 정부는 이번 사건의 조사에 최대의 노력을 기울일 것이다. 죄가 있는 사람들은 벌을 받을 것이며, 불평의 주요 원인이 있으면 다 시정될 것이다. 많은 사람이 목숨을 잃고 부상을 당하고 피를 흘렸으며, 많은 손해를 입게 된 것을 가슴 아프게 생각하는 바이다."

하지만 이 모든 비극이 자신의 영구 집권 야욕 때문이라는 사실을 외면한 그의 담화로는 이미 불붙은 반정부 운동을 끌 수 없었다.

이승만 하야, 성공한 민중 혁명

1960년 4월 19일 피의 화요일부터 줄기차게 계속되던 시민들의 봉기에 기름을 부은 것은 4월 25일의 교수 시위였다. 4월 25일 오후 서울의 각 대학 교수 258명은 동숭동 서울대 의대 교수회관에 모여 '시국선언문'을 발표하고, 5시 30분부터 거리 시위에 나섰다. 뒷날 이 시국선언은 고려대의 이상은·조용만·이종우·정재각·김경탁·김성식·이항녕·변희용·박희성·손명현 교수, 연세대의 정석해·조의설·권오돈 교수, 서울대의 이희승·최재희·김증한 교수, 성균관대의 조윤제 교수, 중앙대의 이종극 교수, 동국대

1960년 4월 25일 시위에 나선 서울 시내의 각 대학 교수들의 모습.

의 김영달 교수, 외국어대의 유진 교수 등이 주도했던 것으로 알려졌다.

교수들이 그날 거리로 나선 것은 시국선언을 마칠 무렵 동국대 김영달 교수의 즉석 제안에 따른 것이었다. 교수들이 "이승만 정권 물러가라. 학생의 피에 보답하라"며 국내외 기자 수십 명과 함께 서울대 의대 교문을 나서자 순식간에 학생과 시민들이 합류했다. 종로2가에 이르자 1만여 명, 태평로 국회의사당 앞에 왔을 때에는 수만 명으로 늘어났다.

오후 7시 국회의사당 앞에서 고려대 이항녕 교수가 시국선언문을 다시 한번 낭독한 뒤 교수단은 해산했다. 하지만 군중들은 곳곳에서 시위를 계속했다. 경찰은 내무부 앞과 이기붕의 집 앞에서 시위하던 군중들에게 이날도 총을 쏴 10여 명이 숨지고 200명 가까운 부상자가 발생했다.

교수단의 시위는 정치 상황을 급변시켰다. 한국 지성을 대표하는 학계까지 반이승만 대열에 동참했다는 상징성과 '이승만 퇴진'을 처음으로 요구했다는 점에서 국민들 사이에 커다란 반향을 불러일으켰다. 이승만 독재에 대한 첫 반기였던 2·28의 구호는 "학생을 정치 도구화하지 말라"였다. 그다음 학생들은 "부정 선거 규탄"을 외쳤다. 3·15 마산 시민 의거에서는 "부정 선거는 무효다"를, 4·19 때에는 "재선거 실시하라"로 구호가 바뀌었다. 그리고 마침내 교수들이 시국선언에서 불법·부정 선거의 최종 책임자이자 최대 수혜자인 이승만 대통령에게 "물러나라"고 최후통첩을 날린 것이다.

결국 4월 26일 이승만 대통령은 훗날 '하야 선언'으로 불리게 되는 담화문을 발표했다. 그는 첫째, 국민이 원한다면 대통령직을 사임하겠다. 둘째, 3·15 선거가 많은 부정이 있었다고 하니 다시 선거하도록 지시했다. 셋째,

선거로 인한 모든 불미스러운 것을 없애기 위하여 이미 이기붕 의장에게 공직에서 완전히 물러나도록 했다. 넷째, 이미 합의해준 것이지만, 만일 국민이 원한다면 내각책임제를 하겠다고 밝혔다.

하지만 나로서는 신문에 실린 담화문을 몇 번이나 읽어봐도 이승만이 사임을 하겠다는 것인지, 자신이 계속 집권하면서 문제를 풀어나가겠다는 것인지 분명한 뜻을 알 수 없었다. 나만 그런 게 아닌 모양이었다. 이승만의 담화 직후 국회의사당 앞에 모여 있던 시민, 학생들은 의회에 보내는 '국민대회 결의문'을 채택했다. "국민은 이승만 대통령의 즉시 하야를 원한다"는 등 6개항을 담았다. 이에 국회는 자유당 온건파들도 가세한 가운데 이승만 퇴진을 기정사실화 하는 결의문을 채택했다.

1960년대 대한민국은 수십만 명이 빨갱이로 몰리고, 200명 가까운 학생과 시민이 죽고, 수천 명이 다친 이후에야 겨우 독재자를 퇴진시킬 수 있었다. 당시 한국 사회에서는 독재자에게 "이제는 그만 물러나 주시오"라는 말 한마디 꺼내기가 그토록 힘들었다.

나는 학자가 아니라서 학문적 논리를 개진하지는 못하지만, 그래도 4월 혁명은 분명히 '성공한 혁명'이라고 생각한다. 한민족사에서 우리 국민들이 스스로의 힘으로 권력자를 쫓아낸 적이 4월 혁명 이전에 단 한 번이라도 있었던가? 왕조는 여러 차례 바뀌었어도, 그것은 새로운 무장 세력이 낡은 무장 세력을 몰아내고 등장했을 뿐이었다. 근대 시민민주주의의 전범(典範)으로 여기고 있는 1789년의 프랑스 혁명도 1799년 나폴레옹의 군사 쿠데타로 무너지지 않았던가? 프랑스는 이후 나폴레옹 황제시대, 부르봉 왕조의 복위, 나폴레옹의 조카 루이 보나파르트의 공화정, 그의 변심에 의

한 제2제정을 거쳐 1871년 제3공화정이 등장한 이후, 80년 만에야 비로소 완성될 수 있었다.

하지만 역사가와 정치학자들은 아무도 프랑스 혁명을 '실패한 혁명'이라고 부르지 않았다. 일시적 반동은 왔어도 프랑스 시민들 사이에 뿌리 내린 시민민주주의 정신(자유·평등·박애의 사상)을 어떠한 권력도 지워버릴 수 없기 때문이다.

— 2장 —

사회의 목탁을 꿈꾸다

민주 정치를 고민하다

일찍이 함석헌 선생의 말씀대로, 독재 사회를 막는 지름길은 시민 또는 국민이라 불리는 '깨어 있는 백성'이다. 그러니 백성을 깨어나게 하고, 이들을 효과적으로 조직해 독재자와 맞서게 하는 게 민주화 운동이라 할 수 있을 것이다. 그런 점에서 '대구 2·28'을 주도한 이대우는 고등학생 때 이미 민주화 운동가의 반열에 들어갔다고 할 수 있다.

훗날에야 알게 됐지만, 경찰은 '3·15 마산 시민 의거'가 일어나자, 이대우를 강제로 납치해 이승만이 퇴진할 때까지 형사 3명과 동행시켜 포항, 영덕, 울진 일대를 '유람'하고 다녔다. 이대우가 사라지자 대구의 고교생들은 지휘자 없는 오합지졸이 되어, '3·15', '4·19' 그리고 4월 26일 이승만 퇴진 때까지 내내 방관자나 구경꾼 신세였다.

4월 혁명이 성공하자 대구·경북의 초중고교에서는 '교원노조' 열풍이 불었다. '교육의 민주화'와 '교원들의 정치적 중립'을 요구하는 목소리가 커졌다. 하지만 1960년 5월 허정 과도내각에 이어 들어선 민주당의 장면 내각은 교원노조를 인정하지 않았고, 2학기를 앞두고는 주도 교사 300여 명을 전근시켰다. 2학기가 시작되자 교원노조는 단식 농성에 들어갔다. 이승만 정권 때 '정치적 줄세우기'로 선생님들이 곤욕을 치르는 모습을 목격해온 우리는 단식 농성을 전폭 지지했다. 전교생이 교실에서 닷새간 농성을 했다. 그러나 교원노조 지도부는 이듬해 박정희 쿠데타 이후 군사재판에 회부되어 대부분 투옥되고 결국 교원노조는 해체됐으니 참으로 슬픈 일이다.

"법과대학을 들어가 판검사가 되어라!" 아버님의 은근한 압력에도 불구하고 공대에 가려고 생각해왔던 나는 3학년 때 정치학과로 진로를 바꿨다. 전적으로 '4월 혁명' 때문이었다. '민주 정치란 무엇인가?' '민주 정치는 어떻게 현실화되는가?'를 한번 제대로 공부해보고 싶었기 때문이었다.

다행스럽게도 아버님은 법대 지망을 바라셨으나 강요는 하지 않으셨다. 하지만 대신 내가 자원한 대학에 무조건 합격해야 한다는 강박관념이 생겼다. 나는 고3 때 평생 공부를 다 해버릴 것처럼 열심히 노력했다. 그리고 1961년 봄 서울대 문리대 정치학과에 입학할 수 있었다.

공자 말씀의 '입지(立志)' 나이였던 고등학교 2~3학년 때 겪은 4월 혁명은 내게 '민주주의'와 '언론 자유'의 꿈을 깊이 새겨주었다. 이 '입지의 시대'에 이대우가 준 영향을 나는 평생 잊지 못한다.

이대우는 2009년에 세상을 떠났다. 만학으로 외국어대를 나온 그는 1978년부터 부산대 교수로 재직하면서 후학을 양성하다가 퇴임 2년 만에 혈액암으로 세상을 떠났다. 스승의 죽음을 안타깝게 여긴 부산대 사범대 윤리교육과 제자들은 김홍수(영산대 교수)를 중심으로 '고 이대우 교수 1주기'를 맞아 두 권의 유고집, 《2·28은 살아 있다》와 《지휘자 없는 합창》을 출간했다. 고향 친구들인 임병춘(김달호 사회대중당 의원 비서관 역임), 권준화(무역협회 뉴욕지사장, 뉴욕코리아센터 대표이사), 이원영(브라질·스페인 대사 역임), 윤종명(중국 무역업), 윤정묵(포철 상무 역임), 유경훈, 민태식(석유공사 임원 역임), 유시건(정신문화연구원 역임), 외대 후배 심의표(KBS 보도본부장 역임), 정주헌(탄자니아 대사 역임) 등은 그의 기일과 4·19 기념일마다 이대우의 가족과 함께 수유리 4·19 묘소에 묻힌 이대우를 참배해왔다. '이사모'라고나 할까. 4주기에는 경북고 42회 동창회장 임대용(브라질 대사 역임)과 경북고 서울동창회 총무 김혁권(농협 지점장 역임), 동문 박충경 등이 함께해 주었다.

임대용 회장은 추모사에서 "1960년 2월 28일을 우리는 영원히 잊을 수 없습니다. 자유당 독재 정권에 용기 있게 항거할 계획을 세우고 이를 실행한 형이야말로 선구자였으며 투사였습니다. 2·28 민주 학생 운동은 4월 혁명의 출발점이자 한국 민주화 운동의 효시였습니다"라고 고인을 기렸다.

나는 1961년 4월 초, 그야말로 푸른 꿈을 가득 안고 가족들의 축복 속에 서울대 문리대에 호기롭게 입성했다. 아버지가 경산에서 정미소를 운영하던 때라 여유가 있었다. 당시 서울대 문리대는 고려대와 함께 1960년 4월 혁명을 선도했다는 자부심이 대단했다. 더구나 문리대의 학풍이 '데카당스적 자유와 낭만'을 자랑으로 여기는 터였다. 서울대 문리대생들은 4월 혁명의 민주화 열기를 바탕으로 1961년 봄 "가자! 북으로, 오라! 남으로"를 외치며 남북학생회담을 제안하는 등 새로운 통일 운동의 진원지로 등장하고 있었다.

'입시지옥'을 갓 치른 나는 무언가 새로운 인생 경험을 할 수 있겠다는 흥분으로 정신없는 신입생 한 달을 보냈다. 그런데 어느 날 아침 일어나 보니 방송에서 '군사 혁명 정부'의 발표라며 "반공을 국시(國是)의 제일의(第一義)로 삼고 지금까지 형식적 구호에만 그친 반공 체제를 강화한다……!" 어쩌고 하더니, 뒤이어 대학가에 휴교령이 내려졌다는 아나운서의 목소리가 흘러나왔다.

꿈인가, 생시인가? 헷갈린 나는 광화문 앞으로 나가봤다. 아니나 다를까 무장한 군인들이 도열한 가운데 탱크가 위압스럽게 버티고 있었다. "군대가 정권을 잡았다?" 천만뜻밖의 현실에 너나 할 것 없이 황당한 기분이었다. 나 역시 '군사 정권'은 저 옛날 왕조시대에나 있는 일이라고 여기고 있었다. 고려시대 정중부의 난에서 비롯된 무신 정권이라든가, 고려 말 군벌 중의 하나였던 이성계가 '역성 혁명'을 내세우며 고려왕조를 타도하고 '이씨 조선'을 세운 일이라든가, 역사 속의 '고사'로만 알았는데 우리 시대에 이런 일이 일어나다니 도저히 이해가 되지 않았다. 더구나 활화산 같은 국민의 힘으로 이승만 독재를 쓰러뜨린 지 이제 겨우 1년밖에 지나지 않았는데 말이다.

어쨌든 박정희는 그렇게 '무혈 쿠데타'에 성공해 권력을 차지했다. 전국의 대학문이 다시 열렸으나 서울대 문리대는 더이상 과학과 역사와 문학을

1960년 5월 16일 박정희는 쿠데타를 일으켜 정권을 장악한다. 사진은 새벽 한강대교를 건너 서울 시내로 진주한 해병대와 공수특전단 소속 군인들이 중앙청 앞에 탱크를 세우고 무장한 채 경계를 서고 있는 모습이다.

함께 논하는 '칼리지 오브 리버럴 아트 앤 사이언스'의 공간이 될 수 없었다. 내가 속한 정치학과라면, 당시 우리가 목전에 부닥치고 있는 '군사 쿠데타'를 학문적으로 어떻게 봐야 할지에 대해 알아봐야 하는데 질문하는 학생도, 설명해주는 교수도 없었다.

오늘날 '대학가'로 통칭되는 서울 종로구 동숭동에 있던 문리대에는, 지금은 복개됐지만 '세느강'이라 불리던 개천이 흐르고 있었다. 지금도 그때 그 시절 마로니에 나무는 남아 있지만, 그 나무 밑에 모여 앉아 온갖 세상사를 둘러싼 토론과 주장을 나누던 모습은 군사 쿠데타 이후 자취를 감추었다. 그래도 우리는 그 나무 밑에서 간혹 이야기를 나누었다. 다만, 그 이야기들이라는 게 '저돌적 연애담'이라든가, '만취한 술꾼들이 저지른 무용담'이었고, 그런 흰소리에 모두들 공허한 웃음을 터뜨리고는 헤어지는 식이었다.

이 글을 쓰면서 다시금 군사 쿠데타의 의미를 살펴보니 《브리태니커 백과사전》에서는 이렇게 정의하고 있었다. 혁명은 피지배 계급의 반란인 데 반해 쿠데타는 지배 권력이 자기의 권력을 더 강화하기 위해, 또는 다른 사람이 장악하고 있는 정권을 탈취하기 위해 수행된다. 쿠데타는 군대, 경찰, 그밖의 무장 집단 등에 의해 은밀하게 계획되고 기습적으로 감행되며 정권 탈취 후에는 군사력을 배경으로 계엄령 선포, 언론 통제, 반대파 숙청, 의회의 정지, 헌법 개폐 등의 조처를 취한다. 쿠데타의 전형으로는 1799년 제1집정이 된 보나파르트 나폴레옹의 쿠데타와 1851년 무력으로 의회를 해산시키고 제정의 길을 연 루이 나폴레옹의 쿠데타가 있다.

그러나 '나라를 지키는 최후의 힘은 군대'라고 믿도록 길러진 군인들이 정치 전면에 나서 '우리의 신념만이 정의'라고 주장하고, 정치가 아니라 '통치'하려고 했을 때, 이들이 나라를 제대로 끌고 갈 수는 없는 일이었다. 박정희 정권은 그 잘못된 길을 그대로 가고 있었다. 국회 해산, 정당 해산, 기성 정치인 매도, 군 출신 공무원 친위부대 형성, 비판 언론 재갈 물리기, 언론 통폐합, 주·월간지 대량 폐간, 노조 탄압 등이 거침없이 자행됐다. 모든 탄압과 숙정은 '반공'이라는 이름으로 집행됐다. 온 사회가 '겨울 공화국'으로 향하고 있었다. 그런 '냉동 사회'를 가장 견디기 힘들어한 집단이 바로 문리대 학생들이었다. 우리는 대부분 니힐리스트(허무주의자)가 되어 갔다.

1961년 5·16 쿠데타 이후 서울대 문리대는 1년 동안 정신적 공황 상태에 빠졌다. 정치학과 동기생이었던 송철원(현대사기록연구원 이사장)은 〈아!

문리대〉라는 인터넷 연재 회고록에서 "1962년, 우리는 정말로 술을 많이 마셨다"라고 회고하기도 했다. 서울 출신 학생들은 그나마 형편이 나았다. 지방에서 상경한 학생들은 하숙비, 자취비 조달조차 여의치 않았다. 운 좋게 숙식 제공 가정교사로 들어가면 다행이었다. 대학 내에서 노숙하는 학생들도 적지 않았다. 서울대 문리대의 〈새세대신문〉은 이들을 '칫솔부대'라고 불렀다.

1961~1962년 문리대생들은 크게 세 갈래로 흩어졌다. 한 갈래는 송철원이 말하는 '낭만파'였다. 나는 '막걸리파'로도 불리던 이들과 어울리려 해도 술을 못 마셔서 자격상실이었다. 사실 신입생 환영회에서 선배들이 주는 술을 멋모르고 다 받아 마셨다가 사흘을 앓아누운 적이 있다. 또 다른 한 갈래는 이참에 병역 문제나 해결하자면서 군대로 갔다. 당시 재학 중에 입영하면 '학보병'이라 하여 복무 기간을 1년 반으로 단축할 수 있었다. 또 다른 부류는 나처럼 세월만 죽이고 있던 '어영부영파'였다.

대학 생활에 실망했다고 해서 고향으로 되돌아갈 수는 없었다. 팔남매의 셋째인 나는 하루빨리 졸업해서 부모님의 교육비 부담을 덜어드려야 했다. 강의에는 별 흥미를 못 느끼고, 달리 시간 보낼 수단은 없고, 주머니는 늘 텅 비어 있고 해서 1학년 때에는 주로 기원에서 바둑을 두며 시간을 죽였다. 수업 빼먹기를 밥 먹듯이 했다.

2학년에 접어들자 이래서는 안 되겠다는 생각이 들었다. 세상이 잘 돌아갔다면 애초부터 내가 왜 정치학과를 지망했겠는가, 자문했다. 그때 내 눈에 들어온 것이 체코 출신의 역사학자 한스 콘의 《민족주의의 이념》이었다. 아마도 어떤 선배가 나에게 권한 책일 것이다. 나의 사상적 수련기가 시작됐다. 대학 생활 동안 가장 열심히 들은 강의는 민병태 교수가 열강한 조지 세이빈의 《정치사상사》이기도 했다.

한스 콘에 따르면, 근대 민족주의는 17세기 청교도 혁명과 명예혁명을 경험한 영국에서 최초로 일어났다. 청교도 혁명은 양심의 자유와 사상의 자유를 신성한 권리로 확립시켰다. 영국에서 분리·독립한 미국의 혁명 정신은 만인은 평등하게 창조되어 다 같이 창조주에 의해서 일정한 불가양도의 권리, 즉 생명·자유·행복 추구의 권리를 부여받았다는 이념 위에 기초하고 있었다. 1789년 프랑스 혁명은 근대 민족주의의 완성이자 새로운 출발이었다. 프랑스 혁명의 민족주의는 시민의 본분과 위엄이 정치 활동에 있으며, 그런 본분의 완수는 자기의 민족 국가와 완전히 일치하는 데 있다고 강조했다. 이처럼 근대 민족주의는 서구 근대 문명의 촉진제였다. 서구 근대 문명은 산업 혁명, 즉 에너지 혁명을 일으켰고 그들은 세계로 뻗어갔다.

하지만 나는 이 서구의 근대 민족주의가 두 가지 문제를 일으켰다고 생각했다. 하나는 애덤 스미스의 논리, 즉 '자유방임주의'로 사회 내에 새로운 부익부 빈익빈의 양극화를 초래하기 시작했고, 다른 하나는 아직도 전근대 사회에 머물고 있던 여타 세계에 대해 제국주의적으로 침탈해들어갔다는 점이다. 이 양대 현상은 서구 문명 내에서는 사회주의 사상과 공산주의 사상이 생겼고, 비서구 사회에서는 방어적 저항적 민족주의가 생겼다. 하지만 이 저항적 민족주의는 민주주의 사상 없이는 달성 불가능한 과제였다. 비서구 사회는 원래의 봉건 체제와 도래하는 제국주의 세력이라는 '이중의 적'에 부닥쳤다. 제국주의 중에서도 독일의 나치스나 일본 군국주의 같은 파시즘적 근대 국가들은 노골적으로 '세계를 정복, 지배하겠다'고 나섰는데, 피식민지 민족을 노예화하려는 파시즘 국가들의 지배를 거부하기 위해서 침략 당하는 여타 민족들은 각자 민주화 운동과 민족주의 운동을 동시에 펼 수밖에 없게 됐다.

더구나 1950년대 중반부터 1960년대 중반까지는 '아시아-아프리카 회의', '비동맹 회의'가 국제적으로 큰 정치적 영향력을 발휘하고 있을 때였다. 1955년 4월 18일 인도네시아의 반둥에서 아시아와 아프리카의 29개 나라 대표단이 처음 모였다고 해서 '반둥 회의'라고 불리기도 한 이 회의는 제2차 세계대전 후 세계를 양분하려 하던 미국과 소련의 양극 체제에 대해 반기를 들고, 식민주의의 종식을 촉구했다.

내가 이처럼 제3세계 민족주의에 한창 경도되어 있던 1963년 가을 문리대 정치학과를 중심으로 민족주의비교연구회(이하 민비연)가 결성됐다. 나는 주저 없이 '민비연'에 가입했다.

"박정희 하야하라"

한국전쟁 와중인 1951년 이승만 정권부터 장면 내각, 박정희 군사 정권을 거쳐 14년 동안 끌어온 '한일국교회담'이 박 정권에 의해 1965년 6월 22일 조인되고 8월 14일 국회에서 비준됐다. 한국과 일본이 제2차 세계대전 이후 최초로 공식 국교를 맺은 것은 한민족 전체에 한국전쟁 이후 가장 큰 정치적·경제적·국제적 변화를 가져올 전환점이었다.

그런데 박 정권의 한일회담 교섭 과정에 큰 문제가 드러났다. 한국 쪽이 일본에 굴욕을 당하고 있었다. 그 첫 번째 증거는 한국의 김종필 중앙정보부장과 오히라 마사요시[大平正芳] 일본 외상이 1962년 11월 12일 교환한 이른바 '김-오히라 메모'였다. '김-오히라 메모'를 요약하면, 첫째, 일본은 한국에 무상으로 3억 달러를 10년간 지불하되, 둘째, 경제 협력 명목으로 정부 차관 2억 달러를 연리 3.5퍼센트에 7년 거치 20년 상환 조건으로 10년간 제공하며, 셋째, 민간 상업차관으로 1억 달러 이상을 제공한다는 것이다. 그밖에도 쿠데타로 집권한 박 정권의 취약한 정통성 탓에 한국은 회담 과정에서 비굴할 정도로 저자세를 보이고 있었다.

1964년 봄부터 1965년 여름까지 서울대 문리대생들은 한일회담을 둘러싸고 박 정권과 전면적인 투쟁을 벌였다. 그 바람에 나 역시 '졸업 후 사회 진출'에 대한 아무런 계획도 없이 마지막 대학 1년을 보내게 됐다. 한일회담 중단을 가장 먼저 요구한 것은 재야인사들이었다. 김병로, 윤보선, 허정 등 13인은 1963년 5월 1일 "한일회담을 선거로 새로 출범할 민간 정부에 넘기라"는 성명을 냈다. 뒤이어 재야인사들과 야당은 '한일 문제 범야투쟁 위원회'를 결성했다.

그해 가을 출범한 문리대의 민비연에서도 한일회담을 가장 중요한 현안 문제로 삼았다. 민비연은 1963년 10월 7일 서울대 문리대 강당에서 50여 명의 창립회원이 참석한 가운데 서울대 사회학과 황성모 교수를 지도교수로 삼아 학생처에 정식 등록하고 발족했다.

민비연은 창립선언문에서 "고립적·일방적·전근대적 강의의 맹점을 탈피하고 여러 나라의 민족주의를 비교·연구함으로써 민족주의에 대한 과학적 인식의 토대를 마련하여 민족사적 현실을 타개할 수 있는 한국적 민족주의의 관념을 정립하겠다"고 밝혔다. 그리고 가능한 한 합법적인 범위 안에서 학생 운동의 기반을 넓히고, 연구발표회나 세미나를 통해 학술적·이념적 지표를 확립하며, 민정이양에 대비한 학생 운동의 새 방향을 정립한다는 활동 목표를 세웠다.[6]

민비연의 초대 집행부는 대부분 정치학과생이었다. 회장 이종률, 총무부장 박범진, 연구부장 김경재 등은 정치학과 4학년이었고, 기획부장 김승의 밑에 정치학과 3학년 동기인 권근술과 내가 차장으로 선임됐다.

민비연은 출범 직후 한일회담의 막후 실력자였던 김종필을 초청해 토론회를 열었다. 나도 토론자로 참석해 "공화당이 주장하는 민족적 민주주의에 북쪽 겨레도 포함되는가?"라고 물은 기억이 있다. 하지만 김종필은 즉답 대신 "우리의 민주주의는 오직 자유민주주의다"라고만 말했다. 결국 북한과는 대화하지 않겠다는 뜻이어서 우리를 실망시켰다. 이 토론에 대해 김종필 자신은 "학생들에게 당했다"고 말한 적이 있는 데 반해, 후일 학계 소장학자들 사이에서는 토론회가 김종필의 선전장이 되어버렸다는 비판을 하기도 했다. 그러나 한편으로 토론회는 박 정권이 한일회담을 통해 한국 자본시장을 일본 자본에 예속시킬 것이라는 경계심을 강화시키는 효과가 있었다.

1963년 말, 4학년 졸업이 가까워졌을 때 김중태가 민비연의 2대 회장을 맡았다. 그리고 나는 연구부장이 됐다. 그러나 1964년 3월 새 학기가 되자 김중태는 '한일회담 반대 운동'에 앞장서기로 하고 회장직을 사퇴해 3대 회장을 현승일이 맡았다. 민비연을 연구 동아리로 계속 유지시키려는 속셈이었다. 그런데 현승일도 한일 협정 반대 시위로 구속됐고, 2학기에는 조봉계(사회4)가 4대 회장을 이어받았다. 1965년 겨울에는 정치학과 3학년 박지

흔들린 司法의 權威

學園査察없어야

우리는 前進할것입니다

成龍武군

獄苦에서 풀린뒤

데모學生들도 할말있다

"언제는 愛國的이라더니 푸른囚衣 입혀주나"

彈壓만으로는 안된다

5分間 인터뷰

굽힐수없는 意志 最善다해 싸울터

鄭一龍군

〈경향신문〉에 실린 '옥고에서 풀린 뒤 데모 학생들도 할 말 있다'는 제목의 인터뷰 기사. 기사 속 위의 인물이 필자로 '성용무'라는 가명이 보인다.

동(《동아일보》 기자, 동아투위 위원, 광주대 교수 역임)에게 5대 회장직이 넘어갔다.

역시나 박 정권은 민비연을 집중적으로 탄압했다. 명색이 연구부장인 나는 연구발표회나 학술대회도 제대로 못 해보고, 박지동은 1965년 3월 27일 민비연 주최 학술강연회를 열었다는 이유로 구속됐다. 이때 초청연사는 시인 조지훈, 언론인 송건호, 김성두, 고려대 교수 조동필이었다. 민비연은 1965년 9월 16일 박 정권에 의해 강제로 해체됐다.

1964년 봄 새 학기를 맞았다. 3월 24일 서울대, 고려대, 연세대가 '한일회담 반대 시위'를 처음으로 시작했다. 서울대 문리대에서는 김중태 주도로 '4월 혁명 기념탑' 앞에서 '제국주의자 및 민족반역자 화형식'을 했다. 정치학과 3학년 박삼옥이 선언문을 읽고, 정치학과 2학년 최희조(《동아일보》 기자 역임)가 '전국 대학생에게 보내는 메시지'를 발표했다. 법대생 200여 명이 가세한 500여 명이 동숭동에서 종로5가까지 진출했다. 고려대생 1,500여 명은 대광고 학생들과 합류해 동대문까지 진출했다. 연세대생 2,500여 명도 함석헌·장준하 선생의 강연을 들은 뒤 노고산동 로터리까지 나왔다. 결국 많은 학생들이 경찰에 연행됐다. 문리대에서도 송철원과 정치학과 4학년 송진혁(《중앙일보》 편집국장 역임)이 잡혀갔다. 하지만 이때만 해도 학생 시위가 1964년 1년 내내 전국을 '거리 정치'로 달굴 줄은 아무도 몰랐다.

4월 20일에도 서울대 문리대와 이웃 성균관대 학생 1,000여 명이 연합 집회를 벌였다. 구호는 "5·16은 결코 4·19의 계승일 수 없다"는 것이었다. 경찰은 나와 정치학과 동기 김문원 등 모두 6명을 본보기로 구속시켰지만 사흘 만에 석방됐다. 나의 첫 서대문형무소 입소였다.

그때 나는 혹여 부모님이 걱정할까 봐 '성용무(成龍武)'라는 가명을 썼는

데 경찰도 넘어가줬다. 우리가 풀려나자 문리대 1년 선배이기도 한 〈경향신문〉의 김주연 기자가 '구속 학생들도 할 말 있다'는 제목으로 인터뷰를 실어줬다. 얼굴 사진까지 실린 그 기사에서 나는 "박정희 정권이 한일회담 반대 운동을 공갈·회유하기 위해 프락치를 학원에 침투시키고 있는데, 이를 뿌리 뽑아야 합니다", "국가의 장래를 내다볼 줄 모르는 외교, 학원을 불순시하는 사찰, 매판자본이 활개 치는 경제 구조가 고쳐지지 않는 한 우리는 전진할 것입니다"라고 주장했다.

그 뒤 실제로 박 정권이 대학가에 심어놓은 '청사회(YTP: Youth Thought Party)'라는 프락치 조직이 들통 났다. 송철원은 정치학과 동기 손정박 등과 함께 '학원사찰 조사위'를 만들어 4월 23일 문리대 4월 혁명 기념탑 앞에서 '청사회 조직'의 실체를 폭로했다. 그리고 박 정권에 대해 '37개 사이비 학생 단체를 해체시켜라, 공화당은 자금 제공을 중지하고 공개 사과하라' 등을 요구했다. 그러자 중앙정보부장 김형욱은 5월 17일 "중앙정보부 국내 정보국을 완전히 철폐하고, 각 도지부를 없애는 대신 주요 지역에 '대공분실'을 새로 설치하여 대공 및 반국가 사범에 관한 정보·수사 활동을 전담하기로 했다"고 발표했다. 하지만 이는 위장술이었다. 오히려 그들은 5월 21일 송철원을 납치해 심한 고문을 한 뒤 사흘 만에 슬쩍 풀어줬다.

'학림제' 축제 기간이었던 5월 20일 문리대에서는 '민족적 민주주의 장례식 시위'를 벌였다. 동국대, 성균관대, 건국대 학생도 동참했다. 송철원은 5월 16일 저녁 문리대 앞 중국집 진아춘에서 문리대의 김중태, 현승일, 김도현, 최혜성, 이원재 등과 동국대, 성균관대, 건국대 학생 21명이 모여 '민족적 민주주의 장례식'을 열기로 결의했다고 기억했다. 현승일의 권유로 나도 이 모의에 참석했다. 경북고 1년 선배이나 재수해서 정치학과 동기생이 된 그는 민비연은 살려야 하니 "발언은 하지 말고 한일회담 반대 운동의 흐름을 잘 새겨두라"고 당부했다. 나로서도 학생 운동의 맥을 잘 알지 못해서 별 발언을 하지 않았다.

20일 낮 문리대 교정에서 시작된 '민족적 민주주의 장례식'에서 동국대의 장장순이 대회사를 하고 서울대 미학과 3학년생 김지하가 쓴 '조사: 시체여!'를 송철원이 낭독했다. 이윽고 오후 3시 학생 3,000여 명과 시민 1,000여 명은 곡성을 울리며 장송 시위에 들어갔다. 주동자 13명이 수배됐다.

5월 25일에는 전국 37개 대학에서 총학생회장 주도로 '난국타개 학생총궐기대회'가 열렸다. 서울대에서는 4월 혁명 기념탑 앞에 500여 명이 모여, 법대 4학년인 총학생회장 정정길(경북고 동기, 이명박 대통령 비서실장 역임)의 사회로 궐기대회가 열렸다. 당시 문리대 학생회장인 사회학과 4학년 김덕룡이 선언문과 결의문을 읽은 뒤 외교학과 4학년 박영호가 '자유수호 투쟁선언'을 통해 "양심은 반항한다. 1주일은 참을 수 없다"고 외치자 학생들은 일제히 시위에 들어갔다.

5월 27일 박석무가 주도한 전남대생 시위에서 "박정희 대통령 하야를 권고한다"는 성명이 나온 데 이어 6월 2일 고려대생들이 "박 대통령은 하야하라"는 구호를 내걸고 시위에 나섰다.

'백수'로 사회에 첫발을 딛다

1964년 5월 20일 서울대 문리대 축제에서 '민족적 민주주의 장례식 시위'로 연행된 학생들의 구속영장이 대거 기각되자, 육군 공수부대 군인 13명이 무장한 채 법원으로 난입하더니 급기야 영장담당 양헌 판사의 집에까지 몰려가 사법부를 협박하는 '초유의 사건'이 일어났다. 5월 21일 새벽 중앙정보부가 학원 프락치 사건을 폭로한 송철원을 납치, 고문한 사건까지 알려지면서 문리대 학생회장 김덕룡을 비롯한 40여 명이 5월 30일부터 단식 농성에 돌입했다. 참가자는 계속 늘어났다. 마침내 6월 3일 그동안 곳곳에서 술렁이던 고교생, 대학생들이 전국적으로 일제히 들고일어났다. 이른바 '6·3 사태'였다.

6월 3일 서울대, 고려대, 연세대, 단국대, 동국대, 성균관대, 중앙대, 한양대, 홍익대, 건국대, 경희대, 한신대, 숭실대, 충남대 등의 대학생과 청주상고, 제주상고 등 고교생 5만여 명이 거리로 나왔다. 특히 서울에서는 학생과 시민 1만여 명이 세종로 일대에 집결해 오후 3시부터 중앙청 앞에서 경찰의 최루탄에 투석전으로 대치하다가, 오후 7시 반쯤 청와대 앞까지 진출했다. 박정희 정권은 공수부대를 동원해 청와대를 방어하더니 밤 9시 반 무렵 서울 일원에 비상계엄령을 내렸다. 이튿날 일단 거리 시위가 잠잠해지자, 계엄사령부는 시위 주동자들을 영장 없이 연행·체포·구금하고 언론 검열을 강화하는 한편, 주동 학생들에 대해 대대적인 수배령을 내렸다. 하지만 6월 4일에도 부산대, 동아대, 전남대, 조선대, 춘천농대, 목포동광중고, 인천공고 등이 각 지역에서 시위를 멈추지 않았다.[7]

주요 수배자 명단을 보면 다음과 같다. 서울대 김지하, 김덕룡, 송철원, 손정박, 박삼옥, 조봉계, 박재일(정치4), 김정남(정치4), 이문승(정치4), 최혜성(철학3), 이원재(사회4), 이현배(사학3), 김병석(식물2), 정정길(행정4), 조해

굴욕적인 6·3 한일회담을 반대하기 위해 모인 학생들의 모습. 박정희는 이 회담을 통해 자신의 권력을 장기화할 수 있는 발판을 마련했다.

녕(행정4), 김정용(행정4), 김병만(행정2), 오낙준(법학1) 등이다. 고려대에서는 박정훈(정치4), 최장집(정치4), 김재하(법학4), 이명박(상과4), 정성헌(정치외교), 성균관대에서는 정일룡(정치4), 이성구(정치2), 송영삼(경제4), 임동철(동양철학2), 오성섭(중문학2), 건국대는 유동원(법학4), 박상채(정치4), 이태우(경제4), 한양대는 이정재(섬유학4), 이기문(원자력3), 김용달(토목4), 이길호(법학3), 동국대는 박희부(법학4), 숭실대는 김보환(사학4), 홍익대는 신정섭(회화4) 등이다.

송철원은 끝까지 도피에 성공한 자신 말고는 모두 다 구속됐다고 기억했다. 나는 B급, C급 수배자 명단에 들어 있었는데, 경산 집에 가려다 경찰에 붙잡힐 뻔한 위기를 무사히 넘기고 유야무야될 때까지 숨어 지냈다. 이어

6월 15일 계엄사령부는 동아방송의 방송부장 최창봉, 뉴스실장 고재언, 외신부장 이종구, 〈앵무새〉 프로그램 담당 김영효, 제작과장 조동화, 편성과장 김윤하 등 6명을 '반국가 단체 찬양 고무, 내란 선동, 불법 집회 방송' 혐의로 구속했다.

계엄사령관 민기식은 6월 18일 계엄령 위반 구속자가 348명이라고 발표했고, 이날 계엄사 군법회의는 김중태, 현승일, 김도현을 내란죄로, 김중태를 숨겨준 손홍민을 범인 은닉죄로 기소했다. 7월 말까지 군법회의에 의해 150명의 고교생과 대학생이 구속·기소됐고, 352명은 학사징계를 당했다.

박 정권은 계엄령으로 반대 여론을 억누른 채로 그해 연말까지 세 가지 정책을 밀어붙였다. 한일통상회담, 무역회담, 어업회담 등을 잇따라 연 데 이어 12월 3일 '7차 한일회담 1차 본회담'을 열었다. 한편으로 박 정권은 한일회담 반대 운동을 용공으로 몰아갔다. 경찰은 "공산주의자 김정강(서울대 문리대3)의 메모 노트를 압수했다"고 발표하고, 김정남 등 학생 운동가 여러 명을 연행·수사했으나, 김정강과 모의했다는 학생은 아무도 없었다. 그럼에도 내무부 장관 양찬우는 기자회견에서 "한일회담 반대 운동은 김정강이 조직한 '불꽃회'가 배후조종한 적색 활동"이라고 발표했고, 언론은 이를 대서특필했다.

중앙정보부장 김형욱은 8월 14일 "북괴의 지령을 받고 대규모 지하조직을 만든 인민혁명당 사건을 적발해 57명 중 41명을 구속하고 16명을 수배 중에 있다", "남파간첩 김영춘, 민주민족청년동맹 경북도 간사장이던 도예종 등이 발기인대회를 열어 인민혁명당을 발족했고, 3·24 학생 시위가 일어나자 불꽃회 간부 등을 포섭해 배후에서 현 정권 타도와 국가 반란을 음모했다"고 말했다. 이것이 '1차 인혁당 사건'이다.

집권 여당인 공화당은 8월 2일 단독국회를 열어 '언론윤리위원회 법안'을 통과시키는 한편 학원 장악을 위한 '학원보호법'도 상정했으나 제정에는 실패했다. 박정희는 '계엄령 독재'에서 '독재의 제도화'로 점점 치닫기 시작했다.

1964년 2학기는 박정희 정권의 계엄령 아래 한일회담 강행과 수배, 체포, 구속 등으로 흘러가고 있었다. 시대도 어수선했지만 내 심정은 참으로 착잡했다. 정신적 방황 상태에서 대학 1~2학년을 보내다가, 문득 정신을 차리려던 참에 한일회담 반대 운동에 발을 담가 대학 후반기를 보내다 보니, 어느새 사회적 독립을 해야 하는 성인으로 내몰리고 있었다. 코앞에 닥쳐야 숙제를 하는 천성대로 앞날에 대한 대책 없이 대학 4년을 허송한 것이다.

그해 말 정치학과 동기생인 송진혁, 김학준(〈동아일보〉 회장 역임), 사회학과 동기생 조화유(《조화유 영어》의 저자)가 〈조선일보〉 수습기자 시험에 합격했다는 소식이 들려왔다. 늘 어울려 다닌 친구들이었기에 "어떻게 나만 모르게 시험을 칠 수 있는가?" 하고 따져 물었더니 그들의 대답이 걸작이었다. "문리대 출신이 시험 쳐서 취직할 데가 신문사 기자 말고 어디 있냐? 너는 대학 4년 동안 뭐하고 있었냐?"

생각해보니 특별한 연줄이 없는 한 문리대 출신이 공채로 들어갈 수 있는 곳이 별로 없었다. 그래도 '언론' 하면 '사회의 목탁', '권력의 파수견'이라고들 하지 않는가? 4월 혁명으로 민주주의의 세례를 받았다고 믿어온 나는, 직접 정치에 나설 형편이 못 된다면 '권력을 감시하고, 국민의 알 권

필자는 1965년 서울대를 졸업하고 언론사 공채에 도전했으나 번번이 낙방했다. 사진은 1963년 겨울 방학을 앞두고 문리대 앞 마로니에 나무 앞에서 담소를 나누고 있던 학우들과 찍은 것이다. 둘째 줄 맨 왼쪽이 필자이다.

리를 지키는' 언론인도 아주 매력적인 직업이 될 수 있겠다는 생각이 들었다. 그래서 무작정 〈경향신문〉과 〈동아일보〉 기자 시험에 도전했으나 보기 좋게 낙방했다. '언론고시'라 불릴 만큼 경쟁이 치열했으니 당연한 결과였다.

〈조선일보〉와 〈한국일보〉는 이례적으로 가을에 이어 봄에도 기자를 뽑았다. 나는 1964년 겨우내 '언론고시' 준비에 몰두했고, 1965년 봄 다시 〈조선일보〉에 응시해 1차 필기시험은 합격했다. 기자 선배가 된 송진혁이 1차 성적은 비교적 좋으니 면접에서 군대 문제를 물으며 대답 잘하라고 귀띔을 해줬다. '한일회담 반대 시위'로 홍역을 치른 박 정권이 언론을 길들이기 위해서 병역미필 또는 병역면제 기자들을 대상으로 재신검을 해서 결격 사유가 없으면 강제 징집을 하고 있다고 했다.

그때부터 나는 병역 문제를 심각하게 고민해봤다. '30 대 1'이니 '50 대 1'이니 하는 좁은 문을 통과하기가 좀 어려운가. 이번 기회를 놓치면 영영 기자가 될 길은 없을지도 모른다는 걱정에 "제가 알아서 문제 생기지 않게 병역면제를 받겠습니다"라고 대답할까 하는 유혹이 생겼다. 하지만 끝내 그래서는 안 된다는 결론에 도달했다. '국방의 의무'도 다하지 않은 자가 '권리'만 주장할 수는 없다는 원론에 더하여, 제대로 된 언론인이라면 권력과의 갈등이 없을 수 없는데, 스스로 거리낄 만한 행동을 한 언론인은 권력에 당당할 수는 없다는 생각이었다.

과연 〈조선일보〉 면접시험관들은 내게 단 한 가지 질문만 던졌다. "군대 문제는 어떻게 할 것이냐?" 내 대답은 이랬다. "대한민국 남자로서 군에서 필요하다고 하면 갔다 와야 하지 않겠습니까?" 그리고 예상대로 낙방했다. 그리고 1965년 가을 징집명령서가 날아왔다. 그런데 1966년 7월에 입대하라니 그때까지 1년 가까이를 실업자로 보낼 수밖에 없었다. 사회생활의 첫발을 실업자로 보내는 괴로움은 겪어보지 않은 사람은 모를 것이다. 더군다나 우골탑(牛骨塔)이라고, 부모가 소 팔아서 대준 비싼 등록금으로 대학을 다니고도 취직을 못하는 농촌 출신 대졸자의 참담한 심정은 말로 표현할 수 없을 정도였다.

요즈음은 좀 변하고 있는 듯도 하지만, 우리 민족은 오랫동안 '남존여비 사상'에 찌들어 있었다. 내가 청소년 시절 우리 집은 정미소를 운영해 경산에서 '그래도 밥은 먹고 지낸다'는 소리를 들었지만, 팔남매 자식 모두를 대학 보내기는 버거웠다. '너무나 당연하게도' 4남 4녀 중 딸들은 교육의 희생자가 됐다. 바로 손위 누나와 셋째 여동생은 대학을 가지 못 했고, 둘째와 넷째는 학비 부담이 덜한 교대를 선택했다.

이런 형편에 졸업하고도 집에서 생활비를 타 쓸 수는 없었다. 염치 불고하고, 불광동에 살던 셋째 삼촌댁에서 1남 3녀 사촌 사이에 얹혀살았다. 사촌 남동생과 한방을 썼고, 나보다 두 달 늦게 태어나 동생이 된 걸 억울해하던 맏딸 성정숙은 서울대 문리대 사학과 61학번으로 대학 생활을 같이 했다. 그녀는 훗날 MBC 프로듀서로 사회생활을 하다가 결혼해 미국으로 건너가 한때 〈뉴욕중앙일보〉 편집국장을 지냈다. 그나마 '중고생 과외 아르바이트'로 근근이 용돈을 벌며 1965년 한 해를 '백수'로 보냈다.

"굴욕외교에 분노하라"

1964년 '6·3 계엄령' 이후 가을학기 들어 학생들의 한일회담 반대 운동이 잠잠해지자 박정희 정권은 회담을 서둘렀고, 일본 쪽은 더욱 고자세로 나왔다.

시나 에쓰사부로[椎名悅三郞] 일본 외상은 1964년 12월 "독도 문제 해결을 국제사법재판소(ICJ)에 제소해 한국 쪽이 이에 응하는 시점에 해결하겠다"고 말했다. 새로 일본 수석대표가 된 다카스기 신이치[高杉晋一]는 취임 기자회견에서 "일본은 형이 된 기분으로 일한회담에 임하지 않으면 안 된다. 일본이 조선을 통치한 것은 분명히 조선을 더 낫게 하려고 한 일이었다. 일본이 20년쯤 더 조선을 지배했더라면 좋았을 것이다"라고 말했다.

다카스기뿐만 아니라 역대 한일회담의 일본 대표들은 번번이 한국과 한민족을 비하·모욕하는 발언을 했다. 하지만 우리 쪽은 한 번도 이들에 대해 교체 요구를 하지 못했다. 또 한국은 일제의 한반도 식민 지배에 대해 사과하라는 요구도 못했다. 일제강점기 36년 동안 100만 명에 이르는 강제 징용자, 5만 학도병, 일본군 위안부 피해 여성들에 대한 배상 요구도 애매모호한 '청구권 자금 합의' 속에 파묻혀갔다. 재일동포들의 신분 보장 요구 역시 묵살됐다. 평화선 문제도 일방적으로 양보하고 있다는 소식이 들렸다.

그즈음 시나 외상이 1965년 2월 17일 방한한다는 정부 발표가 나왔다. '6·3 계엄령'으로 구속됐다 풀려난 학생들이 결성한 '6·3 동지회'가 즉각 한일회담 반대 집회 재개의 첫 깃발을 들었다. 〈경향신문〉 2월 18일자 석간에 "18일 하오 1시 반쯤, 6·3 동지회 학생 30여 명이 종로 파고다공원 안 팔각정에서 성토대회를 열었다. 이들은 동국대 정치과 3학년 김경남 군이 독립선언문을 낭독하고, '이등박문 망령 성토 학생대회 을사기원 1961년 회갑기념'이라고 쓴 현수막을 내걸었다. …… 종로경찰서는 학생 7명을 연행해갔는데 그 명단은 이경우(고려대 법학), 김병길(고려대 법학), 박동인(동국대 법학), 김경남(동국대 정치외교), 이재우(경희대 정치외교), 이우영(건국대 경제) 등"이라고 보도했다.

박정희 정권 시절 한일회담 반대 운동은 크게 보아 세 단계로 나눌 수 있다. 첫 단계는 이미 기술한 1964년의 3월 24일부터 6월 3일까지의 투쟁이다. 두 번째 단계는 서울에서 이동원 외무부 장관과 시나 외상이 '한일기본조약'에 가조인한 1965년 2월 20일부터 6월 22일 도쿄에서 '한일기본조약'에 정식으로 서명할 때까지 전개한 반대 운동이었다.

이때부터는 고교생들의 참여가 부쩍 늘었다. 1965년 3월 26일에는 배재고, 중동고, 성북고, 동도고, 보성고, 경기고 등 서울의 고교생들이 거리로

1965년 2월 18일 한일회담의 일본 대표인 시나 에쓰사부로 외상이 청와대를 방문하고 있을 때, 서울 종로의 파고다 공원에서 '6·3 동지회' 학생들은 '이등박문 망령 성토 학생대회' 현수막을 내걸고 한일회담 반대 시위를 벌였다.

쏟아져 나왔다. 이날 〈동아일보〉 석간은 경기고 1,500명의 시위를 7면 기사로 싣고 사진까지 곁들였는데, 사진 설명에 "이것이 민족적 민주주의더냐, 낯선 자본 앞에서 외치는 내일의 담당자들"이라고 썼다. 송철원은 당시 경기고생 시위를 조영래 변호사가 주도했다고 증언하고 있다. 이날 마포고, 숭실고, 대광고, 양정고, 서울고, 원주 대성고, 대구 계성고, 영남고, 경북대사대부고, 순천 매산고, 익산 함열중고, 광주일고, 광주 숭일고, 광주고, 보문고, 목포고 학생들도 시위를 벌였다.

야당과 재야 세력의 '대일굴욕외교 반대 범국민투쟁위원회'도 전국 순회 성토대회에 나섰다. 대학생들도 가만히 있지 않았다. 법대, 상대, 문리대 등 대부분의 서울대 단과대를 비롯해 동국대, 전남대, 경희대, 연세대, 성균관대, 고려대, 국학대, 중앙대, 제주대, 외국어대, 이화여대, 전북대, 서강대, 경북대, 인하공대, 대구대, 한신대, 단국대, 숭실대, 건국대 등이 시위에 참가했다.

한국 내 여론에 아랑곳없이 시나 외상은 "한국 정부는 계엄령을 선포해서라도 한일회담을 종결할 확고한 결심을 하고 있는 것으로 믿는다"고 말했고, 이에 화답하듯 1965년 4월 19일 한국 국방부는 "앞으로 전국 각처에서 한일회담 반대 시위가 심해져 경찰력으로 막기 어렵게 되면, 경찰이 요청 시 수도경비사령부 이외에도 군에서 시위 진압을 지원해주도록 결정했다"고 발표했다.

경찰의 탄압도 점점 더 강화됐다. 이 기간에 수십 명의 학생들이 구속됐는데, 그중에는 전남대 정동년, 서울대의 조양(외교4), 정탁(철학3), 최병권(정치3), 박지동(정치3), 장중웅(정치3), 최극언(사학3), 장명봉(법학3), 임종율(법학3), 부산수산대의 김기홍(증식과3), 김상규(수산경영3) 등이 있었다.

1965년 6월 22일 도쿄에서 이동원 외무부 장관과 시나 에쓰사부로 외상이 한일 협정에 정식으로 서명했다는 보도가 전해지자, 한일회담 반대 운동은 '국회에서의 비준을 저지하자'는 방향으로 급전환했다. 이후 열흘도 안 되는 6월 말까지 서울대, 고려대, 연세대, 동국대, 명지대, 수도공대, 성균관대, 건국대, 수도의대, 홍익대, 한양대, 이화여대, 가톨릭의대, 숭실대, 인하공대, 경북대, 경기공전, 부산대, 동양공전, 명지대, 동덕여대, 국학대 학생들이 시위에 나섰다. 보문고, 동대문상고, 동양공고, 논산대건고, 대전대성고 학생들도 거리로 몰려나왔다. 전국 대학과 고등학교에 조기 방학과 휴교 지시가 내려진 7월 초에도 서울대 의대생들이 흰 가운을 입고 거리로 나서는가 하면, 대구대, 상명여고, 동래고, 대구협성상고, 강릉상고, 여수

공고, 동북고, 성북고, 경복고, 강문고, 동성고, 한영고 학생들이 비준 반대 시위에 합류했다. 하지만 7월 10일부터 학원가는 교문이 닫혀 적막강산이 됐다.

그러자 비준 반대 운동은 기성세대로 옮겨갔다. 재경 문학인 82명의 비준 반대 성명, 역사교육연구회·역사학회·한국사학회의 비준반대 연합 성명, 4월 혁명 동지회의 성명, 기독교인들의 전국적인 비준 반대 구국기도회, 재경 대학교수단 354명의 비준 반대 선언문 발표가 잇따랐다. 서울 시내 대학 학생회장단(고려대 유유길, 서울대 서성준, 숙명여대 박경자, 연세대 권상운, 이화여대 진민자)은 '한일 협정 비준 반대 각 대학 연합체(이하 한비연)'를 결성해 연대 운동을 도모했다.

7월 14일에는 예비역 장성 11명도 한일 협정 반대 성명을 발표했다. 서명자는 김홍일(육군 중장, 외무부 장관 역임), 김재춘(육군 소장, 중앙정보부장 역임), 박병권(육군 중장, 국방부 장관 역임), 박원빈(육군 준장, 무임소 장관 역임), 백선진(육군 소장, 재무부 장관 역임), 송요찬(육군 중장, 육군 참모총장 역임), 손원일(해군 중장, 국방부 장관 역임), 이호(육군 준장, 법무부·내무부 장관 역임), 장덕창(공군 중장, 공군 참모총장 역임), 조흥만(육군 준장, 치안국장 역임), 최경록(육군 중장, 육군 참모총장 역임) 등이었다. 장성들은 성명에서 "잔학과 수탈로 일관했던 과거 일제의 식민 정책에 대한 속죄와 보상은 전혀 몰각하고, '이미 무효화'를 천명함으로써 일제의 죄책을 합법화시켰으며, …… 징병과 징용으로 강제 동원됐다가 종전 후에도 일본의 번영에 물심양면 공헌해온 재일동포에 대하여는 강제 퇴거 사유를 확대시키고, 그들 자손에 대한 영구권의 보장조차 불확실한 규정에 조인했습니다. 이에 입법부는 주권자인 국민의 의사를 그대로 대표해 국가의 백년대계를 위해 전력을 다할 것을 요구하는 바입니다"라고 주장했다.

이어 7월 20일 대한변호사협회도 한일 협정 반대 성명을 냈다. 7월 31일에는 비준 반대 단체들이 모여 서울 대성빌딩 강당에서 '조국수호국민협의회(이하 조수협)'를 결성했다. 조수협은 각계 대표들로 24명의 집행위원을 뒀다. 학계는 권오돈, 조윤제, 정석해, 독립 운동가 김홍일, 신봉제, 기독교계의 서병호, 박윤영, 경제인 유창순, 문인 양주동, 박두진, 법조인 이인, 김춘봉, 천도교 박연수, 여성계 최은희, 유림은 오양, 일반 사회인 대표로 함석헌, 청년대표 하은철, 정원찬, 예비역 장성 박원빈, 손원일, 박병권 등이었다. 대표집행위원에 김홍일, 간사장에 박원빈을 선출했다.[8]

조수협은 8월 2일 행동강령을 채택하고, 야당인 민중당 국회의원들에게 보내는 메시지를 발표했다. 8월 3일에는 재미 목사들의 비준 반대 결의 소식도 전달됐다. 8월 11에는 조수협과 '대일굴욕외교 반대 범국민투쟁위원회'가 연합 전선을 펴기로 하고 8인 소위원회를 구성했다.

하지만 각계 기성세대의 비준 반대 운동은 때늦은 감이 있었다. 공화당은 7월 14일 국회 법사위에서 비준동의안을 기습 발의해버렸고, 민중당의 대표최고위원 박순천은 7월 20일 청와대에서 박정희 대통령과 여야 영수회담을 하면서 한일 협정 비준동의안과 베트남전쟁 파병 동의안을 다루기 위한 '52회 임시국회 소집'에 합의해버렸다. 당시 의석 분포로는 국회가 문을 여는 순간 비준 통과는 불 보듯 뻔했다. 공화당 110석, 민중당 61석, 무소속 4석의 여대야소였으니 말이다.

이에 민중당 강경파는 '선총선, 후비준 논의'라는 당노선에 배치된다며 반발했고 결국 윤보선계와 박순천계로 갈라졌다. 이효상 국회의장은 8월 13일 윤보선, 김도연, 서민호, 정일형, 정성태, 김재광 등 탈당계를 낸 윤보선계 강경파 6명의 의원직 자동 상실을 공표했다. 바로 다음날인 8월 14일 공화당은 단독국회를 열어 '한일국교조약'을 비준해버렸다. 그렇게 한일협정 반대 운동은 무위로 끝났고, 기약 없는 '백수' 신세였던 나는 허탈할 뿐이었다.

박정희가 뿌린 한일조약의 유산

1965년 8월 14일 한일조약이 국회에서 비준된 뒤에도 한동안 시위가 계속됐다. 민중당, 통일사회당(대표최고위원 김성숙), 조수협, 대일굴욕외교 반대 범국민투쟁위원회, 한일 협정 반대 서명교수단 등이 '야당 없는 공화당만의 국회 비준 통과 강행은 명백한 위헌이며 따라서 비준안은 무효'라고 선언했고, 8월 15일부터 월말까지 대학과 고등학교에서 '비준 무효'를 주장하는 시위가 멈추지 않았다.

하지만 박정희 정권은 비준 통과를 기정사실화하고 학생 시위를 더욱 적극적으로 진압하기 시작했다. 박 대통령은 "시위 학교는 폐쇄 조처하겠다"고 엄포를 놓았고, 내무부는 검찰에 대일굴욕외교 반대 범국민투쟁위원회, 조수협, 한일 협정 반대 서명교수단, 무궁화애호총연합회, 한국학사청년연맹, 초급대학학생연합회, 범태평양동지회 등의 처벌을 요청했다. 치안국장은 학생 시위를 반공법 및 내란선동죄로 엄단하겠다고 나섰고, 문교부 장관은 시위하는 학생 동아리는 해체시키라고 각 대학에 지시했다.

박 정권은 그해 8월 25일 위수령마저 발동해 서울 일원에 군대를 출동시켰다. 9월 26일 본보기로 고려대와 연세대에 군인들을 보내 무력시범을 보이며 공포 분위기를 조성했다. 그러자 학원가가 조용해지기 시작했다.

하지만 한일 협정 반대 운동은 남북 분단 상황으로 거의 금기시되던 '민족 자주'의 문제를 중요한 현안으로 국민에게 각인시켰다는 의미를 남겼다. 일본이 한민족에 대한 식민 지배와 아시아 각국에 군국주의적 침략전쟁을 일으킨 데 대해 아무런 반성과 사과도 없이, 예컨대 "다시는 아시아 모든 나라에 군사적 침략을 하지 않겠다"는 약속도 하지 않고, '한-미-일 반공 전선' 형성이라는 이름으로 슬그머니 '우호 선린관계'를 주장한 데 대해 분명한 '이의'를 제기한 것이다. 당시 박 정권은 일제의 36년 강점기는 이미 지난 이야기이고, 앞으로만 사이좋게 지내면 된다고 생각했을지도 모른다. 과연 그럴까?

최근 한·일 관계에서 가장 큰 현안으로 떠오른 독도 문제만 해도 그렇다. 당시 민주당 국회의원이었던 고 김대중 대통령은 국회 대정부 질문에서 "김-오히라 메모에는 부대 비밀각서가 있다고 한다. 그 각서에는 한국 공군과 일본 항공자위대가 독도를 폭격 연습장으로 사용하여 독도를 폭쇄시키기로 했다고 한다"고 폭로한 적이 있다. 그 폭로가 상당한 근거에 바탕하고 있다는 것을 민주화운동기념사업회가 밝혀냈다. 1965년 5월 18일 세 번째 미국을 방문한 박정희가 데이비드 딘 러스크 미국 국무부 장관에게 "문제를 해결하기 위해 독도를 폭파해 없애버리고 싶다"고 말했다는 기록이 있다. 이에 대해 러스크는 "미국과 영국 사이에도 100년 이상 미해결된 바위섬들이 존재한다. 미국과 영국은 논의를 마냥 미루고 있다"며 "독도도 한국과 일본이 공동으로 관리하는 등대를 설치하고 누구에게 속하는지를 말하지 않음으로써 그것이 자연적으로 소멸하도록 놔둘 것"을 제안했다고 한다.[9]

이로 미루어볼 때 박 정권은 1965년 한일 협정 때 독도 문제를 미해결 상태로 남겨두었음이 확실해보인다. 이때의 미해결이 오늘날 다시금 한일 긴장의 핵심으로 떠오르고 있다. 아베 정권에 들어와 본격적으로 군국주의로 회귀하고 있는 일본은 한국의 의사와는 상관없이 '독도는 일본 땅'이라고 점점 더 생떼를 쓰고 있다. 그러나 독도 문제는 일본 사회의 총체적 군국주의화 추세에 비하면 지엽적이다. 최근 중국이 만주 하얼빈에 일본 최초 군국주의자 이토 히로부미[伊藤博文]를 저격·살해한 '안중근 의사 기념관'을 개관하자, 스가 요시히데[菅義偉] 관방 장관은 "안중근은 테러리스트"라며 항의할 정도로 일본의 군국주의화는 심화됐다.

1965년 한일회담 때 한국은, 양국의 새로운 수교가 아시아인의 평화와 공존을 위한 출발점이 되어야 한다는 점을 일본에 확실하게 심어줄 필요가 있었다. 그런데 그때 이를 소홀히 하는 바람에 이후 '아시아의 평화에 기여하는 일본'이 아니라, '새로운 아시아 패권국으로서의 일본'의 야욕을 키워가게 됐다.

'한일회담 반대 운동'이 좌절한 데에는 여러 가지 요인이 있겠으나, 나는 무엇보다 한국전쟁으로 민족적 에너지가 너무 소진해버려, 기성세대들이 운동에 동참하는 시기가 너무 늦었다는 점을 꼽고 싶다. 야당 세력이 턱없이 열세인데다 그나마도 박순천 세력이 열에서 이탈하는 바람에 국회조차 무너진 것이 또 하나의 원인이라 할 것이다.

한일회담 반대 운동의 와중에서 내 마음을 가장 스산하게 만든 것은 1964~1965년 운동의 선봉 격인 민비연의 간부들을 주요 대상으로 삼아 박정희 정권이 내란음모, 내란선동, 폭발물 사용 음모, 반공법 위반 등 어마어마한 죄목을 씌워 9명을 구속 기소하고 5명을 불구속 기소한 사건이었다. 구속 기소자는 서울대의 김중태(정치4), 최혜성, 박재일(지리4), 송철원, 이수용(정치4), 진치남(법학4), 이화여대의 진민자(과학4), 동국대의 장장순(대학원1), 이원범(행정4) 등이었고, 불구속 기소자는 서울대 우학명(지리4), 박영효(대학원1), 연세대 정준성(대학원1), 박영남(철학4), 김한림(범인 은닉) 등이었다.

박 정권은 앞서 1964년 6·3 사태 때 김중태, 현승일, 김도현을 내란죄로, 김정남을 반공법으로 기소했으나 사법부에 의해 140일 만에 무죄와 집행유예로 풀려났었다. 그럼에도 1년 만에 다시 2차 민비연 사건을 조작해 학생 운동 대표들을 감옥에 보낸 것이다. '반대자는 끝까지 보복한다'는 본보기를 보여줄 속셈이라는 생각이 들었다.

허탈한 마음을 추스르고자 나는 당면한 군복무부터 해결하기로 했다. 소집명령일인 1966년 7월까지 마냥 기다릴 필요가 없다고 생각한 나는 그해 1월 27일 포항·영일 입대예정자들과 함께 논산훈련소로 들어갔고, 6주간 이등병의 훈련소 생활이 시작됐다. 대한민국에서 사병으로 근무한 남자들은 누구나 군대 생활을 쓰면 책 한 권은 된다고 하는 만큼 여기서는 생략한다. 영천 부관학교 8주 교육에 이어 그해 4월 초 부천 소사의 33예비사단 부관부로 발령받은 나는 1968년 9월 14일 만기 제대했다.

비교적 평온하던 군 생활 중에도 한 번의 풍파가 있었다. 1967년 10월 중순 어느 날 오후로 기억된다. 사단 본부중대의 중대장이 사단장이 찾는다며 나를 사단장실로 데려갔다. 그곳에는 색안경을 낀 중년 남자 두 명이 기다리고 있었다. 사단장(정세진 준장)은 "이분들이 자네에게 볼일이 좀 있다 하니 다녀오게"라고 말했다. 그들이 몰고 온 지프차를 탔더니 차 안에서는 "여기는 독수리, 여기는 독수리" 무선교신을 주고받고 있었다. 에라 모르겠다 싶어 잠을 자버렸다. 도착지는 남산 중턱의 배럭(임시막사) 건물이었다. 나는 바로 '중앙정보부로구나' 하고 직감했다.

그들은 다짜고짜로 "1964년 5월 14일 서울대 문리대 앞 진아춘 모임에 갔었지?" 하고 물었다. 나는 "진아춘 모임이 무슨 모임인데요?"라고 반문하면서 진아춘 모임 참석자들을 엮어 다시 큰 사건을 만들지도 모르겠다는 걱정을 하게 됐다. 수사관은 "야, 문리대 놈들이 주동이 되어 '민족적 민족주의 장례식'을 모의한 중국집 진아춘 모임에 너도 있었잖아?" 하고 추궁하고 들어왔다. 순간적으로 무조건 오리발을 내밀어야겠다고 작정한 나는 시위에는 여러 번 참가했지만 진아춘 모임에는 간 적이 없다고 딱 잡아떼었다. 완강하게 부인했더니 수사관이 "좀 기다려" 하고는 어딘가로 나갔다 20분쯤 지나 돌아왔다. 그는 "네가 진아춘 모임에 있었다는 것을 우리가 다 안다. 그러나 네가 지금 군대 졸병으로 고생하고 있으니 이번 한 번은 봐준다. 저녁이나 먹고 가라"고 하더니 설렁탕 한 그릇을 시켜주었다.

나는 갑자기 정신이 바짝 들었다. "그냥 가라고 하면 어떻게 합니까? 이 육군 졸병을 탈영병 만들 일 있습니까?"라고 말했다. 수사관은 "참 그렇지. 얘는 군인이잖아" 하면서 백지에다가 "위 사람은 당 부에서 볼일을 보고 군으로 귀대하는 자임"이라 쓰고 개인 도장을 찍어주었다. 백지에 '중앙정보부'라는 표시는 없었다. 그 문서만으로도 나는 새도 떨어뜨린다는 중앙정보부의 위세를 실감할 수 있었다.

그러거나 말거나 나로서는 감옥에 갈 뻔한 위기를 겨우 모면하고 곧바로 부대로 귀대한다는 것이 매우 억울했다. 그들이 건넨 문서를 잠깐 들여다본 나는 "수사관님, 나온 김에 집에 좀 다녀가면 안 되겠습니까?"라고 말했다. 그 수사관은 "이런 맹랑한 놈 봤나?" 하면서도, "그래, 며칠이면 되겠어?"라고 물었다. "사흘 정도면 좋겠습니다"라고 했더니, 수사관은 귀대 날짜를 사흘 뒤로 고쳐 써주었다.

이때 중앙정보부에 어떤 학생들이 함께 잡혀왔고 어떤 처벌을 받았는지 나는 지금도 알지 못한다. 박 정권이 1967년 여름 민비연의 황성모 지도교수와 '동베를린 간첩단 사건'을 엮어서 만든 대대적 공안 사건의 마무리 단계에서 내가 끌려갔다는 사실을 알게 된 것은 한참 뒤였다.

레드콤플렉스가 만든 비극, 동백림 사건

한일회담에 대한 학생 세력, 야당 정치인, 각계 지식인의 격렬한 반대를 미국의 후원으로 돌파한 박정희 대통령은 당시 린든 존슨 미국 대통령의 베트남전쟁 파병 요청에 적극 호응함으로써 미국의 지지를 확신했다. 그 여세로 1967년 5월 3일의 '제6대 대통령 선거'를 자신 있게 맞았다.

당시 야당은 한일회담 비준 파동으로 분당됐다가 다시 윤보선, 유진오, 백낙준, 이범석이 민중당과 신한당의 합당에 합의해 신민당으로 통합한 뒤 대통령 후보에 윤보선이 나서고, 유진오가 당수를 맡아 대선에 임했다. 하지만 116만 표 차로 지고 말았다. 윤보선은 1960~1970년대 한국 민주화 운동에 기여한 바가 실로 컸으나, 1961년 박정희 군사 쿠데타 당시 국군통수권자인 대통령으로서 이를 용납한 점, 제6대 대선에서 박정희 후보를 용공세력으로 몰아 오히려 영호남에서 표를 대거 잃은 점은 최대 실책으로 꼽힌다.

박정희는 제6대 대선에서 승리하자 본격적인 장기 집권 공작에 돌입했다. 첫 번째 장기 집권 프로젝트는 당장 1967년 6월 8일의 제7대 국회의원 총선거에서 공화당이 '개헌선을 확보하는 것'이었다. 당시 제3공화국 헌법에서는 대통령에게 임기 4년, 중임만 허용하고 있었다. 이 때문에 연임을 할 수 있는 개헌이 필요했던 것이다.

박 정권은 공무원, 정치군인, 중앙정보부, 검찰, 경찰, 공화당 등 모든 공조직을 동원해 지역 개발 공약, 고무신, 막걸리 등으로 공공연한 매수를 하고 공개투표, 대리투표, 올빼미표, 무더기표, 환표를 자행했다. 이승만 정권 때 못지않은 부정·불법 투표를 감행한 것이다.

중앙선거관리위원회가 공무원의 선거 운동을 문제 삼자, 박 대통령은 국무회의에서 '선거법 시행령'을 고쳐 대통령, 국무총리, 국무위원 등 별정직 공무원들이 선거 운동을 할 수 있도록 했고, 그 자신도 전국을 돌면서 관광도시 개발, 공장 건설, 도로와 교량 건설 등을 약속하고 다녔다. 관권 선거·금권 선거가 얼마나 노골적이었던지, 공화당은 국회의원 재적 171석의 개헌선인 117석을 넘어 129석(지역구 102석, 전국구 27석)을 휩쓸었고, 신민당은 45석(지역구 28석, 전국구 17석), 대중당은 겨우 1석을 확보했다.

신민당은 즉각 '선거 쿠데타'라고 반발하며 '6·8 부정 선거' 규탄 운동에 들어갔다. 1967년 여름 당시 군 복무 중이던 나는 이번에도 학생들이 앞장서는 것을 보고 놀라움을 금치 못했다. 불과 2~3년 전 한일회담 반대 운동 과정에서 학생 운동 세력은 얼마나 많은 출혈을 했던가. 나는 '학생 운동은 한국 민주화 운동의 마르지 않는 샘이로구나' 내심 찬탄하지 않을 수 없었다.

1967년 6월 12일 서울대 법대생 500여 명은 "공무원을 사병화하고, 국민을 매수·사기·협박·기만함으로써 이루어진 '6·8 선거'는 빛나는 '4·19 정신'의 모독이다", "정부와 여당은 6·8 선거가 부정 선거였음을 자인하고 국민적 재심판을 받고 즉각 사퇴하라"고 요구했다. 이들은 서울 이화동을 거쳐 명륜동 입구로 나아가다 경찰과 대치 끝에 165명이 연행됐다. 학교로 되돌아와 농성을 하던 이들은 연행 학생들을 석방한 뒤에야 해산했고, 대학 당국은 6월 17일까지 임시휴교령을 내렸다.

하지만 6월 13일부터 학생들의 규탄 시위는 더 확산됐다. 서울대 문리대와 법대생들은 이날 '서울대 민주수호투쟁위원회(위원장 이현배)'를 결성하고 오전 11시 시위에 들어갔다. 상대생 250여 명, 공대생 500여 명, 사대생 200여 명, 농대생 700여 명, 미대생들도 휴교령 속에서 부정 선거 성토대회를 열었다.

같은 날 고려대에서도 3,000여 명이 규탄대회를 열고 '민권수호투쟁위원회'를 결성했다. 이들은 안암동 네거리까지 나왔다 학교로 되돌아갔지만 일부는 오후 1시 반 다시 시청 앞까지 진출했다가 300여 명이 연행됐다. 연세대 2,000여 명도 '막걸리 선거가 웬 말이냐?'라는 현수막을 들고 신촌 교차로로 나왔고, 성균관대 300여 명도 성토대회를 했다. 6월 14일에는 시위가 전국으로 번졌다. 동국대 1,500여 명, 경희대 1,000여 명, 고려대 600여 명, 연세대 2,000여 명, 한양대 1,700여 명, 중앙대 1,500여 명, 부산대 1,000여 명이 거리로 나섰다.

이에 많은 학교에 휴교령이 내려졌지만, 6월 15일부터는 고교생들까지 가세해 사흘 만에 전국의 수많은 고등학교에서도 동시다발적으로 규탄의 함성이 울렸다. 사태가 이 지경에 이르자, 박정희도 '6·8 선거의 과열 현상과 부정'을 일부 인정하는 시늉을 했다. 화성, 수원, 평택, 군산·옥구, 영천, 고창, 서천·보령 등 7개 지구 공화당 당선자를 제명하도록 지시한 것이다.

물론 서울대, 고려대, 연세대, 성균관대, 건국대 등은 부정 선거 무효 운동을 계속 전개할 것을 다짐했지만, 7월 초를 고비로 전국이 조기 여름방학에 들어가면서 시위는 멎었다. 정치권의 부정 선거 규탄도 '김종필-유진오 협상'에 따라 11월 27일 야당 당선자들이 의원 등록을 하고, 11월 29일 국회에 등원함으로써 유야무야되고 말았다.

박정희 대통령은 전형적인 파시스트였다. 그의 사전에는 대화와 타협, 협상이라는 단어가 존재하지 않았다. 박정희식 정치에는 정치란 없고, 통치만 있었다. 1965년 2차 민비연 사건 때 검찰(박종연 검사)은 중형을 구형했지만, 법원은 1966년 2월 1심(재판장 김용철 부장판사)에서 김중태에게 징역 2년, 나머지 피고들에게는 집행유예와 무죄를, 2심(서울형사고법 백낙인·김진우·박충순 판사)에서 전원 무죄를 선고했다.

그럼에도 박정희 정권은 1967년 7월 11일 3차 민비연 사건을 일으켰다. 6·8 부정 선거 한 달 만인 7월 8일 중앙정보부장 김형욱은 이른바 '동베를

이응노는 한국전쟁 때 월북한 아들 소식을 알고 싶어 베를린에서 북한 공작원을 만난 일로 반공법 위반에 걸려 옥고를 치렀다. 사진은 동백림 사건으로 구속 수감됐던 이응노의 석방 모습이다.

린 간첩단 사건(동백림 사건)'을 터뜨렸다. 독일, 프랑스 등 유럽에 거주하는 동포 예술가, 지식인, 학자, 유학생들이 북한에 입북하거나 노동당에 입당하고 국내에도 잠입해 간첩 활동을 벌였다는 것이다. 앞서 이야기한 대로 중앙정보부는 이 동백림 사건과 민비연의 연결고리로 황성모 교수에게 간첩 혐의를 뒤집어씌웠다.

중앙정보부는 동백림 사건으로 194명을 기소했는데, 그중 23명이 간첩죄였다. 또 나를 포함해 민비연 회원 50여 명을 조사하고, 황성모 교수, 초대 회장 이종률(당시 〈동아일보〉 기자), 초대 총무부장 박범진(당시 〈조선일보〉 기자), 2대 회장 김중태(당시 신한당 25인 운영위원회 최연소 위원), 3대 회장 현승일(당시 동양통신 기자), 김도현(당시 윤보선 신한당 총재 비서), 조봉계(당시 육군 복무중), 5대 회장 박지동(훗날 〈동아일보〉 기자)을 '동백림 간첩단'과 연계한 국가보안법 위반 혐의로 기소했다. 중앙정보부는 "한일회담 반대 운동 때 내란을 음모하고 시위를 배후조종한 것이 모두 간첩 황성모의 사주에 의한 것"이라고 발표했다.

널리 알려진 대로, 통영 출신의 재독 음악가 윤이상과 재불 화가 이응노처럼 세계적인 명성의 예술가들도 바로 이 사건에 간첩으로 몰려 옥고를 치러야 했다. 한승헌 변호사는 이응노가 북쪽과 접촉한 것은 한국전쟁 때 납북된 아들 소식을 알고 싶어서였다고 한다. 하지만 중앙정보부는 "박 대통령 재선을 축하하기 위해 국외 유명 인사를 초대하기로 했다"고 속여 이응노를 귀국시킨 뒤 간첩으로 체포했다. 이응노는 1989년 서울 호암갤러리에서 그의 회고전이 열리던 첫날 파리에서 심장마비로 쓰러졌다. 나는 1967년의 3차 민비연 사건과 동백림 사건을 떠올릴 때마다, 새삼 박정희의 '레드 콤플렉스'가 빚어낸 비극에 비통한 마음을 금할 길이 없다.

거장 피카소에게는 이런 일이 있었다. 그는 스페인 내전 당시 나치 독일의 무차별 폭격으로 민간인 2,500여 명이 학살당한 게르니카의 참극을 보고 '게르니카'를 그렸다. 독재자 프랑코가 집권하자 프랑스로 망명한 그는 제2차 세계대전 이후 공식적으로는 죽을 때까지 조국 스페인으로 돌아갈 수 없었다. 하지만 아무리 프랑코 치하지만 고향을 가보고 싶어 여름이면 몰래 고향 말라가를 찾아 아름다운 해변에서 수영을 즐겼다. 훗날 알려진 바로는 프랑코도 사실은 피카소의 고향 방문을 알았다고 한다. 하지만 동시대 천재 예술가에게 경의를 표하는 뜻에서 그의 입국을 묵인했다고 한다.

제2차 세계대전의 영웅이자 프랑스 대통령 드골의 경지에 이르면 우리는 더욱 할 말이 없어진다. 알제리 독립전쟁이 한창이던 1959년 대통령에 취임한 그는 전쟁을 마무리할 방도에 골몰하고 있었다. 그 와중에 프랑스에 거주하는 알제리인들이 독립 운동 자금을 모아 '세계적 문호' 장 폴 사르트르를 통해 알제리 독립군에게 전달한 사실이 드러났다. 사르트르를 처벌하라는 측근들의 아우성이 보통이 아니었다. 그때 드골은 말했다. "그냥 놔두게. 그도 프랑스야!" 사르트르는 아무런 조사도 받지 않았다.

한일회담 과정에서 '민족의 자주와 자존'을 외쳤던 학생 운동 세력들에 대해 "그들도 대한민국이야! 그들을 내버려둬!"라고 박정희가 한마디만 했더라면 얼마나 좋았을까? 윤이상도, 이응노도 유럽에서 본연의 예술 활동을 하도록 그냥 내버려둘 수는 없었을까? 그들이 무장 세력을 조직해 대한민국으로 쳐들어올 리도 만무했을 텐데 말이다.

| 2부 |

광기의 시대, 포기할 수 없는 꿈

— 1장 —

언론 수난사

폭압의 시대, 언론인이 되다

1968년 1·21 사태(북한 게릴라 김신조 일당의 청와대 습격 사건)로 강도 높은 유격 훈련을 받아 말년이 약간 고달프기는 했지만, 나는 비교적 평온하게 군 생활을 마치고 1968년 9월 14일 제대했다. 사회에 복귀하자마자 〈동아일보〉의 수습기자 시험 공고가 나왔다. 나는 마포에서 산부인과 의사를 하던 사촌누나 집에 기숙하면서 아현도서관에서 한 달 반 동안 하루 10시간씩 공부했다. 정성이 통했는지 '〈동아일보〉 수습기자 11기생'으로 합격했다. 김두식(〈한겨레〉 사장 역임), 이부영(국회의원 역임), 이종덕(〈국제신문〉 사장 역임), 이기중(〈한겨레〉 이사 역임), 오정환(롯데그룹 이사 역임), 김언호(도서출판

한길사 대표), 정영일(변호사), 박기정(〈동아일보〉 편집국장 역임), 김용정(〈동아일보〉 편집국장 역임), 이용수, 이성주, 노재성 등이 동기생이다. 이밖에도 동아방송 아나운서에 김기경, 황유성, 프로듀서에 이광, 김정환 등이 함께 입사했다.

1968년 11월 30일, 첫 출근 날을 결코 잊을 수 없다. 바로 그날 중앙정보부는 〈신동아〉 1968년 12월호의 '차관' 기사를 문제 삼아 홍승면 주간, 손세일 부장, 유혁인 정치부 차장을 연행해갔기 때문이다. 이미 공동집필자인 경제부 박창래 기자와 정치부 김진배 기자를 잡아가 수사한 뒤였다. 그래서 신문사 전체가 뒤숭숭했고 우리 수습기자들의 입사를 맞아주는 분위기도 영 신통치가 않았다.

〈신동아〉의 차관 기사는 박창래, 김진배 두 기자가 그해 9월 국회에서 '외자도입특별국정감사특위' 활동을 취재하고, 국회의원 면담 과정을 거쳐 작성한 해설기사였다. 정부의 차관 도입 실태, 차관 배정 과정, 차관 도입의 공과 등에 대해 심층취재 하여 차관 일부가 정치자금으로 흘러들어간 정황을 파헤쳤다. 원래 차관 산업개발은 잘되면 기업이 흥하고, 잘못되면 국민들이 바가지를 쓰게 되는 셈이라, 언론이 나랏빚에 관심을 갖는 것은 너무나 당연한 일이었다. 그런데도 중앙정보부는 문제를 삼았고, 더구나 반공법 위반 혐의를 조사한다는 것은 말도 안 되는 일이었다. 박창래 기자는 중앙정보부에서 "당신의 차관망국론이 결과적으로 북한을 이롭게 했다"는 주장을 여러 번 들었다고 말한 바 있다.

김진배 기자는 그해 11월 25일 김포공항에서 중앙정보부로 바로 연행됐다. 1970년 대통령 선거 출마를 준비하고 있다고 의심한 박정희 대통령의 압력 때문에 1968년 봄 김종필이 돌연 정계은퇴를 선언한 것이라는 사실을 특종보도해 동남아 특별휴가를 갔다 오던 길이었다. 김진배 기자는 이 사건에 대해 〈관훈저널〉 2008년 봄호의 '1968년 그해 영광과 곤욕'에서 이렇게 술회하고 있다.

> 수사관이 요구했다. "우리가 보기에 차관 도입에 따른 커미션 출처며, 분배 방식이며, 권력층의 내막을 아주 정확하게 아는 행세깨나 하는 놈들이 조직적으로 〈동아일보〉에 제공한 자료를 근거로 하고 있어. 그 출처만 대면 당신은 죄가 없어. 어물어물하면 반공법 4조 1항에 해당돼." 대답을 않자 그는 다른 방으로 끌고 갔다. "너 6·25 때 총 들고 의용군 했지? 여기 경찰 정보 갖고 있어. 네 애비는 남로당 세포고, 3·22 폭동(1947년) 때 인민위원장 한 거 우리가 다 알고 있어. 이러니 대한민국에 해가 되는 기사를 써서 민심을 혼란시키고……." 나는 그자를 똑바로 노려보며 천천히 말을 꺼냈다. "우리 아버님은 해방 직전에 돌아가셨습니다. 내가 12살 때, 초등학교 5학년 때입니다." "이 새끼가 덤벼? 이런 빨갱이 새끼가!" 순간 나는 옆에 놓인 걸상을 번쩍 들어 책상 위에 던지며 소리쳤다. "이런 개 같은 새끼! 너 6·25 때 뭐 해먹은 놈이야! 네 애비는 뭐 해먹었어! 내 열여덟에 총 들고 싸웠다. 그때 죽었을 내가 여기까지 살아왔다. 이놈의 새끼, 너 같은 건 내가 죽여!" 정말 눈앞에 보이는 게 없었다. 그들은 감히 입을 열지 못하고 손도 들지 못했다. 나는 그들 한두 놈쯤 죽일 것처럼 살기를 돋웠다. 그러자 다시는 "빨갱이다", "공산당이다"라는 소리가 나오지 않았다.[1]

하지만 결국 발행인이 김상만 부사장에서 고재욱 사장으로 바뀌고 천관우 주필은 자진사퇴라는 이름으로 해직됐다. 곧 김성열 편집국장 대리도 런던 특파원으로 쫓겨나고 김진배 기자는 출판부로 유배됐다. 박정희 정권은 '차관필화 사건'에 대해서는 무혐의와 기소유예로 후퇴했지만, 대신 〈신동아〉 10월호에 실렸던 재미학자 조순승 교수의 '북괴와 중소분열'이라는 기고를 뒤늦게 문제 삼아 홍승면 주간과 손세일 부장을 반공법으로 구속하고 두 사람의 사표를 구치소에서 받아갔다.

중앙정보부는 불과 2주일 사이에 당시 최대 부수를 자랑하던 동아일보사를 쑥대밭으로 만들었다. 하지만 동아일보사는 대응 한번 제대로 못했다. 우리 수습기자들의 미래를 보는 것 같았다. 이에 실망한 나머지 동기 가운데 정승택, 최재원, 김부연, 박혜란은 수습기자 교육이 끝날 무렵 자진 사직했다.

1968년 말 박정희 정권이 〈신동아〉 차관필화 사건을 빌미로 기자들을 반공법으로 대거 조사하고 편집국 인사에까지 개입한 것은 동아일보사를 길들이기 위해서라는 설이 유력하게 퍼졌다. 실제로 박정희의 장기 집권을 추진하던 비서실장 이후락과 중앙정보부장 김형욱, 공화당 4인방 '백남억, 길재호, 김성곤, 김진만'은 1969년 1월 초부터 '3선 개헌 필요성'을 들고나왔다.

2월 25일 공화당 당의장 서리 윤치영은 장기 집권을 한다고 해서 반드시 부패하는 것은 아니며, 헌법은 정세 변동에 따라 개정할 수 있다고 강변했다. 1968년 정계은퇴를 강요당했던 김종필이 비겁하게도 1969년 6월부터 3선 개헌 주장에 앞장서자, 박정희 정권은 개헌안이 국회를 통과하면 국민투표에 부쳐 나와 이 정부에 대한 신임을 묻겠다며 3선 개헌 추진을 공식화했다.

개헌안을 두고 공화당 의원총회에서도 찬반 논란이 일자 이만섭 의원이 총대를 멨다. 그는 제3공화국 대통령 출마 조항을 '1차에 한하여 중임할 수 있다'에서, '2차에 한해 중임할 수 있다'로 바꿔 박 대통령에게 3선 대통령의 길만 터주자고 반대파들을 설득했다. 하지만 이만섭은 박정희의 야심을 너무 몰랐다. 박정희는 5·16 군사 쿠데타 때 이미 "우리의 과업이 성취되면 참신하고도 양심적인 정치인들에게 정권을 이양하고 우리들 본연의 임무에 복귀할 준비를 갖춘다"고 약속하고는 2년 뒤 '군정 4년 연장'을 발표했다가 미국의 반대로 할 수 없이 대통령 선거를 치렀고, 이제 두 차례 대통령직을 연임한 뒤, 다시 3선 출마를 도모하고 있었다.

박정희 정권의 3선 개헌 추진에 맞서 당시 야당인 신민당은 5인 호헌위원회(김의택 전당대회 의장, 조영규 중앙상임위원장, 정헌주 정책위원장, 고흥문 사무총장, 김영삼 원내총무)를 구성하고 유진오 총재가 "국회의원 총사퇴도 불사하겠다"며 1969년 6월 5일 재야인사들과 함께 3선 개헌 반대 범국민투쟁위원회(위원장 김재준 목사)를 결성해 강경한 투쟁 의지를 보였지만, 유진산 간사장 등 타협파가 주류를 형성하고 있어 반대 투쟁이 여의치 않았다.

결국 1969년의 3선 개헌 반대 투쟁도 학생 운동이 떠맡게 됐다. 이번에는 서울대 법대생들이 최초의 반대 운동 깃발을 들었다. 법대생 300여 명은 6월 12일 3선 개헌 음모를 반민주적 행위로 단정하고, 6월 13일 밤샘 농성에 들어갔다. 17일에는 서울대 문리대 200여 명이, 19일에는 고려대 500여 명(법대 학생회장 선병덕 주도), 서울대 공대 300여 명이 성토대회를 열었고,

20일에는 연세대 법대 700여 명이 '범연세 호헌투쟁위원회'를 결성했다.

6월 20일에는 괴한들이 김영삼 원내총무의 차에 초산을 퍼붓는 테러를 가했는데, 이는 김영삼이 중앙정보부장 김형욱을 파면하라고 요구했기 때문이었다. 6월 27일에는 고려대에서 윤준하, 이상수 등의 주도로 '고려대 민주수호투쟁위원회'를 결성해 600여 명이 거리 시위를 벌였고, 28일에는 고려대 총학생회장 조춘구가 앞장서서 안암동 네거리까지 진출했다. 고려대와 경북대생들은 6월 29일부터 1주일간 매일 시위를 벌였다. 7월 1일부터 7일까지 연세대, 서울대 공대, 한국외대, 중앙대, 동국대, 전북대, 성균관대, 건국대, 숭실대, 우석대, 경희대 학생들이 시위를 벌였다. 정부 당국의 종용으로 전국의 거의 모든 대학이 조기 방학에 들어가자, 이번에는 고교생들이 나섰다. 7월 10일부터 12일까지 사흘 동안 대구고, 대륜고, 경북고, 안동고, 대구계성고 등 중고생들이 시위에 나섰다.

3선 개헌 반대 투쟁은 두 가지 장애에 부닥쳤다. 하나는 조기 방학과 휴교령이었고, 다른 하나는 언론의 외면이었다. 이에 대해 천관우 주필은 "연탄가스에 중독되어버린 언론"이라고 비판했다.

대학 당국은 방학을 학생 징계 기간으로 악용했다. 서울대 문리대 학생회장 박영은과 서원석은 자퇴, 최재현, 유홍준, 조학송, 김형관, 강지원, 박승무 등은 무기정학, 경북대 2명, 서울교대 1명, 고려대 학생회장 조춘구는 제적, 고려대 이원보, 이상수, 윤준하 등 16명과 부산대 5명 등이 무기정학을 당했다.[2]

그해 8월 말 가을학기가 시작되자 서울대 문리대에서 김세균을 위원장으로 하는 3선 개헌 반대 투쟁위원회가 새로 결성되고, 9월 8일까지 서울의 거의 모든 대학에서 걷잡을 수 없이 시위가 다시 불붙었다. 그러자 박정희 정권은 9월 9일 국회 제3별관에서 공화당 단독으로 개헌안을 날치기로 기습 통과시켰다. 이어 10월 17일 국민투표에서 개헌안은 '투표율 77.1퍼센트, 찬성 65.1퍼센트'로 확정됐다. 이로써 박정희 대통령의 장기 집권을 위한 '독재의 신작로'가 뚫린 것이다.

편집기자 시절 마주한 전태일의 죽음

1968년 11월부터 수습기자 생활 1년이 지나자, 〈동아일보〉는 1969년 말 나를 편집부로 발령했다. 애초 수습기자들에게 희망부서 세 곳씩을 써내라고 했는데, 나는 많은 동료들이 써낸 사회부 등 외근 부서를 마다하고 1지망 외신부, 2지망 편집부, 3지망을 체육부로 써냈다.

사회부로 가면 일명 '사쓰마와리'로 부르는 경찰서 출입기자(경찰기자)로 뛰게 된다. 당시 동아일보사 시경캡(팀장)은 이상하 선배였는데, 호주가였고 호탕하여 경찰기자 중의 경찰기자로 존경받았다. 그러나 술을 입에도 못 대는 나로서는 무엇보다 술자리가 감당하기 어려운 일이었다. 그래서 외신부로 가서 국제정세나 공부하는 것이 좋겠다고 생각했으나, 영어 실력이 달린다고 봤는지 편집부로 발령이 난 것이다.

그렇게 신문 편집에 재미를 붙이고 있던 1970년 11월 13일 "노동자는 기계가 아니다"라고 외치며, 전태일 열사가 청계천 평화시장 앞길에서 온몸에 기름을 붓고 분신하는 사건이 일어났다. 노동 문제가 언론인들에게 충격적으로 다가온 최초의 사건이었다. 하지만 "노동자도 존엄한 인간이다"라며 절규한 전태일의 외침에 당시의 언론이 얼마나 공감했는지, 오늘날 이 명제에 대해 언론이 얼마나 진지하게 생각하고 있는지는 여전히 의문이다. 전태일은 워낙 집안이 가난하여 초등학교도 제대로 다니지 못하고 1965년 17살 나이에 평화시장 재단사로 취업했다.

> 어느 날 태일의 옆에서 미싱을 밟던 여공이 새빨간 핏덩이를 재봉틀 위에 왈칵 토해내는 것을 보았다. 각혈이었다. 깜짝 놀란 그는 급히 돈을 걷어서 그 미싱사를 병원으로 데리고 갔다. 진찰 결과는 폐병 3기. 평화시장에서 몇 년 동안 번 돈보다 더 많은 돈을 들여도 고치기 힘들다는 무서운 병이었다. 그러나 여공은 자신이 폐병에 걸렸다는 사실보다 회사에서 쫓겨날 일이 더 걱정되는 눈치였다. 예상대로 사장은 치료비 한 푼 안 주고 그 여공을 쫓아냈다. …… 피를 토한 여공이 태일에게 준 충격은 그로 하여금 이제까지 엄두를 내지 못했던 엄청난 생각을 하게 만들었다. …… 우리의 생명과 건강을 갉아먹고, 삶의 모든 기쁨과 보람을 빼앗아가며, 우리를 비정한 현실의 쓰레기로 만드는 저 잔인한 노동조건을 내 힘으로 바꾸어보자. 어떤 어려움이 닥치더라도 기어이 해보자.[3]

전태일은 1969년 6월 평화시장 내 재단사 모임인 '바보회'를 조직했다. 그는 1년 동안 평화시장 노동자들에게 근로기준법 지키기 운동을 전개하자고 떠들고 다니다 업주에게 해고당했다. 그 후 공사판에서 건설 막노동을 하던 그는 1970년 8월 9일 일기에 "나는 돌아가야 한다. 불쌍한 내 형제의 곁으로. 내 마음의 고향으로. 내 이상의 전부인 평화시장 어린 동심 곁

골방서 하루16時間노동

勤勞조건零點 平和시장被服공장

少女등 2萬여명酷使

거의 職業病…勞動廳 뒤늦게 告發키로

1970년 11월 13일 평화시장 노동자 전태일 열사의 분신 사건은 언론인들에게 노동 문제를 일깨워주었다. 〈경향신문〉은 분신 한 달 남짓 전인 10월 7일 전태일의 설문조사 내용을 사회면 머리기사로 보도했다.

으로. 나를 버리고, 나를 죽이고 가마. 조금만 참고 견디어라. 너희들은 내 마음의 고향이로다"라고 적기도 했다.

전태일은 평화시장으로 되돌아왔다. 그는 노동청에 갔다가 기자실에 들러 예전에 조사하다 중단한 '노동자 30명의 설문지'를 들고 기자들에게 브리핑했다. 기자들은 "평화시장 노동자가 2만 7,000명이나 되는데, 30명 조사로는 자료가 부족하다. 좀 더 많은 사람들을 조사하여 다시 우리를 찾아오라"고 말했다고 한다.

나는 이 대목에서 동시대 기자로서 한없는 부끄러움을 느꼈다. 도대체 기자라는 존재가 무엇하러 있단 말인가. 기자가 직접 취재에 나설 일이지, 노동자들보고 설문 조사를 더 해 오라고? 언제부터 언론인이 '대서사'가

됐다는 말인가.

전태일은 기자들이 관심을 가져주는 것만도 고마워하면서, '바보회'를 '삼동친목회'로 개편해 자신이 회장을 맡고, 임현재를 총무, 이승철을 서기로 정해 설문 조사를 다시 했다. 하지만 이번에도 겨우 126명으로부터 응답을 받을 수밖에 없었다. 그는 이를 바탕으로 진정서를 만들어 1970년 10월 7일 노동청에 제출하고 기자실에 진정서와 설문 조사서를 뿌렸다. 이날 설문 조사 내용은 〈경향신문〉과 〈매일경제신문〉에서만 다루었다. '골방서 하루 16시간 노동'이라는 제목으로 사회면 머리기사로 보도했다. 전태일과 삼동친목회 회원들은 자신들의 이야기를 크게 보도해준 〈경향신문〉을 300부나 사서 평화시장 노동자들에게 나눠주었다.

그러자 노동청은 10월 17일 평화시장 노동조건이 개선됐다고 허위 발표를 했다. 전태일은 이 노동청 발표가 거짓임을 만천하에 폭로하려면 스스로 노동 운동에 순교하는 길밖에 없다고 판단했다. 그렇게 "노동자는 기계가 아니다"라고 외치며 분신했고 그날 밤 스물둘의 나이로 이승을 하직했다.

1971년 4월 9일 청계피복과 청계피복노조는 단체협약서를 체결했는데, 이때 평화시장 노동자들의 요구가 얼마나 소박했는지는 그들이 평화시장 주식회사에 제출한 요구조건 다섯 가지를 보면 알 수 있다. 첫째, 작업 시간은 여름은 오전 8시부터 오후 7시까지로 하고, 겨울은 오전 9시부터 오후 8시까지로 한다. 둘째, 일요일마다 정기적으로 쉰다. 부득이한 경우, 작업 초과 시 사전에 종업원의 양해를 구하고 수당을 요구할 수 있도록 한다. 셋째, 작업 시간을 어기는 기업주에 대해서는 본회의 명의로 고발 조치한다. 넷째, 건강진단은 1년에 두 번 한다. 전염병이 나돌 때에는 예방주사를 맞을 수 있게 해준다. 다섯째, 시다들 급여는 월 3,000원 기준에서 100퍼센트 인상하여 최하 6,000원으로 올린다.

1970년 전태일 열사의 분신과 죽음은 박정희 정권이 끊임없이 강화해온 성장지상주의와 원시적 자본축적을 위한 재벌 양성 정책, 적대적 노사관계의 산물이었다. 성장지상주의는 '선성장 후분배'라는 이름으로 경제 성장을 하면 할수록 '부익부 빈익빈 현상'을 강화해갔는데, 1987년 6월 항쟁 이후에도 전혀 바뀌지 않았다는 사실이 한국사의 가장 큰 비극이다.

정치적 민주화가 경제적 민주화로 이어질 것이라고 기대한 노동자와 농민, 그리고 자영업자들은 '민주화의 사도'를 자처한 김영삼, 김대중계 정치 세력이나 '노사모' 정치 세력조차도 경제 민주화 정책에 소극적인 꼴을 보고 실망했다. 박정희, 전두환, 노태우 시대 성장지상주의를 지탱하던 재벌·관료·검찰·경찰 공안 세력과 이른바 주류 언론들이 결탁해 "민주화 운동 세력은 경제 성장도, 경제 민주화도 진전시키지 못하는 정치적 무능력자들"이라고 낙인찍었다. 이명박, 박근혜 정권은 그렇게 탄생했다.

중국의 사마천은, "부의 차이가 자기보다 열 배가 많으면 굴복하게 되며, 백 배가 많으면 반드시 그를 두려워하고, 천 배가 많게 되면 그의 부림을 당하게 되며, 만 배가 되면 그의 노복(奴僕)이 된다"고 말한 바 있다.[4] 사마천은 돈과 재산이 사람을 종처럼 부려먹을 수 있는 힘을 가지고 있음을 그 옛날에 이미 간파했던 것이다.

자본주의도 이 범주를 벗어나지 못한다. 현대 자본주의는 '주주 자본주의'라는 이름으로 주주의 민주적 기업 경영 참여가 허용된 것처럼 위장하지만, '51퍼센트의 주식을 가진 단 한 사람의 대주주 앞에 99명의 다수 주주의 의사는 언제든지 묵살될 수 있다.' 근대 시민민주주의는 시민 사회가 연대한 힘으로 이 자본의 힘을 견제한다는 것을 요체로 삼는다. 대한민국 헌법 제1조가 담고 있는 정신, "대한민국의 주권은 국민에게 있고, 모든 권력은 국민으로부터 나온다"에도 이런 원칙은 함축되어 있다.

우리는 여기서 공자 이래 내려온 '민본주의'와 '민주주의'의 차이점을 생각해볼 필요가 있다. 민본주의 사상의 핵심은 '백성을 위한 것'이란 개념이다. 왕과 사대부와 양반 계급이 정치를 할 때 "백성을 제일 먼저 걱정하라"는 것이고, 그 실천이야말로 "왕이 왕답게, 신하가 신하답게" 행동하는 것이라고 강조한다. 그러나 어떤 왕조사를 보더라도 '성군이 지배하던 시대'보다 '폭군이 지배하던 시대'가 압도적으로 많았다. 민본주의 시대에도 백성들은 결코 정치의 주체가 아닌 어디까지나 정치의 객체에 불과했고, 따라서 폭군의 시대에 백성들이 폭군에 대응할 수단은 아무것도 없었다. 공자의 제자들은 이 민본주의를 민주주의로 발전시켜 나가지 못하는 한계를 보였다.

이에 반해 국민 각자가 모두 동등한 권리를 가지는 국가의 주체이며, 주권자로서 권리를 확보하기 위해 국가에 신체의 자유, 사상의 자유, 종교의 자유, 학문의 자유, 언론 출판의 자유, 집회 결사의 자유, 거주 이전의 자유 보장을 요구하는 것이 근대 정치사상의 주류적 흐름인 '시민민주주의 사상'이다. 하지만 민주주의 국가라고 자처하는 많은 나라의 현실을 들여다보면 주권자인 국민 각자의 무게는 확연히 차이를 보인다. 가진 자들은 자신들의 부로 정치권에 로비도 하고 언론계를 광고자금으로 구워삼기도 하여, 서민이 가진 발언권의 수십 배, 수백 배의 영향력을 휘두른다. 그러므로 노동자와 농민, 그리고 자영업자 등 평범한 시민들은 더불어 연대하지 않으면 자신들의 요구와 주장을 제대로 관철시킬 수 없다. 시민민주주의자들이 언론 출판의 자유, 집회 결사의 자유 등 일체의 표현의 자유를 강조하는 이유는 정치적·경제적 권력자의 일방적 주의·주장에 대응하는 평범한 시민들의 연대적 목소리를 보호·보장하기 위한 것이다.

전태일 열사의 분신을 다룬 〈신동아〉(1971년 신년호)는 '평화·동화·통일 시장: 근로기준법 소외지대'라는 제목의 글에서, "근로기준법은 13~16살 노동자는 하루 7시간 이상 초과 노동을 못 하게 금지되어 있고, 18살 이상 노동자 중에서도 여성 노동자는 10시간 이상 노동은 금지되어 있는데, 평화시장 등에서는 누구든 13~16시간씩 노동을 시켰다"고 보도하고 있다. 노동자 500명에 화장실 하나꼴이었으니 그 열악함은 말로 다 할 수 없었다.

전태일 열사의 분신 이후는 물론이고, 민주화가 어느 정도 정착했다는 오늘날에도 노동 운동의 준법 투쟁조차 처벌하는 한국의 공권력은 과연 법치주의를 말할 자격이 있는가? 노동자들의 단결권·단체교섭권·단체행동권이 제약 없이 보장되어, 정부·기업·노동 운동·사회 운동이 동등한 발언권을 가지게 될 때 비로소 한국의 민주주의는 완성된다는 사실을 새삼 인식할 필요가 있다. 한 나라의 민주화는 노동 운동에 대한 톨레랑스(관용)와 비례한다.

입 틀어막은 박정희

박정희의 레드 콤플렉스는 '동백림 간첩단 사건'과 민비연에 대한 세 차례 탄압에서 그친 게 아니었다. 1966년부터 시작된 베트남 파병은 남북관계에도 군사적 긴장을 고조시켰다. 북한은 이를 빌미로 1968년 '1·21 청와대 습격 사건', '미 정보함 푸에블로호 납치 사건', '울산·삼척 공비침투 사건' 등을 연달아 일으켰다. 박정희 정권은 이 문제들을 국제정치적으로 풀어가려 하지 않고 사회의 병영화, 학원의 병영화, '반공 민주주의' 강화 등 독재 체제를 굳히는 데 이용했다.

문교부는 1968년 4월 5일 '학생 군사 훈련 강화방침'을 공표하고, "1969년 신학기부터 2~3학년 남자 고교생과 학군단(ROTC) 교육을 받지 않는 남자 대학생들에게 군사 교육을 실시한다"고 발표했다. 이 군사 교육은 1970년 2학기부터는 여고생과 여대생에게까지 확대됐다. 앞서 4월 1일에는 "싸우면서 일하고, 일하면서 싸우자"라는 구호 아래 '향토예비군' 창설도 공표했다. 이리하여 20살 이상 40살 이하 제대군인 250만 명은 다시 '예비군'이라는 이름으로 군대 체제 속에 편입됐다. 10월에는 모든 국민을 일련번호 속에 통제하기 위한 '주민등록법'을 시행했다.

박정희는 이러한 국가지상주의와 반공 민주주의를 온 국민들, 특히 학생들에게 주입하기 위해, 1968년 12월 5일 자신의 이름으로 '국민교육헌장'을 선포했고, 모든 언론은 이를 대서특필했다. 국민교육헌장의 국가지상주의는 "우리는 민족 중흥의 역사적 사명을 띠고 이 땅에 태어났다"는 문장에 드러난다. 우리가 이 땅에 태어난 이유가 오로지 국가 민족을 위해서라는 것이다. 하지만 어떤 인간도 국가나 민족이나 특정 종교의 특정한 목표 실현을 위한 수단으로 태어나는 것이 아니다.

실제로 헌장은 분단된 한민족의 의식에 심각한 악영향을 주었다. 헌장이 주장하는 대로 대한민국 국민은 반공 민주주의를 위해 남한 땅에 태어났고, 북한 동포는 공산 체제의 전파를 위해 북한 땅에 태어났다면, 우리는 영원히 남북 분단 체제 아래 살거나, 아니면 서로 전쟁을 통해 무력 통일에 나설 수밖에 없는 일이다. 결국 헌장에서 말하는 '영광된 통일 조국'은 이승만이 주장한 '북진통일론'의 다른 표현일 뿐인 것이다.

박 정권의 학생 군사 훈련 도입과 계속적 확대는 당연히 학생 운동으로 하여금 '학원 병영화 반대 운동'을 전개할 수밖에 없게 만들었다. 1970년 11월 3일 고려대, 서강대, 서울대, 성균관대, 연세대의 총학생회는 공동선언문을 발표했다. 그럼에도 문교부는 12월 27일 '대학 교련 교육 시행요강'을 발표했는데, 그 뼈대는 대학생 총 수업시간의 20퍼센트 정도인 711시간을 교련 교육에 할당하며, 대학에 현역 군인들을 배치한다는 것이었다. 박정희는 교련을 강행하는 이유로 '북의 남침이 임박했다'고 강조했다.

1971년 3월 개학을 하자 학생들의 교련 반대 운동이 본격화됐다. 학생들은 교련 강화 추진이 박정희의 장기 집권 계획과 밀접한 관계가 있다고 보고, 대학이 민주화와 민족 통일에 기여하기 위해서라도 군사 교육은 반드시 철폐되어야 한다고 주장했다. 3월 23일에는 전국 12개 대학 학생회 대표들이 "대학에 군사 교육을 강요하는 목적은 학원을 병영화하여, 무사상·무비판·획일적·맹종적 인간을 양성하려는 데 있다"는 공동선언문을 발표했다. 4월부터는 학생 시위가 시작됐다. 4월 2일 연세대, 4월 6일 서울대

상대, 고려대, 성균관대 학생들이 거리로 나섰다. 시위 학생 20여 명은 동아일보사 앞에 몰려와 "동아일보여 각성하라"며 연좌시위를 벌이기도 했다.

1971년 4월 6일자 〈동아일보〉의 신문의 날 특집 '신문에 바란다'에 기고한 〈고대신문〉 편집장 이방우는 "요즈음 일간 신문들이 '대학 교련 반대 운동' 등 중요한 기사는 취급하지 않으면서, 대학생 몇 퍼센트가 술을 마신다느니, 섹스나 환각제 등에 젖어든다느니, 극히 일부 있을까 말까 한 사실만 침소봉대한다. 이때까지 반독재 투쟁에 앞장서 권력과 싸워오던 한국 언론이 상업주의의 노예가 된 나머지 언론의 자세가 달라지니 그런 신문을 어떻게 볼까?"라고 신랄하게 비판했다.

4월 14일자 〈동아일보〉는 "서울대 문리대·법대·상대·사대·공대, 고려

박정희 정권은 1968년부터 남북 대치 상황을 빌미로 전 사회의 병영화를 밀어붙여 또다시 반대 시위를 불러일으켰다. 사진은 1971년 4월 26일 고려대생들이 '교련 전면 철폐' 현수막을 들고 시위에 나서는 모습이다.

대, 연세대, 성균관대, 경북대, 전남대 등 각 대학 학생 대표 200여 명이 서울대 상대 도서관에 모여, '민주수호전국청년학생연맹'을 결성하고, 교련 철폐 운동과 공명선거 캠페인을 병행시키기로 결의했다"는 기사를 내보냈다. 4월 27일로 다가온 제7대 대선을 '공명정대하게 치르는 것'이 무엇보다 중요한 당면 과제라 보고, 교련 반대 운동과 선거 감시 운동을 병행·결합하기로 한 것이다.

박정희 대통령이 헌법을 뜯어고치면서까지 3선 연임에 나선 '제7대 대통령 선거'는 1971년 4월 27일이었으며, '제8대 국회의원 선거'는 5월 25일이었다. 당장 박정희의 '철권통치'에 맞설 야권 후보가 누가 될지가 국민적 관심사였다.

애초 제7대 대선은 박정희 대통령 대 유진오 신민당 총재의 대결로 전망됐다. 그런데 1969년 12월 유진오 총재가 뇌동맥 경련증으로 요양차 일본으로 출국해버렸다. 학자풍의 유진오는 윤보선 후보를 앞세워 자신이 신민당 총재로 선거를 총지휘한 1967년 대선 때의 격무, 뒤이은 제7대 국회의원 총선거에서의 참패와 1969년 '3선 개헌 반대 운동'의 무력감을 떨쳐버리지 못하고 지쳐버린 것이다.

1970년 초 유진오의 정계 복귀가 불가능해지자, 신민당은 새로운 지도부 구성과 제7대 대선 후보 선출이라는 두 가지 과제를 동시에 해결해야 하는 상황에 놓였다. 신민당은 우선 1월 27일 새로운 당 지도부 구성을 위한 임시 전당대회를 열었다. 이 전당대회에서 유진산이 이재형, 정일형과의 3파전에서 2차 투표 끝에 또다시 총재로 선출됐다. 그러나 1954년 무소속으로 처음 민의원에 당선된 이후 5선 의원인 유진산은 과거 민주당 구파

1971년 4월 27일 치러진 제7대 대통령 선거에서 박정희는 3선 연임에 성공해 유신 독재의 교두보를 확보했다. 사진은 당시 후보자들의 선거 유세 포스터이다.

들이 만든 신민당의 간사장으로 정치적 입지를 다졌고 박정희 정권과 줄곧 타협적 자세를 취해, 군인정치에 맞설 패기와 정열이 부족하다는 인식을 국민들에게 안겨주고 있었다.

그에 앞서 1969년 11월 8일 당시 신민당 원내총무 김영삼 의원이 외교구락부에서 기자회견을 했다. 김영삼은 "1971년 제7대 대선 때에는 나 스스로 대통령 후보로 출마하여 우리 당을 승리로 이끌고 거국적인 민주 세력을 집결시키는 막중한 작업에 구심점이 되어야겠다는 결심을 했다"고 선언했다.

42살 김영삼의 대통령 후보 출마 선언은 누가 봐도 '야당의 세대교체' 선언이었다. 이는 또한 남북 분단 이후 1950~1960년대 친일 지주 세력과 친일 관료 세력 중심의 원로정치를 펴오던 한민당-민주당 계보의 일대 탈바꿈을 의미하는 것이기도 했다. 이들 세대교체를 반대하는 당내 원로를 등에 업은 유진산은 총재가 되자, 곧바로 김영삼의 대통령 후보 출마 선언을 구상유취(口尙乳臭)한 일로 일축했다.

하지만 1970년 1월 24일 43살의 김대중 의원이 "박정희 군인정치를 종식하는 지름길은 민주당의 40대 젊은 정치인들이 공정한 당내 경선을 통해 대통령 후보를 선출하는 길밖에 없다"며 '40대 기수론'을 내세워 출마 선언을 하고, 박 정권에 의해 정치 활동을 금지당한 지 8년 만에 해금되어 신민당에 막 입당한 48살의 이철승마저 40대 후보론에 가세하며 출마를 선언하자, 신민당 내의 세대교체론은 무시 못할 형세로 돌변했다.

애초 유진산은 세대교체 움직임을 견제하고자, 총재가 임명권을 지닌 정무위원에 홍익표, 양일동, 윤제술, 조한백, 김영삼, 고흥문, 이충환, 박기출, 박병배, 정해영, 김홍일, 정성태, 김대중, 김원만, 김응주, 김영일, 김세영, 이철승, 윤길중, 최용근 등 주로 50대 이상을 지명하고, 원래 1970년 6월로 예정된 대통령 후보 지명대회를 9월로 연기하는 한편, '대통령 후보 조정 12인 위원회'를 구성해 이범석, 백낙준, 허정, 이인, 정일형, 김홍일, 유진오 등의 영입을 시도했다. 하지만 이들 모두 단일 후보로 추대되지 않으면 출마하지 않겠다고 밝혀 영입 작업은 실패로 돌아갔다.

한편 김영삼의 제안으로 3명의 40대 기수는 따로 만나 이렇게 합의했다. '우리 세 사람은 자율적으로 단일화에 노력한다. 단일화가 성립되지 않으면 지명대회에서 선의의 경쟁을 한다. 1차 투표에서 모두가 과반수에 미달할 때, 만약 다른 경쟁자가 있으면 1위에게 표를 몰아준다'는 내용이었다.[5]

유진산은 대통령 후보 원로 추대 작업이 실패로 돌아가자 총재에게 지지 후보 추천권을 달라고 요구한 뒤, 김영삼과 이철승을 불러 '양자 단일화'에 대한 약속을 받고는 김영삼 후보 공개 추천을 선언했다. 그런데 이런 정치 공작은 역풍을 불러 일으켰다. 1970년 9월 28일 신민당의 대선 후보 지명대회는 열렸고, 1차 투표에서 김영삼이 421표로 김대중 382표보다 앞서 1위를 차지했으나, 백지투표가 78표나 나와 총투표자의 과반을 확보하는 데 실패했다. 이철승계 일부가 기권표를 던진 것이었다. 이어 2차 투표에서는 김대중이 오히려 458표를 얻어 410표에 그친 김영삼을 누르고 역전승했다.

'큰 뱀'으로 불렸을 정도로 노회한 정략가였던 유진산은 지명대회 이후 내리막을 걷다 1974년 암으로 생을 마감했다. 1970년의 신민당 대선 후보 경선은 한국 정치사에서 새로운 정치 풍토를 조성한 역사적 사건이었다.

1971년 제7대 대선을 앞두고 '40대 기수론'의 깃발을 가장 먼저 들었으나 '김대중 돌풍'에 밀려 신민당 후보 지명전에서 패배한 김영삼은 속은 쓰렸겠지만, 기성 정치인들과 달리 군말 않고 "전적으로 승복한다"고 밝혀 신선한 충격을 주었다. 그는 이때부터 정치적 대가로 성장했다.

하지만 무엇보다도 놀라운 사실은 4월 혁명 직후 실시된 1960년 제7대 총선에서 당선된 초선 의원 김대중이 정치 입문 불과 10년 만에 제1야당인 신민당 대통령 후보로 선출된 것이었다. 김대중은 그의 돌풍이 일시적 바람몰이가 아니라는 것을 공약을 통해 확실하게 보여주었다. '평화 통일을 위한 남북 교류 실시', '미국·일본·중국·소련 4대국의 한반도 평화 보장', '자립 경제와 빈부격차 완화를 위한 대중경제론 실시' 등은 정치군인 박정희 후보의 '반공' 일변도 공약과 뚜렷한 차별성이 있었다. 또 당시 학생 운동권에서 맹렬히 반대 운동을 벌이고 있던 교련제도에 대해서도 그는 집권하면 즉각 폐지하겠다고 약속했다.

제7대 대선은 순식간에 '군인정치 대 문민정치', '재벌육성 경제 대 대중경제', '반공 대 남북 교류·공존' 등 대립되는 정치 노선을 둘러싼 대회전으로 바뀌었다. 또한 한국 정치의 판도를 개혁 세력 대 보수 세력의 이념적 경쟁구도로 바꾸어놓았다.

재야와 학생 운동권은 대선에서 공화당의 관권·금권 선거를 최대한 저지하기로 하고, 공명선거를 위해 투·개표 참관인을 모집해 파견하기로 했다. 이는 4월 혁명 정신을 계승·발전한 실천이기도 했다. 4월 혁명이 이승만 독재가 저지른 불법·부정 선거에 대한 책임 추궁이었다면, 제7대 대선의 선거참관 운동은 사전에 공명선거를 이끌어 '우리 손으로 민주 선거를 쟁취하자'는 의지였다.

재야인사들은 4월 혁명 11돌을 계기로 '민주수호국민협의회'를 결성해 김재준 목사, 이병린 변호사, 천관우 선생을 공동 대표위원으로 선출했다. 민주수호국민협의회는 "특정 정당이나 특정 인사 지지를 엄격히 배제하며 민주주의 수호를 위한 공명선거 확보에 주력한다"는 목표를 내세웠다. 여기에 학생 운동과 기독교 청년 운동이 합류했다.

학생들의 선거참관인단 모집·파견 운동은 4월 19일 '민주수호전국청년학생연맹'을 결성하면서 본격화됐다. 〈동아일보〉는 4월 23일자 사회면에서 '공명 염원 가득한 캠퍼스: 시위 그친 학생들 4·27 적극 참여 자세'란 제목의 기사로 이를 응원했다.

4월 혁명, 6·3 한일회담 반대 운동에 참여했던 기독교 소장 청년 운동가들도 4월 21일 '민주수호기독청년협의회'를 결성하고 민주적 선거 쟁취를 위한 전위행동대로 나설 것이라고 선언했다. 한국기독학생회총연맹, 전국신학생연합회, 서울지구교회청년협의회 등 3개 기독 학생 단체가 참여한 이 협의회는 4월 23일 새문안교회에서 '민주수호구국기도회 및 선거참관인 단합대회'를 열어 기세를 다졌다.

신민당은 민주수호국민협의회로부터 신임장을 받은 자원 학생·청년 참관인 6,139명을 전국 각 도로 파견했다. 서울지역을 비롯해 경북 250여 명, 강원 100여 명, 충북 150여 명, 전북 200여 명, 경남 200여 명, 충남 200여 명, 전남 100여 명, 경기 50여 명을 파견할 수 있었다.[6] 하지만 재야와 학생 운동의 염원에도 불구하고, 투표 결과는 '박정희 후보 53.2퍼센트, 김대중 후보 45.3퍼센트'였다. 불과 90만 표 차이였다.

군인정치를 종식시키지 못한 것에 크게 실망한 재야와 학생 운동은 신민당, 국민당, 대중당, 사회당, 민중당 등 야당에 "제8대 국회의원 선거를 보이콧하라"고 요구했으나 야당 정치인들은 이를 거부했다. 신민당은 제7대 대선에서는 패배했지만, 제8대 국회의원 선거에서는 '48.8퍼센트 대 44.4퍼센트', 의석수 113석 대 89석으로 비교적 공화당과 잘 맞서 싸웠다.

제7대 대선은 민주화 운동 세력에게 몇 가지 교훈을 남겼다. 하나는 민주화 운동 세력이 좀 더 성장·발전해서 공명선거만 확실히 확보할 수 있다면 철권통치, 관권·금권 선거에 기반한 군인정치를 머지않은 장래에 청산할 수 있다는 기대감이 생겼다는 점이다. 4월 혁명 직후 일부 학생 운동이 제기했던 남북의 대화, 평화공존, 남북 교류협력 주장이 광범위한 지지를 얻어가고 있다는 사실도 확인했다. 그런 점에서 민주수호국민협의회와 학생 운동이 목전의 대선에서 패배한 것에 너무 실망한 나머지 제8대 국회의원 선거 때 손을 놓아버린 것은 아쉬운 대목이 아닐 수 없다.

10월 유신, 종신 독재 겨울왕국의 개막

3선에 성공한 박정희 대통령의 전반기 집권 10년 동안을 되돌아보면 '무조건 나만 따르라'는 일방적 리더십이었다. "아니요" 하는 사람이나 집단은 사회적으로 몰락하고 배제됐다. 당연히 '말로 먹고 사는 사람들'이 가장 힘들게 됐다. 언론인, 출판인, 문인, 학자, 신문사, 방송사, 출판사들이 고달파졌다.

앞서 1968년 〈신동아〉 차관필화 사건에서 알 수 있듯이 박정희 정권의 언론 탄압은 집권 초기부터 시작됐다. 1961년 5·16 쿠데타 직후 〈민족일보〉가 폐간되고, 사장 조용수가 사형을 당했다. 그 1년 뒤에는 '사이비 언론인과 언론기관 정화'라는 명분으로 정기간행물 1,200여 종을 폐간시키고, 916개 언론사 가운데 일간지 39개사, 일간통신 11개사, 주간지 31개만 남긴 채 모두 문을 닫게 했다.

물론 4월 혁명 직후 언론 자유의 흐름을 타고 너도나도 언론사를 만들어 사이비 언론들이 사회 혼란을 크게 부추기기는 했다. 그러나 사이비 언론에 대한 정리는 권력을 이용한 강제 정리가 아니라, 사법적 절차에 따라야 했다. 물론 언론의 자유에는 '거짓말을 할 자유', '남에게 협박하거나 공갈할 자유', '언론이라는 이름으로 특권을 누릴 자유'는 없다. 하지만 '특권'을

'자유'로 착각하는 일부 언론의 행태를 잡지 않고 언론사만 강제로 줄인다고 사이비 언론이 없어지겠는가. 그러므로 박 정권의 집권 초기 언론 통폐합은 '내 말에 따르지 않는 언론은 처벌받는다'는 공포 분위기 조성을 위한 것이었고, 박정희는 집권 초기부터 독재자였다.

'독재'란 '혼자서 판단하고 결정하고 심판한다'는 뜻이다. '독재자'는 자신의 말에 따르지 않는 자나 집단에는 가혹한 불이익을 준다. 당연히 그러한 독재 사회에서는 독재자와 그 추종자들이 '사회적 언어', 즉 말부터 독점한다. 박 정권 초기 10년에는 필화 사건이 잇따랐다. 모두 박 정권의 정책에 대해 반론을 제기한 사람들, 그 반론을 전파한 언론인과 언론사를 겨냥한 탄압 사건들이다.

리영희 선생은 1964년 필화 사건으로 언론계에서 첫 번째로 축출됐는데, 그가 문제를 제기한 "미국과 소련의 동서냉전이 화해무드로 전환하고 있는 1960년대 전환의 시대에 반공 국시는 맞지 않다"라는 글 때문이었다. 1965년에는 소설가 남정현의 '분지' 필화 사건이 있었고, 1968년 7월에는 '동양통신 군기누설 필화 사건'이 뜨거웠다. 이는 앞서 소개했던 〈신동아〉 필화 사건과 마찬가지로 대형 언론사조차 길들이고자 했던 심각한 언론 자유 침해 사건이었다.

동양통신은 1968년 6월 21일 당시 최영희 국방부 장관이 국회 국방위원회 공개회의에서 보고한 내용을 토대로 '전투태세 완비 3개년 계획 확정'이라는 제목의 기사를 내보냈다. 그런데 한달쯤 뒤 육군 방첩대는 국가기밀 유출이라며 동양통신 이주호 편집부장, 김광순 사회부장 대우, 전제열 국방부 출입기자를 구속하고, 기사를 전재한 〈경향신문〉, 〈대한일보〉, 〈신아일보〉는 물론 기사를 소개하지도 않은 〈동아일보〉, 〈조선일보〉까지 8개 중앙일간지와 2개 통신사 기자·간부 등 30여 명을 소환해 심문했다.

1970년 들어 언론 탄압은 더욱 노골적으로 변했다. 그해 5월호 〈사상계〉에 실린 김지하의 담시 '오적'이 신민당 기관지 〈민주전선〉에 전재되자, 중앙정보부는 김지하를 반공법 위반 혐의로 구속 기소하고 문화공보부(이하 문공부)는 〈사상계〉를 등록 취소시켜버렸다. '오적'은 당시 사회 부패상을 풍자한 내용이었다. 이때 병보석으로 석방된 김지하는 1972년 〈창조〉 4월호에 담시 '비어'를 실었다가 또다시 반공법 위반으로 구속됐다.

함석헌 선생이 발행하던 〈씨알의 소리〉도 1970년 5월 창간 2호 만에 등록 취소를 당했다. 〈씨알의 소리〉는 '생각하는 백성이라야 나라가 산다'는 철학을 내건 잡지였는데, 생각을 많이 하면 할수록 할 말이 많아지는 것은 당연한 이치, 박 정권의 '말의 독점'에 방해꾼이 될 뿐이었다. 하지만 등록을 취소시킬 구실이 마땅치 않자 박 정권은 1970년 5월호를 문공부에 등록하지 않은 인쇄소에서 찍었다는 어처구니없는 이유로 기어코 폐간시켰다. 그나마 대법원의 등록 취소 무효 판결로 1971년 8월호부터 복간됐다.

또 1971년 초에는 잡지 〈다리〉 필화 사건이 일어났다. 박 정권은 1970년 11월호에 실린 문학평론가 임중빈의 글 '사회 참여를 통한 학생 운동'을 문제 삼아 임중빈과 발행인 윤재식, 주간 윤형두를 반공법 위반 혐의로 구속했다.

반독재 시민민주주의 운동은 일반적으로 모든 자유의 연결고리인 '언론 자유 수호 운동', '말의 독점 철폐 운동'에서부터 시작되기 마련이다. 그러나 1971년 대선 승리를 발판으로 박 정권이 장기 집권에 들어가면서 언론계의 어둠은 더욱 깊어가기만 했다.

1971년 제7대 대선 하루 전날, 박정희 후보는 장충단공원 유세에서 "'나를 한 번 더 뽑아주십시오'라는 정치 연설은 오늘 이것이 마지막이라는 것을 확실히 말씀드립니다"라고 말했다. 박정희의 공언이 공화당 이만섭 의원이 기대했던 '3선만 하고 은퇴'하는 것이 아니라, 김대중 신민당 후보가 주장한 "이번에 박정희가 승리하면, 앞으로는 선거도 없는 영구 집권의 총통 시대가 온다"는 경고대로 현실화한 것은 한국 정치사의 최대 비극이다.

종신 집권 추진에 앞서 중국의 유엔 가입을 이유로 1971년 12월 6일 '국가 비상사태'를 선포하고, 12월 27일에는 국회에서 '국가 보위에 관한 특별조치법'을 날치기 통과시켰다. 이 법은 집회 및 시위와 언론 출판 규제, 근로자의 단체교섭권·단체행동권을 규제할 수 있는 비상대권을 대통령에게 부여하고, 특별조치를 위반하는 자에게 1년 이상 7년 이하의 징역에 처하도록 되어 있었다.

1972년 박정희는 북한의 김일성과 비밀리에 합의한 '7·4 남북공동성명'을 깜짝 발표해 국민들이 남북 교류와 통일에 대한 기대에 부풀어 있던 사이, 10월 17일 비상계엄 선포와 함께 "국회를 해산하고, 현행 헌법 일부 조항의 효력을 정지시키며, 조국의 평화 통일을 지향하는 새로운 헌법 개정안을 공고하겠다"는 특별선언을 발표했다. 자신의 영구 집권을 위해 '친위 쿠데타'를 일으킨 것이다. 바로 '유신헌법'의 탄생이다.

유신헌법은 대통령의 영구 집권만을 꾀한 것이 아니다. 박정희가 직접 지휘하고 중앙정보부장 이후락, 청와대 비서실장 김정렴이 비밀 작업을 통해 추진한 '유신헌법안'은 당시 법무부에 파견되어 있던 검사 김기춘(박근혜 대통령 비서실장 역임)이 실무를 맡았다. 유신헌법안의 핵심은 '삼권분립의 파괴'와 '대통령의 긴급조치권'으로 압축된다.

유신헌법은 대통령에게 대법원장을 비롯한 모든 법관의 임면권을 넘겼다. 이로써 사법부는 '독립된 법 집행기구'가 아니라 '유신 대통령' 휘하에 들어가게 됐다. 또한 유신 대통령은 국회의원의 3분의 1을 지명하며, 국회 해산권을 가진다. 반면 국회는 대통령 탄핵권과 국정감사권을 가질 수 없다. 국회의원 선거구는 소선거구에서 중선거구제로 바뀌었다. 야당 지지 성향이 강한 도시에서도 여당과 야당이 국회의원을 1 대 1로 나눠 가지게 되어 국회는 언제나 대통령 지명 관선의원 3분의 1과 합쳐 3분의 2 정도의 의석을 차지한 집권 여당 몫이 됐다. 이처럼 유신헌법은 민주주의의 기본 원리인 삼권분립을 제도적으로 파괴했을 뿐만 아니라, 대통령에게 '긴급조치를 취할 비상 권한'을 부여했다.

한홍구 교수는 "박정희는 자유민주적 기본 질서를 파괴하고 헌법을 사유물로 만들었다"며, 유신헌법의 긴급조치권에 대해 "이는 긴급 시에 의회를 거치지 않고 '칙령'을 반포할 수 있는 제국주의 시대 일본의 '천황대권'이 원형이 아닌가 하고 생각한다"고 지적했다.[7]

유신헌법안은 1972년 11월 21일 계엄령 속에서 각종 경제 단체, 문인 단체, 예술 단체, 재향군인회, 반공 단체, 의료 단체, 학회, 교육 단체 등의 지지 성명을 동원하고, 일체의 반대 목소리를 봉쇄한 뒤, 국민투표에 부쳐 '91.9퍼센트 투표에 91.5퍼센트 찬성'이라는 압도적 지지로 통과시켰다.

미국 대사관은 "한국에서의 개헌 국민투표는 개헌에 대한 찬반 의견의 반영보다는 '일종의 순응훈련'으로 보고 있다"고 국무부에 보고했다. 12월

15일 통일주체국민회의 대의원 선거를 통해 뽑힌 대의원 2359명은 12월 23일 체육관에 모여 99퍼센트 찬성으로 단독 출마한 박정희를 제8대 대통령으로 사실상 추대했다. 애초 1971년 3선 연임 이래 박정희의 '1인 지배 체제'를 막을 제도적 장치는 아무것도 없었다. 이때부터 박정희 독재의 존속 기간은 박정희의 마음먹기에 달려 있었다. 박정희는 이 선택의 갈림길에서 '종신 독재'의 길을 선택했다.

미국 독립전쟁의 영웅이며 초대 대통령 조지 워싱턴은, 당시 미국 국민 다수가 계속 집권하기를 바라는데도 4년 연임에 8년간의 대통령직만 수행하고 은퇴했다. 미국의 역대 대통령들은 헌법에 아무런 규정은 없지만, 이 워싱턴의 선례에 따라 8년 이상의 장기 집권을 도모하지 않았다. 단, 한 번의 예외는 1920년대 말 대공황의 위기 때 4선 연임한 프랭클린 루스벨트 대통령이었다.

그러나 대한민국에서는 초대 대통령 이승만부터 헌법상 3선 금지 조항을 스스로 깼고, 박정희는 장기 집권을 넘어 아무도 넘볼 수 없는 '총통제 대통령'이 됐다.

유신 독재의 시녀가 된 재벌 언론

1972년 10월 박정희가 '유신헌법안'을 공고했을 때 가장 충격적인 사실은 신문과 방송들이 '유신 체제'를 앞장서서 지지·찬양한 것이다. 유신헌법안이 통과된 바로 다음날인 10월 28일자 〈동아일보〉를 비롯한 주요 일간지 1면에는 '개헌안에 대한 성명서'라는 사고(社告)가 신문협회와 각 언론사

이름으로 일제히 실려 있다. 방송사들과 방송협회도 똑같은 사고를 줄줄이 내보냈다.

"한반도를 에워싼 아시아의 판도는 걷잡을 수 없는 복잡성을 내포한 채 격동과 변전을 거듭하고 있다. 이렇듯 긴박한 정세 속에서 자위태세의 강화와 함께 우리의 활로를 스스로 개척하고 민족의 지상과업인 조국의 평화통일 달성을 과감하게 뒷받침하기 위해서는 국내 체제의 유신적 개혁과 전국민 총화에 의한 굳은 민족의 단결이 필연적으로 요청되고 있다. 10월 유신은 이와 같은 명제에 대한 민족적 결단인바, 이를 뒷받침하기 위해 27일 공고된 새 헌법안은 우리 국민이 국가의 진운과 시대적 사명을 다 같이 짊어지고 전진해야 할 선택된 길임을 확신, 우리 신문협회 회원 일동은 전폭적으로 지지하는 바이다. …… 우리 신문협회 회원 일동은 시대적 사명 앞에서 새로운 역사 창조와 국가의 명운을 개척하는 데 앞장설 것을 온 국민 앞에 천명하는 바이다."

당시 〈동아일보〉의 젊은 기자들과 동아방송의 프로듀서·아나운서 등은, 사주가 '유신 독재 체제'를 새로운 차원의 민주주의로 둔갑시키고 그들 스스로가 '언론의 자유'보다는 독재 권력에 대한 책임과 의무를 더 짊어지겠다는 신문협회·방송협회의 성명에 동참한 사실에 비통한 마음을 금하지 못했다.

사실 신문, 방송의 '유신 지지 성명'은 한국 '제도 언론' 사주들, 고위 경영진이 박정희 정권에 완전히 굴복해 "일체의 뉴스를 국민의 편에 서서 보는 것이 아니라 독재 권력의 눈으로 보기로 했다"는 선언과 다름없었다.

흔히 언론은 보도의 기본수칙으로 '육하원칙'에 충실해야 한다고들 한

1972년 12월 27일 유신헌법에 따라 박정희가 제8대 대통령으로 취임하자 언론사들은 앞다투어 박 정권을 지지하는 기사를 냈다. 사진은 광화문에 세워진 제8대 박정희 대통령 취임 축하를 알리는 아치이다.

다. 언론은 '누가 언제 어디서 무엇을 어떻게 왜'를 살펴봐야 한다는 것이다. 하지만 육하원칙보다 더 중요하고 본질적인 원칙은 '뉴스를 국민의 눈으로 봐야 한다'는 명제이다. 뉴스를 권력자 편에서 보는 순간, 그 언론은 민주 시민들이 배척해야 할 반민주적 언론으로 전락한다. 그런 관점에서 볼 때 1972년 언론사 사주와 고위 경영진이 '유신 지지 성명'을 낸 순간부터 한국의 신문, 방송은 '민주 언론 대열'에서 이탈했다.

한국 언론이 1970년대 초반 이처럼 파멸적 위기에 빠져든 이유에 대해 송건호 선생은 '권언 복합체론'을 제기했다. 1968년 말 〈신동아〉 필화 사건 때 〈조선일보〉 주필이자 신문편집인협회 회장이던 최석채의 "이제 신문의 제작권은 기자의 손에서 발행인의 손으로 넘어가게 됐다"는 한탄과 함께 언론사가 권력과 유착되고 언론 자유를 오히려 적대시하게 된 데에는 1965년 한일 국교 정상화 이후 차관 홍수의 일부가 언론사로 흘러 들어가면서 박정희 정권의 특혜가 권력의 언론 회유에 크게 작용됐다.[8]

김민환 고려대 명예교수는 박정희 정권이 '언론에 대해 가한 채찍과 당근 정책'에 대해 좀 더 소상하게 기술하기도 했다. 유신 선포의 사전조치로 공포 분위기를 조성하기 위해 박 정권은 1971년부터 언론사 통폐합에 나섰다(〈대구일보〉, 〈대구경제일보〉, 〈한국경제일보〉, 〈동화통신〉, 〈대한일보〉, 〈호남매일〉, 〈AK뉴스〉 폐간. 〈대전일보〉, 〈중도일보〉를 〈충남일보〉로 통합. 〈전북일보〉, 〈전북매일〉, 〈호남일보〉를 〈전북신문〉으로 통합. 〈경기일보〉, 〈경기매일〉, 〈연합신문〉을 〈경기신문〉으로 통합). 정부 부처의 기자실을 줄이고 프레스카드제를 도입해 상당수 기자들에게 신분증을 발급해주지 않는 방법으로 기자 수를 줄였다.[9]

물론 박 정권은 당근도 내밀었다. 집권 초기부터 저리자금 융자 지원, 신문용지 원목 수입관세 인하, 세금 감면 등 특혜를 베풀고, 저질 주간신문이나 스포츠신문 등의 창간을 적극 권장해오다가, 1960년대 중반에는 대기업과 재벌들의 언론 진출, 언론사의 타 업종 진출 등을 적극 장려했다. 이리하여 언론사들은 광고업, 레저산업, 제지업, 운송업, 호텔업, 문화사업 등에도 진출했다.

재벌의 언론사 소유와 언론사의 재벌화로 언론사 사주들은 점점 더 대중적인 삶과는 거리가 멀어졌다. 재벌이 소유한 언론, 언론재벌과 박 정권의 권언유착은 '유신 독재'를 묵인하고 방조하는 주요한 이유가 됐다.

1972년 '유신 체제'는 주권자인 국민이 더이상 선거를 통해 정치 권력을 교체할 수 없게 만들었다. 유신 체제에 대한 첫 공개 도전은 1973년 봄 개신교 쪽에서 터져나왔다. 그해 4월 22일 부활절을 맞아, 보수교단인 '대한기독교연합회'와 진보교단 '한국기독교교회협의회'가 서울 남산 야외음악당에서 '부활절 연합 예배'를 공동 개최하기로 한 것이다. 그때나 지금이나 개신교의 보수파와 진보파가 함께 행사를 하게 되면 주로 재정을 담당하는 보수파가 주도권을 잡았다. 그해 부활절 연합 예배도 마이크는 보수파가 잡았다.

박형규 목사는 김관석 한국기독교교회협의회 총무로부터 연합 예배 소식을 들었다.

> 그(김관석)는 이 집회에서 우리의 목소리를 낼 여지는 거의 없다고 푸념 비슷하게 말했다. '우리의 목소리?' 그렇다. 우리의 목소리가 있어야 했다. …… 며칠 동안 숙고한 끝에 유신 체제를 비판하는 현수막과 전단을 만들어 배포하기로 했다. 당시 서울제일교회에서 함께 시무하고 있던 권호경 전도사에게 거사 자금 10만 원을 주면서 거사는 반드시 예배가 끝난 뒤에 해야 하며 용어는 철저하게 기독교적인 표현을 써야 한다고 당부했다.[10]

권호경은 남삼우(감리교청년회 회장), 김동완(전도사), 이규상(전도사), 나상기(한국기독학생총연맹 회장) 등과 함께 현수막 10여 개와 유인물 2,000장을 만들었다. 그러나 현수막은 경찰의 감시가 하도 삼엄해 내걸지도 못했고, 유인물도 일부만 뿌리다 말았다.

그런데 두 달이나 지난 6월 말 국군 보안사가 먼저 남삼우, 진산전(신민당 국회의원 비서) 등을 조사한 뒤 박형규, 권호경, 김동완, 황인성(학생사회개발

단장), 정명기, 서창석, 이상윤 등을 연행해갔다. 보안사는 이 작은 시위 미수 사건을, "연합 예배에서 시위대를 조직하여 일부는 방송국을 점거하고 일부는 중앙청과 국회의사당을 점거하여 국가를 전복하려 했다"며 내란음모죄로 몰았다. 한국기독교교회협의회 소속 6개 교단이 일제히 항의에 나섰다. 개신교 성직자들을 폭력 혁명 세력으로 본 것이 진짜 문제였다. 결국 박정희 정권은 11명을 즉심으로 돌리고 9월에는 박형규 목사 등도 병보석으로 모두 풀어줬다.

내가 박형규 목사를 처음 만난 것은 서대문구치소에서였다. 뒤에서 다시 이야기하겠지만, 1975년 6월 '청우회 사건'으로 구속된 나는 가을께 재판정으로 출두할 때 박형규·김관석·조승혁·권호경 목사를 만났다. 이때 이미 박형규 목사는 '남산 부활절 연합 예배 사건', '민주학생총연맹 사건'에 이어 '수도권 선교자금 횡령 혐의'로 구속되어 '별'을 3개나 달고 있었다. 이 네 분과의 만남을 계기로 나는 기독교 신자가 아님에도 민주화 운동 과정에서 개신교계와 여러 인연을 맺게 됐다.

2001년 '민주화운동기념사업회법(이하 기념사업회법)'이 국회를 통과했을 때, 민주화 운동 진영은 누구를 초대 이사장으로 모실 것인지를 두고 고민했다. 당시 나를 포함해 10명의 대표설립위원(김용태, 나병식, 박원순, 성해용, 안병욱, 장인태, 조성우, 지은희, 최열)은 박형규 목사를 모시기로 합의했다. 그런데 당시 김대중 정부의 집권 새천년민주당에서 박형규 목사를 반대했다. 1987년 대선 때 '후보단일화파'였다는 이유였다. 그쪽에서는 '김대중 비판적 지지파' 중에서 이사장을 물색하고 있었다. 이에 설립위원들은 집권 세력이 선호하는 인물에게 이사장을 맡기면 민주화운동기념사업회가 집권 세력의 사유물이 된다고 주장하고 '설립위원 전원 사퇴' 카드로 박형규 목사를 관철시켰다.

기념사업회법 제7조는 '이사장은 행정안전부 장관이 임면한다'고 정해 놓았다. 민주화운동기념사업회가 발족한 뒤, 이 제7조의 위험성을 제거하기 위해 따로 정관을 만들어 행정안전부의 승인을 받아놓았다. 그 정관에는 '행정안전부 장관은 이사장과 임원을 임명할 때, 민주화운동기념사업회 임원추천위원회가 추천한 인사들 중에서 임명한다'고 못박았다.

민주화운동기념사업회는 오랜 민주화 운동의 산물이다. 민주화 운동의 성과와 역사를 계승·발전시키기 위해 설립된 공공법인이다. 정부 조직이 아닌 별도의 법인으로 설립한 것도 특정 정파에 휘둘릴 우려를 덜기 위해서였다. 민주화 운동의 역사적 사실이 특정 집권 세력의 호오(好惡)에 의해 왜곡되어서는 안 되기 때문이다.

잔인한 왜곡과 은폐

1973년 8월 8일 신민당 대선 후보였던 김대중이 도쿄에서 괴한 5~6명에게 납치되어 실종된 사건이 발생했다. 〈동아일보〉는 이 납치 사건에 대해 신용순 도쿄 특파원이 보낸 제1신을 8월 9일자 1면 하단에 2단 기사로 보도했다. "사실상 망명 생활을 계속하고 있는 신민당 전 국회의원 김대중 씨가 8일 오후 호텔에 나타난 한국말을 쓰는 5명의 괴한과 만난 뒤 어디론가 사라져 9일 오전 현재까지 행방이 묘연하다"는 내용이었다.

이날 1면 머리기사는 '물가, 8일선 재동결', 중간 머리기사는 '언커크, 미

東亞日報

物價「8日線」再凍結

秋穀收買제외 값引上 一切不許

不良品등 强力단속

企業原價節減策 촉진

品質檢査 강화

아랍産油中斷 임박

美中東정책에 壓力

언커크 美中문제決議案 合意

어제 五개國 代表戰略 회의서

프놈펜 外部通信단절

共産軍 송신所 七〇%破壞

金大中씨 失踪

끌려간 호텔방엔 마취藥흔적도

韓國말쓰는 怪漢五명과 사라져

1973년 8월 김대중 신민당 대선 후보가 도쿄에서 납치당하는 사건이 일어났다. 언론은 이 사건을 단순 전달이나 축소 보도만 했다. 사진은 사건 다음날인 8월 9일자 〈동아일보〉 1면으로 김대중 납치 사건이 2단 기사로 소개되어 있다.

군 문제 결의안 합의'였다. 김대중 납치 사건이 이들 기사에 밀리다니, 더구나 신용순 특파원은 김대중이 바로 전 1971년 대통령 선거 때 투표 유권자 45퍼센트의 지지를 얻은 신민당 대통령 후보였다는 사실을 감추고 '전 국회의원'이라고만 썼다. 당시 〈동아일보〉 편집국장은 고재욱이었다. 한 나라의 저명한 정치인의 실종을 이토록 초라하게 다루다니 그 자체로 직무 유기인 셈이었다.

김대중 납치 사건에 대한 축소 보도는 계속됐다. 8월 10일에는 '김대중 실종 사건, 일경 특수반 설치' 기사가 1면 왼쪽 2단 기사였는데, 1면 머리기사는 '경주시 황남동 고분, 서기 340년 것으로 판명'이었다.

또 이날 신용순 특파원은 납치되기 직전 김대중과 점심을 같이 했던 양일동 민주통일당 총재가 "괴한들이 김대중 씨와 잠깐 이야기만 할 테니 조용히 해달라. 시끄럽게 떠들면 창피하지 않냐?"라고 이야기했다고 하고, 김경인 의원이 "김대중 씨가 연행될 줄 알았다면 결투라도 해서 막았을 텐데 설마 했다"라고 말했다는 기사를 전했다. 그런데 '연행'이라는 단어에 대해 아무도 의문도 제기하지 않았다. 참으로 수상한 일이었다. 괴한들에게 '납치'되지 않고, '연행'됐다니 이런 수사법이 가능한가. 김경인은 납치자들이 한국의 정보기관원들임을 알고 있었던 것이다.

8월 13일 양일동의 귀국 기자회견 내용도 수상하기 짝이 없었다. 그는 신병 치료차 7월 16일 일본으로 건너가 제국호텔에 묵다가 8월 4일 김경인이 묵고 있던 그랜드팰리스호텔 2211호실로 숙소를 옮겼다고 했다. 그 직후 납치범들도 바로 옆 2210호실과 2215호실을 빌렸다. 그는 "나와 점심을 하고 나오던 김대중 씨를 2210호실로 납치한 뒤 2명이 내 방에 들어와 나와 김경인 의원으로 하여금 30분간 전화를 하지도, 받지도 못하게 막았다"고 주장했다. 당연히 이 증언이 진실인지 아닌지 확인 취재가 필요한 상황이었지만 기자도, 회사도 전혀 움직이지 않았다.

이에 비하면 동아방송은 납치 사건을 최대한 신속하고 상세하게 보도했다. 8월 9일 아침 8시 〈뉴스 퍼레이드〉에서 김정서 기자가 외신을 종합한 납치 관련 뉴스를 유병무 데스크가 보도했다. 또 8월 13일, 피랍된 지 5일

9시간 만에 김대중이 괴한들에 의해 서울의 동교동 집 앞에 버려졌을 때, 밤 10시 반쯤 '애국청년단'이라는 괴단체의 전화를 받고 확인한 뒤 밤 11시 '김대중 귀가'를 최초로 보도했으며, 노재성 기자가 이날 밤 김대중과 인터뷰한 기사를 14일 아침 '8시 뉴스'에서 고수균 데스크의 진행으로 45분간이나 방송했다.

이 납치 사건은 오랫동안 미궁에 빠져 있다가 2007년에야 '국정원 과거사 조사위원회'에 의해 어느 정도 규명됐다. 하지만 그 전모는 여전히 밝혀지지 않았다. 국정원 조사 과정에서 어떤 자는 "박정희 대통령은 이후락이 시키지도 않은 일을 했다며 짜증을 냈다"고 말했고, 어떤 자는 "당시 김재권 주일공사가 처음에는 소극적이었다가 입장을 바꾼 것으로 보아 김대중 씨 납치가 박 대통령의 뜻이라는 것을 확인했을 것이다"라고 주장하는 사람도 있었다고 한다.[11]

김대중 납치 사건에 대한 분노는 그동안 공포 분위기에 짓눌려 있던 학생 운동과 재야 세력이 1973년 가을부터 유신 반대 운동의 횃불을 드는 계기가 됐다. 박정희 정권은 1971년부터 유신 체제의 걸림돌이 될 것을 우려해 전국의 모든 대학에서 학생 동아리를 이미 강제 해산시켜놓은 상태였다. 중앙정보부는 1971년 11월 서울대 법대 조영래와 제적생 장기표, 이신범, 서울대 상대 제적생 심재권 등 4명을 '내란음모죄'로 구속 기소하고, 도망간 김근태를 '공소 외'로 수배했다. 이 때문에 대학가에서 일부 동아리 재건과 유인물 뿌리기 등은 있었으나 시위는 꿈도 꾸지 못했다.

고려대에서 '한맥', '한국민족사상연구회'가 해체된 뒤, 'NH회'를 결성하자, 중앙정보부는 고려대 노동문제연구소의 김낙중, 노중선, 수배자 손정

박, 고려대 함상근, 정발기, 최기영, 박영환, 정진영, 윤경로, 박세희, 김영곤, 천영세 등을 엮어 '간첩단'으로 몰아 구속 기소했다. 전남대에서는 지하신문 〈함성〉 사건으로 이강, 김남주, 이정호, 김정길, 김용래, 이평의, 윤영훈 등과 졸업생 박석무가 구속됐다. 1973년 5월에는 '검은 10월단 사건'으로 고려대 제철, 박원복, 유영래, 최영주, 유경식, 김용경, 이강식 등이 고문 끝에 구속됐다.

— 2장 —

자유 언론 실천 운동, 격동과 시련의 시기

침몰하는 언론, 노조의 탄생

'유신 체제'에 대한 저항의 선두 역시 학생 운동이었다. 1973년 10월 2일 서울대 문리대, 10월 4일 서울대 법대, 10월 5일 서울대 상대, 11월 5일에는 경북대에서 유신 반대 시위가 일어났다. 그러자 박정희 정권은 서울대 문리대의 나병식, 정문화, 정찬용, 강영원, 황인성, 강구철, 도종수(문리대 학생회장), 안양노(문리대 동아리 '부문회' 회장), 서울대 법대의 최동준, 서울대 상대의 김병곤, 김병만, 경북대의 이강철, 정화영, 황철식 등을 구속하는 한편 10월 25일 '유럽 거점 대규모 간첩단 사건'을 적발했다고 발표했다. 하지만 중앙정보부가 그 혐의자로 수사하던 서울대 법대 최종길 교수를 고문치사시키는 바람에 이 사건은 유야무야됐다.

이처럼 1973년 여름 이후 김대중 납치 사건과 학생들의 유신 반대 시위가 잇따라 일어나자 재야에서도 '유신 철폐 운동'이 시작됐다. 사실 '재야', '재야인사'는 대한민국에만 존재하는 독특한 용어인데, 백기완 선생은 재야인사라는 말을, "인권이 침해당하고, 자유가 박탈당하는 '거친들'에 곡식과 나무를 심는 사람들"이라는 뜻으로, 1970년대 초 자신이 맨 처음 사용했다고 말한다.

하지만 1973년 당시에는 '재야'라고 부를 만한 인사들은 그리 많지 않았다. 그해 11월 5일 시국선언을 하고 '민주적 제 질서의 시급한 회복'을 요구한 15명을 선구자로 꼽을 수 있다. 바로 강기철, 계훈제, 김숭경, 김재준, 김지하, 박삼세, 법정 스님, 이재오, 이호철, 정수일, 조향록, 지학순, 천관우, 함석헌, 홍남순이었다. 12월 13일에는 윤보선, 김재준, 함석헌, 김수환, 김관석, 이병린, 천관우, 김홍일, 유진오, 이인, 이정규, 이희승, 한경직이 '국민 기본권 보장', '삼권분립 재확립', '공명선거에 의한 평화적 정권 교체'를 요구하는 '박정희 대통령에게 보내는 공개 건의문'을 발표했다.

장준하와 백기완은 이러한 재야 원로들의 뜻을 현실화·구체화하기 위해 유신헌법 철폐 운동을 전개해야 한다는 결론을 내리고, 12월 24일 '개헌청원 100만인 서명 운동'에 돌입했다. 34명이 각자 운동본부가 되어 서명을 받고, 그 명단을 장준하가 취합하기로 했다. '운동본부 34명'은 앞서 시국선언과 공개 건의에 나선 인사들과 더불어 장준하, 김동길, 안병무, 박두진, 문동환, 김정준, 김찬국, 문상희, 백기완, 이상은, 김윤수 등이었다. 대학생 이상이면 누구나 참여할 수 있으며, 개인이나 단체로 서명한 사람들은 그 명단을 운동본부 34명 중 한 사람에게 보내도록 했다.

이 서명 운동에 개신교 도시산업 선교 운동의 교역자와 신도들, 문학인들도 대거 참여하는 등 전 국민적 관심사가 되자 신민당도 동참하지 않을 수 없었다. 서명 운동이 얼마나 신속하게 퍼졌던지 불과 보름 만에 장준하에게 취합된 서명자 명단만 40만 명에 이르렀다.

이처럼 개헌청원 서명 운동이 폭발성을 띠자, 박정희 정권은 1974년 1월 8일 '유신헌법을 부정·반대·비판하는 일체의 행위를 금한다. 이를 위반한 자들은 영장 없이 체포·구속·압수수색하며, 15년 이하의 징역에 처한다. 이런 사실을 알리는 일체의 행위도 금한다'는 긴급조치 1호와, '이 긴급조치를 위반한 자는 비상군법회의에 회부한다'는 긴급조치 2호를 잇따라 공표하고, 장준하와 백기완을 구속해버렸다.

긴급조치 1·2호가 발동되면서 개신교의 젊은 교역자들이 항의 운동에 나서다 또다시 대거 구속됐다. 1974년 1월 17일 인명진, 김경락 목사, 이해학, 김진홍, 이규상 전도사 등이 구국선언기도회를 열다가 구속됐고, '개헌청원 운동 성직자 구속 사건 경위서'를 작성해 전국 교회에 우송한 권호경, 김동완, 이미경(에큐메니칼 현대선교협의체 간사), 차옥숭(한국기독교교회협의회 간사)과 대학생인 박주환, 박상희, 김용상, 김매자 등도 투옥됐다.[12]

박정희 정권의 일련의 '긴급조치'는 한국 사회에서 싹트고 있던 시민민주주의 운동을 말살하려는 것이었다. 긴급조치는 첫째로 '자연법사상'에 기초하는 '시민들의 신체 자유권'을 파괴했다. 근대 시민민주주의는 어떠한 때에도 '법원의 허락 없이 시민들을 연행·체포·구금할 수 없다'고 규정하고 있다. 둘째, 헌법이나 법률을 바꿀 수 있는 민주 국가 국민의 당연한 권리를 송두리째 박탈했다. 셋째로 긴급조치는 국민의 '말할 권리', '알 권리'를 박탈했을 뿐만 아니라 언론사와 언론인들로 하여금 "독재 권력의 시녀로 살아남느냐, 아니면 고문 받고 감옥 가고 목숨까지 거는 '저항 언론인'으로의 길을 걷느냐" 하는 선택을 강요했다.

박정희 정권이 유신 독재 체제를 구축하던 1972년 가을을 전후해 동아일보사의 젊은 기자, 아나운서, 프로듀서들은 세 가지 충격을 받았다. 그 하나는 학생 운동이었다. 제7대 대선을 앞둔 1971년 3월 24일과 25일 서울대 문리대와 법대 학생들은 학생총회를 열고, '언론 화형식'을 거행하며 '언론인들에게 보내는 경고장'을 발표했다.

"정치 문제는 폭력이 무서워 못 쓰고, 사회 문제는 돈 먹었으니 눈감아주고, 문화기사는 판매부수 때문에 저질로 치닫는다면, 더 이상 무엇을 쓰겠다는 것인가? …… 어딘가에 있으리라 믿는 (용기 있는 언론인들은) 과감히 편집권 독립 투쟁에 나서라."

이를 부끄러워한 각 신문사의 젊은 기자들은 1971년 4월 1차 '언론 자유 운동'을 전개했다. 〈동아일보〉에서 심재택 기자의 주도로 가장 먼저 선언이 터져나왔다.

또 다른 충격은 박정희 정권이 제공했다. 박 정권은 비상계엄을 발동할 때 늘 신문, 방송에 대한 사전 검열을 했다. 유신 체제 구축을 위한 1972년 10월의 계엄 때에는 일부 정부 부처와 국회기자실, 경찰기자실을 폐쇄했다. 정치부와 경찰기자들이 할 일이 없게 되자, 회사는 이들을 서울시청에 차려진 검열단에서 '사전 게라(원고를 활자화한 대장)'의 검열을 받게 하는 심부름을 시켰다. 늘 목소리 큰 사람들과 맞상대한다는 자부심으로 사는 기자들에게 언론의 '언' 자도 모르는 군인 검열관을 찾아가 대장을 검열받고, '삭제 지시'를 받은 대장을 받아오게 하다니. 그때의 참담했던 기자들 모습을 한번 상상해보라! 검열 심부름은 기자(리포터)를 하루아침에 배달꾼으로 전락시켜버렸다.

동아일보사는 처음에는 삭제 명령 부분은 활자판을 거꾸로 엎어, 벽돌을 나열한 것처럼 지운 신문을 발행했다. 그런데 박 정권이 '벽돌신문'은 안 된다고 재지시하자 삭제 기사 대신 독재 정권 홍보기사로 대체하기 시작했다.

세 번째 충격은 동아일보사 경영진과 고위 간부들로부터 왔다. 사주와 회사가 유신 독재의 압력에 당당히 버티지 못하자 1973년 3월 〈동아일보〉 기자들은 '연판장 사건'을 일으켰다. 안성열, 조학래, 우승용, 이종대 등이 중심이 된 연판장 서명은 순식간에 100여 명에 이르렀다. 기자들은 '독자적인 편집권 행사와 신문 지면의 쇄신', '합리적 인사 이동', '근무 연한에 맞는 봉급 조정과 처우 개선' 등을 요구했다.[13]

기자들의 언론 자유 운동에도 불구하고 〈동아일보〉 지면에서 진짜 뉴스는 점점 사라져갔다. 최초의 유신 반대 집회인 1973년 '10·2 서울대 문리대 시위'를 비롯해 여러 대학의 시위는 〈동아일보〉와 동아방송에서 거의 보도되지 않았다. 동아일보사 젊은 기자들은 11월 5일 경북대생 시위와 '민주수호국민협의회'의 시국선언 묵살을 계기로, 마침내 "중요한 기사가 누락됐을 때에는 그 경위를 알아보고 철야하면서 대책을 협의한다", "선후배 동료가 부당하게 연행됐을 때에는 그가 돌아올 때까지 편집국에서 기다리기로 한다"고 결의하고 농성에 들어갔다. 철야 농성은 11월 7일, 17일, 20일에도 했는데, 11월 20일 농성 때에는 '언론자유수호 제2선언문'을 발표했으며, 12월 3일에는 편집국에서 기자총회를 열어 '언론자유수호 제3 선언문'을 채택했다. 회사는 "사내 철야 등 집단 행동을 금지한다"는 방을 붙였다.

1974년 초 긴급조치 1·2호가 발동되면서부터는 신문, 잡지, 방송 등 모든 언론이 더욱 초라해졌다. 청와대, 중앙정보부, 국군보안사 등 독재 권력의 핵심부는 물론이고 국방부, 검찰, 경찰, 국세청, 정부부처, 재벌 등도 담당관을 두고, 이른바 '기사 협조'를 다투어 요청했다. 필요할 때에는 언제라도 해당 언론사에 전화로, 큰 사안일 때에는 직접 사장, 주필, 편집국장, 담당부장을 방문해 청탁과 압력을 넣었다. 그리고 그들의 압력과 청탁은 대체로 지면에 공공연하게 반영됐다.

급기야 1974년 3월 1일 동아일보사는 동아방송 기자 2명을 프로듀서로, 다른 1명은 영업부 사원으로 보직을 변경하는 '폭거'를 저질렀다. 특히 박 정권에 의해 '허위사실 유포죄'로 구속됐다가 집행유예로 석방된 고준환 기자를 프로듀서로 보직 변경한 것은, '정권에 밉보인 기자는 회사를 떠나라'는 신호로 받아들여졌다.

마침내 기자들은 유신 정권으로부터 집단적으로 신분을 보장받으려면 노조를 만들지 않으면 안 된다는 결론에 도달했다. 1974년 3월 6일 젊은 기자 33명은 김두식 기자(당시 방송뉴스부 근무)의 집에서 동아일보사노조(이하 동아노조)를 결성했다. 3월 7일 하루 동안 70명의 가입 신청서를 더 받아, 3월 8일 서울시에 103명의 조합원을 가진 '전국출판노조 동아일보사 지부(지부장 조학래 과학부 기자)'로 등록 신청서를 제출했다. 1968년 〈신동아〉 차관필화 사건 때 언론인 최석채(당시 〈조선일보〉 주필)는 이미 침몰하고 있는 언론 자유에 대한 대응책으로 '언론노조의 결성'과 '사원들의 언론사 주식 공유 운동'을 제안했었다. 그 뒤 6년 만에 동아일보사의 젊은 언론인들이 진짜로 노조를 만든 것이었다.

민주 언론 말살 작전

'동아노조'는 출발부터 박정희 유신 정권과 동아일보사 사주로부터 양면 협공을 받았다. 동아일보사의 김상만 사주는 노조가 서울시에 설립신고서를 낸 1974년 3월 8일 노조 간부 11명 전원(지부장 조학래, 부지부장 문영희·김두식·이영록, 사무장 정영일, 회계감사 이기중·임부섭, 총무부장 양한수, 쟁의부장 강정문, 조직부장 성유보, 섭외부장 이부영)과 심재택(1차 언론자유수호선언의 주동자)·박지동(민비연 5대 회장) 기자 등 13명을 무더기로 해임했다. 그럼에도 3월 9일에는 동아방송의 아나운서, 프로듀서 등을 포함해 조합원이 173명으로 늘어났다.

노조는 또 회사 쪽의 탄압에 대비해, 사전에 '1차 비상대책위원회(이하 비대위)'를 꾸려놓았고, 노조 집행부가 해임되자 곧바로 출범시켰다. '1차 비대위'는 권근술, 김동현, 김민남, 김양래, 김용정, 김종철, 김진홍, 박순철, 박종만, 오정환, 이종대, 전만길, 홍종민이었다. 그러자 회사는 3월 13일 비대위 5명(권근술, 김동현, 김종철, 박순철, 박종만)과 고준환 기자를 해임하고, 김민남, 김양래, 이종대, 홍종민과 김영일, 송경선을 무기정직시켰다. 1차 비대위의 김용정, 김진홍, 오정환, 전만길과 김언호, 이종덕, 이종욱, 이태호, 최학래, 허태홍은 4개월 감봉에 처했다.

조합원 여러분 !!!

어려운 여건아래에서 무사히 설립신고를 마치고 우리의 숙원이던 노동조합을 결성하게 된 것을 160여 조합원들과 함께 경하해마지 않습니다.

창립총회에서 부터 지난 며칠동안 여러분들이 보여준 열의와 용기는 대단한 것이었읍니다.

이 모두가 우리들의 자활기구에 대한 열망이 그만큼 컸던 때문이 아닌가 여겨집니다.

앞으로도 배전의 성의와 용기로써 우리들의 최종목표인 원만한 노사협력체제를 이룩하는데 온 힘을 다 합시다.

법에 의해 법의 테두리안에서 출발했듯이 앞으로 숱하게 예상되는 난관, 또 지금 나타나고 있는 난관들을 차가운 이성과 건전한 상식으로 극복해서 막 돋아난 이 연약한 새 순을 보호하고 키워 나갑시다.

공지 사항

1. 3월8일 오후6시 현재 가입된 노조원은 168명 입니다.
2. 가입을 희망하시는 분에 대해서 계속 가입원서를 받고 있읍니다.
3. 앞으로 발생하는 여러가지 사항은 속속 알려 드리겠읍니다.

1974년 3월 9일

전국출판노동조합
동아일보사 지부

지부장 조학래 드림

1974년 3월 9일 젊은 기자 33명을 발기인으로 결성된 동아노조는 하루 만에 103명의 조합원이 가입해 언론 자유 수호 운동의 시작을 알렸다. 사진은 3월 8일 서울시에 '전국출판노조 동아일보사 지부'로 등록 신청서를 제출했다는 사실을 조합원들에게 알린 노조의 공고문이다.

이때 노조가 회사 쪽의 탄압을 예상한 것은 동아일보사가 1960년 4월 혁명 때 사설을 통해 '전국교원노조 결성'을 반대한 사례가 있었기 때문이었다. 1960년 8월 22일자 〈동아일보〉 사설은 "교육사업은 일반 사기업처럼 영리사업이 아니고, 따라서 노자간(勞資間)에 이해대립이란 있지 아니하므로 전자가 후자에 대하여 투쟁을 목적으로 하는 노동조합 같은 것은 교육사업에서는 시인할 필요가 없다"고 주장했다.

이는 동아일보사 경영진이 노동 운동을 '노동자와 사기업 간의 이익 다툼' 정도로 파악하고 있음을 보여주었다. 1960년 봄의 교원노조 운동이, 이승만 정권의 '교육 어용화' 정책에 의해 원자화된 교원들이 얼마나 무기력하게 동원됐는가를 반성하고 아래로부터의 교육 민주화 투쟁을 위해 결성됐다는 사실을 전혀 이해하지 못하고 있다는 증거였다. 이 사설의 '교원노조'라는 단어 대신에 '동아노조'를 대체해 읽어보면 사주와 경영진이 노조 등장에 얼마나 부정적이었는지 짐작할 수 있다.

서울시 역시 노조 등록 필증을 발급해주지 않았다. 그런데 서울시의 설립신고서 반려 이유가 참으로 우스꽝스러웠다. 현재 노조 임원 전원이 동아일보사에 재직하고 있지 않기 때문에 신고서를 접수할 수 없다는 것이었다. 이런 논리라면 노동자들은 절대로 노조를 설립할 수 없었다.

노조는 2차 비대위를 출범시키면서 회사를 상대로 '해고 무효 소송'을 제기하는 한편, 서울고등법원에 '노조 설립신고 반려 취소'를 요청하는 행정소송을 제기했다. 황인철·홍성우·김상훈·강신옥·민병국·박철우 변호사 등이 노조 쪽 무료 소송대리인으로 참여했다. 그러자 행정 소송 가처분 소송에서 패소할 것을 예감한 김상만 사장은 1974년 4월 12일 "두 차례에 걸쳐 했던 징계를 4월 13일자로 사면한다", "노조 명의의 일체의 언동, 유인물 배포, 집회는 엄금한다"는 특별 담화문을 발표했다.

동아노조는 즉각 회의를 소집했다. 노조 임시사무실로 빌려 쓰던 신문로 세종여관에 모인 수십 명의 노조원들은 장시간 토론 끝에 복귀를 결정했다. 노조는 회사 쪽에 "부당한 징계에 대해 사면이 아니라 철회할 것"을 요구하는 한편, "노조는 회사 복귀 후에도 노동조합의 정당한 활동을 계속할 것임을 분명히 밝힌다"는 성명을 발표했다. 또 이 성명을 '내용증명 우편'으로 회사에 통보했다.

회사 복귀 뒤 노조는 회사 쪽과 간담회를 했다. 회사 쪽에서는 김상만 사장, 홍승면 이사, 김성열 이사, 송건호 수석논설위원, 이동수 동아방송 수석해설위원이, 노조 쪽에서는 조학래 지부장, 문영희 부지부장, 정영일 사무장, 이부영 섭외부장이 참석했다.

이때 김상만 사장은 "이번 사태는 불행한 일로 가슴 아프게 생각한다. 집단 행동을 하지 않더라도 계통을 밟아 여러 번 이야기하면 결국은 젊은 기자들의 의사가 전달되지 않겠는가?"라고 말했고, 노조는 "등록 필증이 나오지 않더라도 노조 활동을 계속할 것이다. 그러나 노조 활동의 주된 목표가 언론 자유 운동인 만큼 회사와 적극적으로 대화하겠다. 회사도 대화의 통로를 열어달라"고 요구했다.

1974년 4월 노조는 안성열 노조원을 통해 송건호 수석논설위원을 편집국장으로 추천했고 회사는 이를 수용했다. 송건호를 편집국장으로 임명한 것은 1970년대 초중반의 동아일보사 행적 중에서 유일하게 잘한 일이라 할 것이다.

동아노조가 승인 투쟁을 하던 1974년 4월 4일 〈동아일보〉 1면은 '대통령 긴급조치 4호' 기사로 온통 뒤덮였다. '반국가적 불순 활동 발본색원: 시위 주동 최고 사형, 위반 학교는 폐교', '대통령 긴급조치 4호 선포, 민주학생 총연맹(이하 민청학련) 관련 활동 금지', '보도·비방 금지, 치안유지 위해 지방장관 요청하면 병력 출동'이라는 머리기사에, '국론분열 책동 불용'이라는 박정희 대통령의 특별담화와 김성진 청와대 대변인의 '민청학련 관련 학생들, 반국가 단체와 결탁 노농 정권을 기도'라는 기사, 민관식 문교부 장관의 '폐교 등 제반조치 별도로 공고'라는 기사가 뒤따랐다.

'긴급조치 4호'는 조치를 위반했을 때에는 법관의 영장 없이 체포·구속·압수·수배하며, 비상군법회의에서 심판하되 사형, 무기징역 또는 5년 이상의 유기징역에 처하도록 했다.

1974년 3~4월 터져나온 대학생들의 반유신 시위는 철저히 묵살했던 언론들은 "민청학련이라는 불법 단체가 인민 혁명을 수행하기 위한 상투적 방편으로 통일 전선의 초기단계적 지하조직을 만들어 반국가적 불순 활동을 전개했다"는 박 대통령의 발표문을 대서특필했다.

유신 체제가 들어서자 학생 운동 진영은 민주화가 착취당하는 민중의 삶과 직결되는 문제이며, 국민 전체를 의미하는 민족의 국내외적 자주권의 문제라고 인식하기 시작했다. 이런 사상은 1974년 4월 3일 '민청학련' 이름으로 발표된 '민중·민족·민주 선언'에 잘 나타나 있다. 선언문에는 '근로대중의 최저생활 보장', '모든 노동악법 철폐와 노동 운동의 자유 보장', '반민족적 대외의존 경제 청산과 자립 경제 확립' 등도 들어 있었다.

그러므로 1974년 봄 이전의 학생 운동의 흐름을 살펴볼 필요가 있다.

東亞日報

데모主動最高死刑·違反校는 廢校처분도

大統領緊急조치 四號宣布

어젯밤 10時에

「民主學生總聯」관련 活動금지

報道·비방 금지, 關聯者八日까지告知면 不問

治安유지 위해 地方長官 요청하면 兵力出動

緊急조치第四號 全文

"國論分裂책동 不容"

朴大統領 學生은 來日을 管理할 知識·人格연마를

廢校 제반조치 別途公告

金總理등 오늘 向佛

勞農정권을 企圖

民主學生聯, 反國家세력 결탁

"反國家的 不純活動 발본색원"

생명보험은 대한생명으로

1974년 4월 박정희 정권은 대학가의 반유신 시위를 억누르고자 '긴급조치 4호'를 발동해 '민청학련 사건'과 '인혁당 사건'을 조작해 터뜨렸다. 사진은 중앙정보부 발표문대로 대서특필한 4월 4일자 〈동아일보〉 1면이다.

1973년 가을 반유신의 목소리가 터져나오자 1974년 봄 전국적인 학생 시위 전개를 낙관하고, '3선 개헌 반대 운동'으로 강제 징집됐다가 복학한 서울대 문리대 67~69학번생들과 71~72학번생들이 접촉하기 시작했다.

구체적인 모의는 서중석(사학67), 안양로(정치68), 유인태(사회68), 이철(사회69) 등이 시작했다. 이들은 강북구 삼양동에 하숙집을 구하고 서울대의 정윤광(철학66), 나병식(국사70), 정문화(외교70), 황인성(독문71), 김병곤 등을 불러 모았다. 이어 서울대 각 단과대, 서울 시내 대학, 전국 각 대학 순으로 접촉을 넓혀갔다. 당시 각 대학의 이념동아리들은 연대 운동의 매개

체로 큰 구실을 했다.

우선 서울대를 보면, 문리대의 강제 징집 복학생 모임인 부문회(제정구, 심재권, 이호웅 등), 후진국사회연구원(서중석, 안병욱, 유초하, 심재식, 손학규 등 40~50명), 문리대 학보 〈형성〉 편집실(안병욱 등), 이와나미 신서 독서클럽(이철, 신동수, 강구철, 이해찬, 최권행, 백영서, 신대균 등), 법대의 사회법학회, 상대의 한국사회연구회 등이 있었다. 이화여대에는 새얼, 연세대에는 한국문제연구회와 자유교양회, 인간걱정회, 경북대에는 한국풍토연구회, 전남대에는 교양연구회 등이 있었다. 개신교의 한국기독학생회총연맹과 흥사단도 있었다.[14]

하지만 유신 반대 시위는 계획대로 진행되지 않았다. 3월 22일 경북대가 첫 물꼬를 텄으나 약 200명 정도의 소규모였고, 3월 28일 서강대의 시위 계획은 성토대회로 끝난 채 임성균, 김윤, 박호용 등이 체포됐다.

학생들의 전국적 시위 계획이 실패한 데에는 일제시대 이래 사찰, 감시, 협박, 회유에 이골이 난 유신 경찰과 공안기관에서 일찍부터 학생들의 동향을 파악하고 있었기 때문이었다. 그 증거로, 이철과 일본 〈슈칸겐다이[週刊現代]〉의 프리랜서 기자인 마사키 다치가와[太刀川正樹]의 인터뷰를 주선해준 조직휘가 중앙정보부에 포섭된 가짜 대학생으로 밝혀졌다. 그는 훗날 중앙정보부에 취업했으나 자살했다. 또 1973년 "시켜주면 유신 정권에 맞서 앞장서서 싸우겠다"고 약속해 서울대 문리대 학생회장이 됐던 곽성문(국사72)이 민청학련 사건 때 군사법정에 증인으로 나와 "이철이 내게 공산폭력 혁명을 지시했다"고 거짓 증언한 것이다.

민청학련 조작 사건의 공범은 언론

1974년 4월 4일 이른바 '민청학련 사건'을 터뜨린 박정희 정권은 대대적인 검거에 나섰다. 이미 3월 28일의 서강대 시위 때 서중석, 최병두, 이종구, 김국주 등을 연행했고, 4월 9일에는 한국기독학생회총연맹의 이직형 총무, 안재웅, 정상복 간사, 나상기 등 26명, 서울대 공대 학생회장 이종원 등 6명, 한양대 이우회, 이상익, 전남대의 문덕희, 이학영, 윤한봉, 박형선, 김상윤 등이 줄줄이 연행되고 4월 13일에는 수백 명이 수배됐다. 경찰은 유인태, 이철, 강구철 등에 대해서는 현상금 200만 원과 1계급 특진을 내걸었다. 수사 당국은 최종적으로 모두 1,024명을 연행해 203명을 구속시켰다.

4월 25일 신직수 중앙정보부장이 중간 수사 결과 발표를 하자, 언론은 일제히 민청학련 학생들이 "공산계 불법 단체인 인혁당 조직과 재일 조총련의 조종을 받는 일본 공산당원 및 국내 좌파 혁신계 등의 사주를 받았다"고 받아적었다.

〈동아일보〉는 5월 27일자 1면 머리기사로 '학원 내 적화기지 구축 획책, 비상군법회의 검찰부 민청학련 54명 구속 기소'라는 기사를 싣고 바로 뒤이어 '민청학련, 인혁당이 지원, 일 공산당과 제휴, 김지하 등 자금 지원'이라는 해설기사를, 4면과 5면에 걸쳐 '민청학련 사건 공소장 요지'를 실었다. 검찰이 제공한 조직도표까지 실었다.

그러면 중앙정보부는 민청학련 사건을 어떻게 조작해냈는가? 앞서 말한 대로, 중앙정보부의 끄나풀 조직휘의 주선으로 이철을 인터뷰한 〈슈칸겐다이〉의 마사키 다치가와는 인터뷰 사례비로 7,000엔을 주었다. 당시 동아일보사 기자인 내 월급이 약 7만 원이었으니 요즈음 시세로 환산하면 한 50만 원 정도나 될까? 중앙정보부는 이 사례비를 '혁명자금'으로 꾸몄다. 문제의 곽성문도 그렇다. 스스로 이철을 찾아와 "학생회장을 하고 싶다"고 했던 그가, 이철로부터 진짜로 공산주의 폭력 혁명을 지시받았다면 왜 그 자리에서 거절하지 않고 뒤늦게 중앙정보부의 증인으로 나타났는가?

민청학련의 배후로 지목된 인혁당 인사 7명은 또 어떤가? 1964년의 1차 인혁당 사건 때 재판받은 12명 중 2명만 반공법 위반 유죄 판결을 받았다. 이후 내내 박정희 정권은 이들을 사찰·감시했음에도 7명 중 누구도 민청학련 학생들과 접촉한 사례는 없었다. 다만 경북대 법정대 학생회장을 했던 여정남이 1972년부터 같은 대구 출신의 인연으로 이철, 유인태와 간혹 어울린 정도였다. 중앙정보부도 처음에는 이철, 유인태가 여정남에게 대구 지역 시위를 지시한 것으로 사건을 꾸미려다가, 민청학련 상부 조직으로 '인혁당 재건위'를 그려 넣고자, "인혁당의 지령을 받은 여정남이 두 사람 등에게 공산 폭력 혁명을 교사·지령했다"고 줄거리를 바꾸었다.

그런데 수사 과정에서 문제가 생겼다. 학생들이 '유신 반대 전국대학 네트워크'를 구축하는 데 필요한 활동 자금을 주로 윤보선 전 대통령과 지학순 주교 등 재야와 종교계 인사들로부터 지원받은 사실이 밝혀진 것이다. 윤보선 전 대통령의 돈은 이우정을 거쳐 박형규 목사, 나병식을 통해 전달됐고, 지학순 주교의 지원금은 김지하를 통해 전달됐다. 학생들은 애초 박형규 목사와 김지하를 보호하기 위해, 안재웅의 결혼 축의금을 끌어다 쓴 것이라 둘러대었다. 하지만 중앙정보부가 사건을 자꾸만 인혁당과 결부시켜 '공산 폭력 혁명 기도'로 몰고 가자 하는 수 없이 털어놓았던 것이다. 윤보선 전 대통령과 지학순 주교를 공산주의자로 몰 수는 없으리라는 판단에 서였다. 그러나 박 정권은 그 상식조차 배반했다.

박 정권은 민청학련 사건에 대해 "북한의 지령을 받은 인혁당이라는 비밀지하당과, 또 다른 통로로 북한의 지령을 받아 움직이는 일본 공산당 계열과 조총련계가 '공산 폭력 혁명'을 사주하고, 이를 위한 거사 자금은 한국의 전직 대통령, 개신교, 천주교 쪽에서 대고, 또 이 폭력 혁명을 시민민주주의자 김동길, 김찬국 교수가 촉구·선동하고, 개신교의 많은 젊은 교역자들이 함께했다"는 누더기 공소장을 발표했다.

이 해괴한 공소장으로 인해 수백 명이 고문을 당하고, 기소자 수십 명이 합계 1,800여 년의 천문학적 징역형을 선고받았으며, 인혁당의 서도원, 도예종, 하재완, 송상진, 이수병, 우홍선, 김용원과 여정남은 하나뿐인 목숨을 사실상 재판도 없이 잃어야 했다.

민청학련 조작 사건 당시 한국 언론은 명백한 공범자였다. 언론은 중앙정보부나 군검찰, 군사법정, 포괄적으로는 박정희 정권의 총체적 공안몰이에 대해 아무런 의문도 제기하지 않은 채 그들의 발표문을 도배함으로써 국민들로 하여금 그 발표를 사실로 오인하게 만들었다. 그런데도 지금껏 왜 언론의 책임에 대해서는 아무런 문제 제기가 없는 것일까?

민청학련 사건이 일어난 지 40년이 지난 요즈음 되돌아보면, 1974년은 한국 민주화 운동사에서 분수령이 되는 해였다. 기독교계에서는 인권위원회가 구성되고 목요기도회가 정례화됐으며, 가톨릭계에서는 '천주교정의구현전국사제단(이하 정의구현사제단)'이 결성됐다. 동아일보사에서는 젊은 기자, 아나운서, 프로듀서들의 '자유 언론 운동'이 일어나 온 국민의 열렬한 지지와 지원을 받았으며, 문인들이 '자유실천문인협의회(이하 자실)'를 만들어 민주화 운동에 행동으로 참여하기 시작했다. 연말에는 재야 민주화 운동 세력이 '민주회복국민회의(이하 국민회의)'를 결성해 시도군 지부를 거느리는 상설조직을 구축하고 있었다. 이들 종교계, 언론계, 문학계, 재야인사들의 움직임은 모두 '민청학련 사건'이 준 충격과 무관하지 않았다.

먼저 정의구현사제단의 결성과 활동을 보자. 1974년 7월 6일 민청학련 학생들에게 활동 자금을 대주었다는 혐의로, 로마 방문을 마치고 귀국하던 지학순 주교가 김포공항에서 바로 연행됐다. 천주교계에서는 7월 10일 명동성당에서 1,500여 명이 모여 지학순 주교를 위한 밤샘기도회를 열고 시국선언문을 발표했다. 김수환 추기경이 박정희 대통령을 면담했으나, 지학순 주교는 성모병원에 연금됐다. 7월 15일 지학순 주교는 "인간의 기본권을 침해하고 있는 박정희 정권에 끝까지 반대할 것이다"라는 성명을 외신기자들에게 배포하고 다시 구속됐다.

7월 25일 김수환 추기경과 주교회의는 명동성당에서 '국가와 교회와 목자를 위한 기도회'를 열고 주교회의 2차 선언문을 발표했다. 전국의 사제들은 7월 30일부터 원주 원동성당, 대전 대흥동성당, 명동성당, 왕십리성당, 인천 답동성당 등에서 '지학순 주교 석방 기도회'를 잇따라 열었다. 9월 11일 명동성당 기도회부터는 주제가 '지학순 주교 석방'에서 '부당하게 구속된 모든 사람들의 인권과 민주 회복을 위한 기도'로 확대됐다. 9월 22일에는 신구교 12개 단체가 명동 가톨릭문화관에서 '신구교 연합 기도회'를 열었다.

9월 23일 원주교구에서 열린 성직자 세미나에 모인 300여 명의 신부들은 제2차 바티칸공의회 '사목헌장'의 가르침에 따라 현실 세계와 민중의 삶 속으로 나가 실천하기로 결의하면서 모임 이름을 '천주교정의구현전국사제단'으로 정했다. '정의'는 하느님의 대표적 속성으로 구원과 해방의 핵심이다. 그날 저녁 사제단 신부들은 원주 원동성당에서 1,500여 명이 참석한 가운데 미사를 봉헌하고 '유신 규탄' 시위를 했다.

역사적인 정의구현사제단의 출범일은 한국 순교자 축일인 9월 26일이었다. 이날 명동성당에서 '조국을 위하여, 정의와 민주 회복을 위하여, 옥중에 계신 지학순 주교님과 고통받는 모든 이들을 위하여' 미사를 봉헌한 뒤 성모상 앞에서 기도회를 열었다. 이 자리에서 '제1시국선언문'을 발표했고 사제, 수도자, 신자 등 2,000여 명이 십자가를 앞세워 평화 시위에 나섰다. 제1시국선언문은 유신헌법 철폐와 민주 헌정 회복, 긴급조치 해제와 구속인사 즉각 석방, 국민 생존권 보장과 언론·보도·집회·결사의 자유 보장, 서민 대중 생활을 보장하는 복지 정책 확립을 요구했다. 이날 제주도 중앙성당에서도 5명의 사제가 수백 명의 신도들과 함께 '나라와 민족을 위한 기도회'를 열었다.

정의구현사제단에는 문서화된 규약이 없었다. 사제들은 "하느님과 정의를 위해 투신한다"는 서약서에 서명하는 것만으로 사제단에 참여할 수 있었는데, 당시 전체 신부 800여 명 중 500여 명이 서약서에 서명했다.

초대 대표는 가톨릭대 교수이자 정의평화위원회 위원장 대리이던 박상래 신부가, 초대 총무는 함세웅 신부가 맡았다. 함세웅 신부는 1965년부터 8년간 로마에서 교부신학을 전공하고 1973년 6월 귀국해 연희동성당 보좌신부를 거쳐 응암동성당 주임신부로 있었다. 전국 각 교구 사제단의 연락

업무는 여러 신부들이 돌아가며 맡았는데, 출범 초기 서울교구의 김택암·양홍·안충석·오태순·장덕필 신부, 수원교구의 한봉주·최재용 신부, 인천교구의 김병상·황상근 신부, 대전교구의 김영곤·김순호·이계창 신부, 안동교구의 류강하·정호경 신부, 춘천교구의 송성식·박영근 신부, 원주교구의 신현봉·안승길·최기식 신부, 부산교구의 손덕만·송기인·김성홍 신부, 광주교구의 이영수·김성룡·정규완 신부, 전주교구의 리수현·문정현·김영신 신부, 청주교구의 이한구·곽동찬 신부, 대구교구의 허연구·박병기 신부, 제주교구의 김창훈·허승조 신부 등이었다.

정의구현사제단의 민주화 운동과 현실 참여는 오늘도 변함없이 계속되고 있는데, 1974년 당시 80만 명이던 가톨릭 신자가 오늘날 600여 만 명으로 늘어난 것은 정의구현사제단의 활동과 무관하지 않다고 믿는다.

언론인의 양심과 소신을 위해

"본질적으로 자유 언론은 바로 우리 언론 종사자들 자신의 실천과제이지 당국에서 허용받거나 국민 대중이 찾아다 쥐여주는 것이 아니다. 따라서 우리는 자유 언론에 역행하는 어떠한 압력에도 굴하지 않고 자유 민주 사회 존립의 기본 요건인 자유 언론 실천에 모든 노력을 다할 것을 선언하며 우리의 뜨거운 심장을 모아 다음과 같이 결의한다. …… 1. 신문, 방송, 잡지에 대한 어떠한 외부 간섭도 우리의 일치된 단결로 강력히 배제한다. 1. 기관원의 출입을 엄격히 거부한다. 1. 언론인의 불법 연행을 일절 거부한다. 만약 어떠한 명목으로라도 불법 연행이 자행될 경우 그가 귀사할 때까지 퇴근하지 않기로 한다."

1974년 10월 24일 오전 9시 홍종민 기자가 떨리는 목소리로 동아일보사 기자 200여 명 앞에서 낭독한 '10·24 자유언론실천선언'이다. 이 선언문은 그냥 나온 것은 아니다. 박정희 정권은 그해 4월 3일 긴급조치 4호를 통해 "언론사가 민청학련 사건을 독자적으로 취재·보도하면 긴급조치 위반으로 처벌한다"고 공표했다. 언론사와 언론인들은 졸지에 '필경사', '속기사'로 전락할 처지였다. 박정희 대통령은 8·15 광복절 기념식장에서 부인 육영수가 피살된 뒤 '긴급조치 1·4호'를 일단 해제했다. 하지만 긴급조치 위반 사건 관련자들에 대한 구금과 재판은 계속됐다. 또 공안기관들의 언론 간섭은 그칠 줄을 몰랐고, 주눅이 든 언론사 사주들과 간부들은 더욱 고분고분해졌다.

한국 현대사의 지형이 바뀌기 시작한 1974년 여름, 한국 언론은 종교계 반유신 움직임이나 학생 운동에 대해 거의 보도하지 않았다. 이에 동아노조는 본격적인 '언론 자유 운동'을 전개하기로 하고, 중견급 기자를 지휘자로 세우기로 했다. 전국기자협회와 기자협회 동아일보분회를 개편할 필요성도 제기됐다.

공교롭게도 1974년 9월 기자협회장 김인수 기자(《신아일보》 정치부)와 동아일보분회장 강인섭 기자(정치부)가 비슷한 시기에 자진사퇴를 했다. 김인수 회장은 내무부 대변인 내정 발표가 나면서 언론계의 비난 여론이 비등하는 바람에 두 자리 모두 내놓았고, 강인섭 분회장은 〈동아일보〉 정출도 기자가 "엠바고를 깼다"는 이유로 상공부 기자단에서 제명된 사건에 잘못 대처했다는 비판에 책임을 지고 물러났다.

노조는 이 기회에 12대 기자협회장을 〈동아일보〉에서 내기로 하고 문화부의 김병익 기자에게 요청했다. 문화예술계에서 큰 신망을 받고 있었고 〈문학과 지성〉 동인으로도 참여하고 있던 김병익 기자는 이 제안을 흔쾌히 수락했다. 그런데 10월 19일 단독 입후보한 김병익 기자가 협회장에 당선되자, 회사는 사원의 대외 활동은 회사의 동의를 받아야 한다며 무기정직이라는 어처구니없는 처분을 내렸다.

동아일보분회장감으로 노조는 당시 문화부에서 영화, 연극, 음악, 무용 등 공연예술을 담당하면서 '딴따라 기자'로 자처하던 장윤환 기자를 점찍었다. 많은 젊은 기자들은 그가 사실 가슴속에 뜨거운 열정을 지니고 있음을 알고 있었다. 당시 문화부에서는 가입 자격이 없는 권도홍 부장만 빼고 권영자(차장), 장윤환, 정자환, 김병익, 서권석, 홍휘자, 이길범, 이부영 등 전원이 노조에 가입해 있었다. 노조의 제의에 장윤환 기자는 "선언만 하면 뭣하나? 실천에 나서야지!" 하며 후배들보다 오히려 더 강한 기백을 보여주었다.

10월 21일의 분회장 선거에서 장윤환 기자는 전체 회원 189명 중 152명이 투표한 가운데 '찬성 144표, 기권 7표, 무효 1표'로 압도적 지지를 받았다. 이어 10월 22일 부분회장에 김명걸(사회부), 총무에 홍종민(편집부), 보도자유부장에 장성원(방송뉴스부), 복지부장에 황의방(여성동아부) 기자를 지명해 새 집행부를 구성했다.

장윤환 분회장은 10월 24일을 '자유언론실천선언'의 날로 잡았다. 그런데 공교롭게도 10월 21~22일 동아방송의 '뉴스쇼' 담당 박종길 부장이 학생 시위 보도와 관련해 두 차례나 중앙정보부의 조사를 받았고, 10월 23일에는 1단 기사로 나간 서울대 농대생 300여 명의 시위 보도를 이유로 〈동아일보〉의 송건호 편집국장, 박원근 사회부장, 한우석 지방부장 등 3명이 또 연행됐다. 기자들은 당연히 분기탱천했고, 10월 23일 밤 편집국에서 밤샘농성을 했다.

마침 10월 24일은 '유엔의 날'로 공휴일이라 외근 기자들이 출입처로 나갈 일이 없었다. 그리하여 편집국, 출판국 기자 대부분이 참석한 이날 '자유언론실천선언' 대회장은 열기가 가득했다.

나는 이날 대회장에서 '자유언론실천선언'이 신문에 꼭 실려야 한다고 주장했다. 첫째 이유는, 언론 자유를 향한 동아일보사의 각오를 국민들에게 알림으로써 동아일보사가 쉽사리 언론의 자유를 배반할 수 없게 하자는 것이었다. 또다른 이유는 "기관원의 출입을 금지한다"는 우리의 결의를 통해 그들이 그동안 한국 언론의 실질적 편집국장, 데스크, 논설위원 노릇을 해왔다는 사실을 국민에게 알려야 한다는 생각 때문이었다. 그리고 권력의 통제와 간섭을 막는 것만이 한국 언론이 진정한 '제4부'로서 거듭 태어나는 길임을 국민 모두가 알아야 한다는 생각에서였다.

편집국 기자들은 이날 오전 10시부터 제작 거부에 들어갔다. 동아일보사 젊은 기자들은 12시간의 제작 거부 운동을 통해 자유언론실천선언 전문을 1면에 3단으로 실을 수 있었다. 평소 낮 12시에 나오던 초판은 밤 10시에야 발행됐고, 그때부터 〈동아일보〉의 언론 자유 운동은 본격적으로 시작됐다.

本報發行지연 放送報道못해 謝過드립니다

社告

24日字新聞 오늘配達합니다

東亞日報 記者일동 自由言論실천 宣言

24日오전 外部간섭排除등 3개項決議

本社編輯局長등 情報部서調査 받는게關家

言論自由선언 朝鮮日報記者一同

한국일보記者 新聞製作거부

權利

1974년 10월 24일 기자협회 동아일보분회 소속 기자 200여 명은 '자유언론실천선언'을 발표하고, 반유신 독재 투쟁에 나섰다. 기자들은 이날 12시간 제작 거부 투쟁 끝에 〈동아일보〉 1면에 선언 기사를 보도할 수 있었다.

1단 벽 깨기 운동

1974년 '10·24 자유언론실천선언'은 참으로 한국의 언론 자유 운동사상 역사적인 사건이었다. 이날 〈동아일보〉 편집국에서 벌어진 선언대회에는 〈아사히신문〉의 정호상 기자, 〈AP통신〉의 홍건표 기자 등 외신들이 취재에 나서, 언론사와 기자들이 거꾸로 취재 대상이 되는 기이한 상황이 벌어지기도 했다.

자유언론실천선언은 당시 한국 언론계 전체에 영향을 주었다. 이후 며칠 동안 〈경향신문〉, 〈서울신문〉, 〈신아일보〉, 〈중앙매스컴〉, 동양통신, 합동통신, 산업통신, 시사통신, KBS, MBC, 〈국제신보〉, 〈부산일보〉, 〈경기신문〉, 〈강원일보〉, 〈충청일보〉, 〈충남일보〉, 〈전북일보〉, 〈전남매일〉, 〈전남일보〉, 〈대구매일신문〉, 〈영남일보〉, 〈경남일보〉, 전주MBC, 춘천MBC, 대구KBS, 〈내외경제신문〉, 〈경남매일〉 등 전국 31개 신문, 방송, 통신사 기자들이 일제히 '언론자유수호선언'에 나섰다.[15]

김병익 회장이 이끄는 기자협회는 10월 25일 "언론 자유 수호 운동을 전적으로 지지한다"고 밝히고, '언론 자유 침해에 대한 특별대책위원회'를 설치했다. 그러나 기자들의 이런 결의에도 불구하고 언론 자유의 기상은 쉽사리 불타오르지 못했다. 1961년 5·16 군사 쿠데타 이후 1974년까지 13년간 군사 독재에 길들여진 언론은 '국민을 위한 제4부'가 아니라, 정부 조직법 바깥에 존재하는 '정치 권력의 제4부', 정권의 '외곽 홍보 선전기관으로서의 제4부' 노릇을 쉽게 뿌리치지 못했다. 기관원들이 언론사 출입을 조심하는 것은 분명했다. 그러나 '협조 요청'이라는 행위를 꼭 만나서만 하는가? 전화도 있고, '전인(傳人)'도 있기 마련이다.

10월 26일 기자협회 동아일보분회는 '자유언론실천선언 특별위원회(이하 실천특위)'를 구성하고 이계익 기자(조사부)가 상임위 간사를 맡았다. 실천특위 위원으로는 안성열(기획부), 김욱한·송경선(편집부), 강성재·이경재·박순철·이종대(정치부), 성영소·이종욱(경제부), 김일수·심송무(외신부), 전만길·정연주(사회부), 이광석·심재택(지방부), 김대은(체육부), 서권석(문화부), 조학래(과학부), 조천용·윤석봉·김창선·김순경(사진부), 신해명·문연상·이충남(교열부), 김영일·김언호·김동현(신동아부), 김양래(여성동아부), 황명걸·양한수(출판부), 강운구(출판사진부), 문영희·김민남(방송국 정경부), 김종철·이성주(방송국 사회문화부), 김유주(방송국 보도제작부) 등 모두 40명이 활동했다.

실천특위는 매일 오후 6시 편집국 조사부에 모여서 신문과 방송 뉴스를 분석, 평가하고 대책을 논의해 〈알림〉이라는 분회보를 통해 공유했다. 물론 1차적 장애는 일부 간부들의 기회주의적 태도였다. 김진현 동아방송 뉴스 제작 담당 부국장이 대표적이었다. 그는 민주화 운동 관련 기사들은 거의 한 차례만, 청취율 낮은 시간대를 골라 짧게, 어떤 때에는 단 한 줄로 내보내는 횡포를 저질렀다. 실천특위의 요청에 따라 10월 30일 아침 기자들이 집단적으로 항의하자 중간 간부들은 "우리의 고충을 알아달라"는 변명만 늘어놓았다.

기자협회 동아일보분회와 실천특위는 11월 들어 군사 독재에 의해 훼손되어온 시사용어들을 바로잡는 운동도 전개했다. 1974년 11월 6일부터 발간된 〈알림〉에는 학생 시위를 '학원 사태'로, 공공요금 인상을 '공공요금 현실화'로, 임금 동결을 '임금 안정'으로, 담화를 '훈시'로, 중앙정보부와 국군보안사를 통칭 '모 기관'으로, 부정부패를 '사회 부조리'로, 예방을 '접견'으로, 불하를 '민영화'로, 세법 개정을 '세제 개혁'으로 왜곡해온 용어들을 바로잡을 것을 요구하는 내용을 담았다. 또 '1단 벽 깨기 운동'으로 거의 대부분 1단 취급되는 민주화 운동 관련 기사를 뉴스 비중에 따라 편집하도록 요구했다.

민청학련 사건으로 융단폭격을 받은 학생 운동은 10·24 자유언론실천선언 이전인 9월부터 다시 일어서고 있었다. 이화여대생 4,000여 명이 9월 23~24일 교내에서 집회를 열자 공안 당국은 총학생회장 이영화를 비롯해 김선숙, 정강자, 정선자, 정인숙(선교부장) 등을 곧바로 연행했다. 10월 10~11일 이틀간 고대생 2,000여 명은 시위를 시도해 1주일간 임시 휴교령을 받았다. '1단 벽 깨기 운동'으로 〈동아일보〉는 이들 학생 시위를 비중있게 보도할 수 있었다. 이후 겨울방학 때까지 학생 운동의 빈도와 참여 학생은 폭발적으로 증가했다.

회사 쪽과 갈등도 계속됐다. 실천특위는 11월 6일자 7면에 보도된 'YWCA 수감자를 위한 기도회' 기사가 전국 15개 시도에서 열린 대회인데도 고작 1단으로 처리된 데 항의하고 뉴스의 축소, 은폐, 왜곡은 전적으로 국장단에 책임이 있음을 환기시켰다. 그럼에도 11월 11일에 전국 10개 교구에서 동시에 열린 정의구현사제단 기도회를 사회면 2~3단 기사로 보도하려는 움직임에 동아일보분회는 사진 포함 1면 머리기사나 최소한 사회면 머리기사로 다루어달라고 요구했다. 하지만 회사 쪽이 받아들이지 않아 제작 거부에 들어갔고 결국 11월 12일자 신문은 발행하지 못했다. 송건호 편집국장이 절충에 나서 정의구현사제단 기도회 기사를 11월 13일자 사회면에 사진을 곁들여 중간 머리기사로 합의한 뒤에야 신문은 다시 발행됐다.

1974년 당시 동아방송 차장이었던 윤활식 동아투위 위원장(〈한겨레〉 주식관리실장 역임)은 '10·24 자유언론실천선언'을 했을 때를 이렇게 회고한다. "방송사의 한 간부는 '일제강점기 때 〈동아일보〉가 살아남은 과정을 생각해봐라. 움츠려야 할 때에는 움츠리고, 기회가 오면 다시 기를 살리고, 그렇게 생존해온 것 아니냐'고 말했고, 또 어떤 간부는 '방송이 어떻게 언론이냐'는 억지소리를 했다."[16]

동아방송은 1963년 출범 때 방송의 골격을 '살아 있는 뉴스와 민주화 의식의 함양을 돕는 다큐멘터리와 수준 높은 음악'으로 내세웠다. 덕분에 중부지역에서만 시청이 가능한 지역 라디오 방송임에도 개국 초기부터 청취율 1위를 달렸다. 출범 초, 한국 현대사를 조명한 다큐 〈여명 80년〉이 유명했고, 최동욱 프로듀서의 〈탑튠 쇼〉 같은 음악 프로그램은 젊은이들을 사로잡았다.

박정희 정권은 개국 초부터 동아방송을 주목했다. 1964년 '6·3 계엄령' 때에는 개국 1년밖에 안 된 동아방송의 편성 간부 6명을 '〈앵무새〉 사건'으로 군법회의에 회부했다. 〈앵무새〉는 밤 9시 45분에 방송한 5분 시사고발 프로그램인데, 여기서 한일회담을 비판한 내용을 문제 삼은 것이다. 6월 4일 최창봉 방송부장, 조동화 방송과장, 이윤하 편성과장, 고재언 뉴스실장, 이종구 외신부장, 김영효 담당 프로듀서 등이 구속됐다. 이들은 해가 넘어가기 전에 모두 석방되기는 했지만, 1969년 12월 29일 고등법원에서 무죄 판결을 받을 때까지 5년 6개월이나 걸렸다.

1972년 10월 박정희 대통령의 '유신헌법안 국민투표' 발표 직후, 유신의 당위성을 홍보하는 좌담 프로그램이 긴급 편성됐다. 당시 동아방송 프로듀서였던 허육은 좌담회에 출연할 인사들의 명단과 전화번호가 어디선가에서 내려왔고, 〈조선일보〉 논설위원이 사회를 보고 대학교수 서너 명의 이름이 적혀 있었다고 회고한다. 교수가 설마 이런 어용 프로그램에 나올까

하고 섭외를 했더니 "아 알아요, 나가죠" 했다는 것이다.[17]

중앙정보부는 모든 방송국에 출연 금지자 명단도 보냈다. 애초 동아방송에 통보된 명단에는 윤보선, 함석헌, 장준하, 김재준, 강원용, 이병린, 이우정, 김동길 등이 들어 있었다. 명단은 점점 늘어났다. 유신 정권은 풍자, 역사극, 코미디 프로그램조차 감시·간섭했다. 프로듀서들은 약간이라도 비판적인 프로를 만들 때에는 지뢰밭을 건너는 심정이었다.

1974년 무렵 동아방송에서는 1964~1968년에 입사한 5~8년차 프로듀서들인 조민기, 김창수, 윤성옥, 송재원, 박노성 등이 죽정회(쭉정이들의 모임이라는 뜻)를 결성하고 제작권의 자유를 위해 고민하고 있었다. 이들은 '10·24 자유언론실천선언' 때 적극 동참했다. 이를 계기로 동아방송에서도 '언론 자유의 혼'이 아연 활기를 띠기 시작했다. 예컨대 출연 금지 인사들을 인터뷰하고, 인혁당 사건 가족들의 호소를 녹음해 방송하고, 허황한 정부 정책을 보도, 해설한 직후 당시 유행하던 김추자의 '거짓말이야'라는 노래를 내보내는 식이었다. 결국 '거짓말이야'는 금지곡이 됐고, 김추자는 박정희 정권이 청년문화 탄압을 위해 1975년 봄 일으킨 '대마초 사건'으로 27명을 구속시킬 때 이장희, 윤형주, 신중현 등과 함께 활동을 금지당했다.

정의구현사제단의 인권 회복 기도회 보도 문제로 〈동아일보〉 기자들이 제작 거부 투쟁을 벌였던 1974년 11월 12일에는 한국 방송사에서 전파를 통해 집단적 저항 운동을 벌인 최초의 사건이 일어났다.

동아방송 뉴스부 기자들과 아나운서, 프로듀서 등은 이날 낮 12시 뉴스 시간에 "지금 현재 동아방송 및 〈동아일보〉 기자 180여 명은 어젯밤 명동성당에서 열린 인권 회복 기도회가 보도되지 않는 한 신문과 방송 뉴스를 제작하지 않기로 결의했습니다"라는 성명서를 낭독하고, 뉴스 대신 음악을 내보냈다. 일선 언론인들의 언론 자유 운동의 실상이 라디오를 통해 국민에게 직접 전해진 순간이었다.

1975년 1월 7일 〈동아일보〉에 대한 광고 해약 사태가 방송에까지 번지자 아나운서, 프로듀서는 물론 엔지니어와 업무사원들까지 동참해 '동아방송 자유언론실행총회'를 열었다. "우리는 앞으로 동아방송과 〈동아일보〉에 대한 외부 세력의 어떤 탄압에도 굴하지 않을 것이며, 탄압 사실을 국민에게 알리겠다"는 결의와 함께 '동아방송 자유언론실행위원회(이하 실행위원회)'가 결성됐다. 위원장에는 이규만 프로듀서, 위원에는 이문양, 고준환, 송준오, 신태성, 김태진, 박노성, 김창수, 김덕렴, 김기경, 김영소, 김창성, 송재원, 이강우, 김영환 등이 뽑혔다.

실행위원회에서 발행한 회보 〈스팟트〉 1975년 1월 15일자 1호에는 "오늘 오전 방송된 '뉴스쇼'의 어제 대통령 기자회견에 관한 보도가 개헌 반대에 치우친 것 같은 느낌을 받았는데, 매우 큰 유감을 표합니다"라고 지적해 놓았다. 이어 1월 30일자 2호에서는 "〈정계야화〉 재방송이 신설된 지 2주 만에 분명한 이유 없이 폐지됐다. 일요일 밤 9시의 본방송보다 청취율이 더 높은 재방송을 폐지한 것은 편성의 자주성과 제작의 독립성을 정면으로 거부하는 것"이라고 비판했다. 하지만 이동수 당시 라디오국장은 "어떠한 경우에도 재방송 폐지 철회는 없다"고 말했다.[18]

〈정계야화〉는 이승만, 여운형, 신익희, 조병옥 등 당대 정치 거물들의 생녹음을 곁들인 일종의 다큐 프로그램으로 인기가 많았다. 담당 이병주 프로듀서는 훗날 동아투위 위원장과 〈한겨레〉 창간 발기인·이사 등을 지냈다.

저항적 문인들 '자실' 띄우다

박정희 군사 독재와 유신 체제를 언론 분야에서 바라보면, 비판적 언론인, 저항적 언론인들의 펜과 마이크를 뺏고, 독재에 고분고분한 언론인과 언론사만 용납하며, 지지·찬양하는 언론인과 언론사에는 특혜를 주는 '당근과 채찍 정책'을 폈다고 볼 수 있다. 이런 정책은 문인들과 잡지, 출판사에도 고스란히 적용됐다.

일찍이 박정희 정권은 1965년 7월 7일 문인들이 한일 협정에 반대하는 성명을 내자 이틀 뒤 소설 '분지'의 작가 남정현을 반공법 위반 혐의로 구속했다. 남정현은 2년이나 끈 재판에서 '유죄는 인정되나 선고는 유예한다'는 판결을 받았다. 저항시인 김지하와 〈사상계〉, 〈씨알의 소리〉, 〈다리〉에 대한 탄압에 대해서는 앞서 언급한 바 있다.

작가 황석영의 회고를 보면, 문인들이 그들의 펜과 활동 광장을 거의 대부분 빼앗긴 1972년 무렵부터 이호철, 박태순, 염무웅, 이문구, 황석영 등이 '문인공제회' 준비모임을 하고 있었다고 한다. 이런 가운데 펜클럽 한국본부는 1973년 11월 16일 열린 정기총회에서 김병걸 교수 등 31명이 제안한 '표현의 자유에 관한 긴급동의안'을 만장일치로 채택했다.

"우리는 국제펜헌장에 입각하여 언론·출판 등 표현의 자유를 적극 수호하고 실천할 것을 다짐한다. 표현의 자유는 창작이나 출판의 자유는 물론 헌장 제4항에 명시된 대로 '정부나 기타 행정기관에 대한 비판의 자유'도 불가결의 요소이며, 그것이 어떤 정당을 위해 왜곡되거나 제한하지 말 것을 확인한다. 우리는 복역 중인 김지하 시인의 조속한 석방을 촉구한다."

또 이희승, 이헌구, 김광섭, 이호철, 백낙청, 임헌영, 염무웅, 박태순, 이문구, 김지하, 황석영, 이시영 등 문인들이 1974년 1월 초 장준하, 백기완 선생의 개헌청원 100만인 서명 운동에 호응해 '문인 61인 개헌지지 선언'을 발표하고 동참하기도 했다. 물론 이들 61명은 전원 중앙정보부에 연행되어 조사를 받아야 했다. 이어 2월에는 이른바 '문인 간첩단 사건'으로 김우종, 정을병, 장병휘, 이호철, 임헌영을 반공법과 국가보안법 위반 혐의로 구속했다. 이들이 일본에서 발행되는 한국어잡지 〈한양〉에 한국을 비방하는 글을 발표했다는 게 이유였다. 중앙정보부는 그 잡지사 간부들을 '북괴지도원'으로 몰았다.

이에 관변 문인 단체에 맞설 조직을 만들기로 뜻을 모은 저항적 문인들은 1974년 11월 18일 저녁 '자유실천문인협의회(자실)'를 결성했다. 창립 대표간사는 고은이었고, 공동간사는 신경림, 염무웅, 박태순, 황석영, 조해일 등이 맡았다. 당시 문인협회가 들어 있던 의사빌딩(현 교보빌딩 자리) 로비에서 "김지하 시인 석방하라", "우리는 멈추지 않는다"라는 현수막을 내걸고 '문학인 101인 선언'도 발표했다.

문인들은 이 선언에서 "왜곡된 근대화 정책의 무리한 강행으로 권력과 금력에서 소외된 대다수 국민들은 기초적 생존마저 안심할 수 없는 지경에 이르렀다", "언론, 출판, 집회, 결사 및 신앙, 사상의 자유는 어떠한 이유로도 제한할 수 없으며, 지식인은 이 자유의 수호에 앞장서야 한다"고 천명하고, 김지하를 비롯해 긴급조치로 구속된 지식인, 종교인, 학생들의 즉각 석방을 요구했다. 또 자유민주주의 정신과 절차에 따라 새로운 헌법이 마련되어야 한다고 주장했다.

황석영은 이 집회의 경과에 대해 윤흥길, 송기원, 조해일, 이시영 등이 현관 앞에서 현수막을 잡고 있었을 것이며, 고은 대표간사와 이문구 등은 로비의 안쪽 중앙에, 그리고 성명서 낭독을 맡은 자신을 비롯해 염무웅, 한남철과 함께 계단 위에 서 있었다고 회고한다. 위치로 보면 그곳이 단상이었던 셈이다. 미리 연락을 받은 기자들이 현관 안팎에 모여들었고 황석영이 성명서 낭독을 마치면 문인들은 현수막을 앞세우고 거리로 나갈 참이었다. 낭독이 끝나자마자 기자들에게 선언서를 나누어주는 찰나 사복경찰들이 우르르 들어와 문인들을 끌어냈다. 한남철, 염무웅과 함께 황석영도 자연스럽게 2층의 문인협회 사무실로 올라갔다. 황석영은 그들이 닭장차에 실려 광화문광장을 떠나는 모습을 내려다봤다고 한다. 이날 10여 명이 종로경찰서로 연행됐는데, 고은, 박태순, 조태일, 윤흥길, 이시영, 송기원 등이었다.

'자실'의 결성에 대해 송기원은 다음과 같이 회고하고 있다.

> 원래 나는 문제의식을 가진 사람이 아니었다. 오히려 퇴폐주의자였다. 그런데 1974년 2월 문인 간첩단 사건이 터졌다. 이호철 선생은 서라벌예대(중앙대와 합병)에서 강의한 적이 있어 잘 알았는데, 그를 간첩으로 몰았다. 11월에는 문인들이 광화문에서 시위를 했다. 문학인 101인 선언 사건이다. 여기에 참여하면서 시국에 관심을 가지게 됐다. '나쁜 놈들이구나' 하고…….[19]

동아일보사 기자, 아나운서, 프로듀서 등이 제작 거부와 함께 농성을 하고 있는 가운데 동아일보사가 기자들을 단계적으로 해고하고 있던 1975년

3월 14일 '자실'은 동아일보사, 조선일보사의 기자 해고 사태와 〈기자협회보〉에 대한 폐간 조치, 김지하의 재구속 등에 항의하면서 '최근의 사태에 대한 문학인 165인 선언'을 발표했다. 자실은 이후 1970~1980년대 '동아투위', '조선투위(조선자유언론수호투쟁위원회)'와 함께 지식인 민주화 운동의 삼두마차를 이뤘다.

언론 길들이기

박정희 정권은 1974년 10월 동아일보사의 자유 언론 실천 운동을 저지하지 못한다면 '유신 체제'가 위태로워진다는 것을 정치적 본능으로 감지한 것 같았다. 자유 언론 실천 운동은 그 자체로 커다란 사회적 쟁점이 됐다. 기독교교회협의회 인권위원회, 한국교회여성연합회 인권위원회, 정의구현사제단 등이 잇따라 '선언'을 적극 지지하고 나섰다.

또 동아일보사의 젊은 기자, 아나운서, 프로듀서들은 다른 언론사가 소홀히 다루는 대학가의 시위 현장, 종교계의 인권기도회, 노동 운동 현장 등을 샅샅이 누비며 유신 체제가 일으켜온 인권 탄압과 생존권 위협 실태를 집중적으로 보도했다. 공안 담당자들은 "당신들, 너무 앞서다가 혼난다"고 협박하기 일쑤였다. 그럼에도 11월 12일의 제작 거부 투쟁 이후부터는 야당과 재야의 민주화 운동도 비중있게 다루기 시작했다.

〈동아일보〉는 11월 14일의 김영삼 신민당 총재 기자회견을 1면 머리기사로 올렸다. 김영삼 총재는 '개헌추진 원외 투쟁'을 전개하겠다면서, 개헌의 방향으로 '삼권 위에 군림하는 대통령의 지위와 권한을 제거한다. 대통령 선거는 직선제로 하고 임기는 4년으로 하되, 1차에 한해서 중임을 허용한다'는 내용을 제시했다.

11월 27일에는 각계 중진, 원로들이 망라된 71인이 '민주 회복 국민선언'을 발표했는데, 〈동아일보〉는 이 뉴스도 사진을 곁들여 1면 머리기사로 보도했다. "현행 헌법은 최단시일 내에 합리적 절차를 거쳐 민주 헌법으로 대체되어야 한다", "반정부는 반국가가 아니다. 우리는 반정부 행동으로 말미암아 복역, 구속, 연금 등을 당하고 있는 모든 인사들을 사면·석방하고, 그들의 정치적 권리를 회복시키고, 언론의 자유를 보장할 것을 요구한다"는 선언문 내용을 자세히 전했다. 서명자 71명 전원의 명단도 실었다.

12월 25일에는 국민회의 창립총회 소식도 사진을 곁들여 1면 머리기사로 보도하고, 국민회의가 상설 사무처를 두고 전국적으로 지방 조직까지 확대해나갈 것이라고 전했다. 그해 1월 장준하와 백기완의 개헌청원 서명운동 때 개헌의 '개' 자만 꺼내도 군사법정에 회부했던 박 정권으로서는, 그 뒤 11개월 만에 '개헌 요구'가 〈동아일보〉 1면을 장식하는데도 속수무책이었으니 '위기'를 절감했으리라.

근대 민주주의의 발상지였던 영국에서 19세기 중엽 발간된 《자유론》의 저자 존 스튜어트 밀은 이렇게 말한 바 있다. 사회의 힘없고 약한 수많은 구성원들은 탐욕스런 큰 독수리들의 먹이가 되지 않기 위해서, 그 독수리들을 다스리도록 위임받은 한층 뛰어나고 강한 맹금의 존재가 필요했다. 그러나 이 독수리의 왕도 다른 욕심쟁이 독수리들과 마찬가지로 작은 날짐승들의 무리를 잡아먹는 습성이 있었기 때문에, 그 주둥이나 발톱에 대해서 끊임없이 방위태세를 갖추는 것이 꼭 필요했다. 그래서 나라를 사랑하는 사람들이 목적으로 한 것은, 지배자가 사회에 대해서 행사할 수 있는 권력에 제한을 상정하는 일이었다. 그리고 이 제한이야말로 바로 자유의 본질이라고 그들은 생각했던 것이다.

1974년 가을 한국에서도 유신 체제의 무한권력에 대한 제한의 움직임이 활성화되기 시작하고 그 민주화의 목소리가 〈동아일보〉와 동아방송을 통해 온 국민에게 공공연하게 전파되고 있었다. 박 정권은 세계의 눈이 지켜보는 가운데 수백 명의 언론인을 모조리 감옥에 가둘 수도 없었고, 동아일보사를 범법자로 몰아 문을 닫게 할 수도 없었다. 남은 길은 사주와 경영진을 협박하고 회유하는 길밖에 없었다.

박 정권은 1974년 12월 하순 학생들이 겨울방학에 들어가자 드디어 〈동아일보〉에 대한 '광고 탄압'의 칼을 빼들었다. 그 시작은 12월 16일 한 기업 홍보담당 간부가 신문사로 찾아와 "이유를 묻지 말아 달라"며 광고 동판을 회수하면서부터였다. 12월 20일에는 장기계약을 맺고 여러 해 동안 광고를 해오던 한일약품이 '사장님 지시'라며 동판을 찾아가더니 대한생명보험, 기아산업 등이 뒤를 이었다. 1년 중 가장 광고가 몰리는 12월 24일에도 롯데그룹, 오리엔트시계, 미도파백화점, 일동제약, 종근당, 한국바이엘, 태평양화학 등 대광고주들이 광고 계약을 취소했다. 12월 25일부터는 연말 대목을 노려야 할 극장의 영화 광고들이 일제히 자취를 감췄다. 12월 26일 대한비타민과 현대자동차 광고까지 대광고주 20여 곳이 떨어져 나갔고, 광고란을 기사로 채울 수밖에 없는 상황으로 치달았다. 광고 해약 사태는 동아방송, 〈신동아〉, 〈여성동아〉로 확대됐다.[20]

1974년 12월 중순부터 시작된 〈동아일보〉에 대한 광고 탄압은 박정희 정권의 의도와는 전혀 다른 양상으로 흘러갔다. 무더기 광고 해약 사태를 맞아 동아일보사 기자들은 12월 25일 긴급 기자총회를 열어 '광고 철회 경위를 신문과 방송에 자세히 보도할 것, 광고 공간은 백지 그대로 제작할 것'을 건의했고, 그렇게 백지광고가 나가자마자 민주화를 바라는 온 국민의 격려 메시지가 봇물처럼 밀려왔던 것이다.

역시나 동아일보사는 박정희 정권의 압력에 대해 당당하게 맞서지 못했다. 회사 쪽은 12월 23일 '사내에서 실천특위 모임을 하지 말라'는 지시를 어겼다는 이유로 장윤환 분회장 등 28명을 징계했다. 안성열, 김욱한, 송경선, 박종만, 이종덕, 홍종민, 김명걸, 정연주, 심재택, 서권석, 이부영, 김대은, 김순경, 장성원, 김민남, 김종철, 강정문, 고준환, 이계익, 양한수 그리고 나까지 22명은 '2개월 감봉(본봉 1할)'을 당했다. 정동익, 이종대, 심송무, 문영희, 황의방, 김양래는 견책 처분을 받았다. 하지만 우리는 "희생 없는 자유, 대가 없는 성취는 없다"면서 모두 담담하게 받아들였다. 대신 총회에서 결의한 '백지광고' 요구는 관철시켰다.

당장 12월 26일자 신문부터 '백지광고'가 나가자, 기자협회, 신민당, 정의구현사제단, 자실, 민주수호국민회의, 한국기독교교회협의회 등 각계에서 박 정권의 광고 탄압에 대한 항의 성명을 잇달아 발표했다.

그리고 놀랍게도 독자들이 성금을 보내주기 시작했다. 기자들은 그 돈을 그대로 받기가 미안했다. 국민들도 하고 싶은 말이 많지 않겠는가. 그래서 나온 아이디어가 '격려광고'였다. 문화부에서 종교계를 담당하던 서권석 기자의 제안이었다. 장윤환 분회장과 김인호 광고국장도 흔쾌히 동의했다. 최초의 격려광고 주인공은 원로 언론인 홍종인 선생으로, 12월 28일자

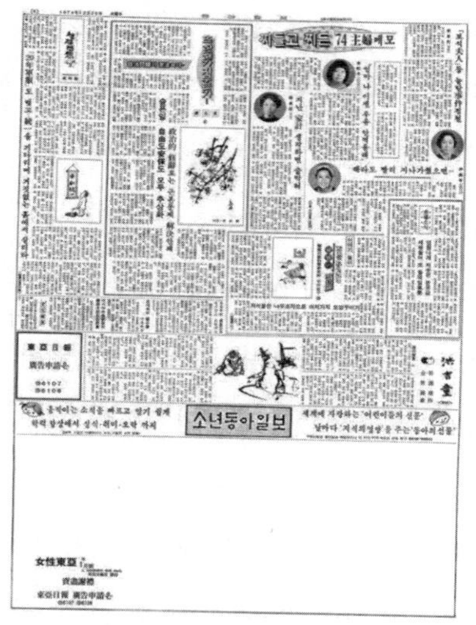

소년동아일보

임성기약국

모범약국

1974년 12월 말부터 시작된 <동아일보>의 '백지광고' 사태는 박정희 유신 독재 체제의 실상을 국내외에 알리는 계기가 됐다. 사진은 12월 26일자 4, 5면에 나간 첫 백지광고이다.

2면과 12월 30일자 1면 광고란에 5단으로 '언론 자유와 기업의 자유'를 적어 실었다.

12월 30일자와 1975년 1월 1일자 신년호부터 1면에 김인호 광고국장 이름으로 자체 광고가 나갔다. "근고(謹告): 의견광고(개인, 정당, 사회단체의 주의, 주장, 성명서, 진정서, 해명서, 알리는 말씀 등)는 본보의 논지와는 관계가 없는 유료광고임을 밝힙니다. 누구나 의견광고를 내실 수 있습니다."

1월 1일자 신년호에는 정의구현사제단의 '언론 탄압에 즈음한 호소문', 신민당의 "인권의 새 시대를 창조하자. 민주 언론 돕기 운동을 펴자", 그리고 한국교회여성연합회의 격려광고가 함께 나갔다. 1월 4일자 1면에 자실 회원 136명 이름으로 실린 "우리는 막걸리값, 소주값을 모아 정의와 자유를 위해 싸우다 위기를 맞은 신문을 위해 작은 광고 지면을 산다"는 내용의 격려광고도 화제가 됐다. 정의구현사제단은 '암흑 속의 횃불'이란 제목으로 8면 전면에 걸쳐 두 번째 의견광고를 내고, 지학순 주교의 양심선언, 간첩단 사건으로 고문치사 당한 최종길 교수 추도 미사, 주교회의와 정의구현사제단의 인권과 민주 회복을 위한 각종 기도회의 메시지 등을 알렸다. 1월 6일자에는 천관우 선생이 〈동아일보〉 전 주필의 이름으로 "동아 광고 비정상 상태에 대하여"라는 개인 격려광고, 수도권특수지역선교위원회(위원장 문동환 목사, 상임위원 조승혁 목사)의 '동아돕기' 호소, 박형규 목사의 《해방의 길목에서》 출판기념 민주 회복 강연회 안내 광고 등이 나란히 나갔다.

초유의 광고 탄압 사태는 외국에서도 주시했다. 1974년 12월 27일 미국의 프리덤하우스가 한국 정부에 대해 "광고 압력을 중지하라"는 성명을 낸 데 이어, 12월 28일에는 일본 교토에서 지식인 25명이 주도한 '동아일보돕기회'가 발족했으며, 이듬해 1월 16일에는 영국의 〈더타임스〉에도 보도되는 등 세계적으로 이슈가 됐다.

'백지광고 사태' 첫날 신민당에서 성명까지 냈는데도 '모르는 일'이라고 했던 이원경 문공부 장관은 1975년 1월 4일 연두 기자회견에서도 〈동아일보〉 광고 해약은 광고주와 동아일보사 간의 업무상 문제라며 정부는 자세한 사항을 모른다고 시치미 뗐다.

그러자 그때까지는 '1단짜리'에 그쳤던 개인 단위 격려광고가 가족, 친목 모임, 단체로 퍼져나가 감당하기 어려울 정도로 쏟아져 들어왔다. 그 문안도 하나같이 심금을 울렸다. "언론 자유는 민주 국가의 생명입니다. 언론은 국민의 것입니다", "자유의 횃불을 밝히는 기름 한방울의 성의를 표한다",

"돼지 저금통을 깨어 푼돈이나마 성금으로 보내 드립니다", "술 한 잔 덜 먹고 여기에 마음을 담는다", "새로 태어날 아기의 자유를 위하여", "내영아, 결혼을 축하한다. 축하금은 자유를 위해", "갑근세도 못내는 영세근로자 11명", "한국적 언론 자유는 요렇게 하얗나?", "방관자여 그대 이름은 비겁자!" 등 다 소개할 수 없어 유감이다. 가장 잊혀지지 않는 문구 중 하나는 "동아! 너마저 배신하면 이민 갈 거야"였다.

우리는 격려광고의 홍수 속에서 언론의 자유와 민주화에 대한 국민들의 뜨거운 염원을 새삼 확인했다.

다시 타오르는 학생 운동

1975년 들어 유신 독재 반대의 물결이 학생 운동에 이어 천주교, 개신교 등 종교계, 재야 원로, 언론계, 문인, 학자 등 지식인 사회로까지 퍼지자, 박정희 정권은 "2월 12일 '유신헌법에 대한 찬반 국민투표'를 실시한다"고 발표했다. 민주화 운동 세력과 국제 사회에 "국민들은 여전히 나를 지지한다"는 사실을 보여줌으로써 유신 반대 운동의 기세를 꺾어놓을 심산이었다.

민주화 운동 세력은 "공정한 민주적 절차, 언론 탄압 중지, 구속자 석방, 자유로운 찬반투표가 보장되지 않는 한 국민투표는 기만 행위"라고 규정했다. 신민당, 국민회의, 정의구현사제단과 한국기독교교회협의회, 민주수호기독자회, 한국교회여성연합회 등은 일제히 국민투표 전면 거부를 선언했다.

그러자 박 정권은 국민투표 거부 운동 탄압에 나서 민주회복국민회의(국민회의)의 한승헌·홍성우 변호사 등을 연행했다. 이에 2월 6일 윤보선, 김수환, 백낙준, 정구영, 유진오, 김대중, 홍익표 등 국민회의 고문단은 "박정희 대통령이 지금 해야 할 일은 국민투표가 아니라 재야와의 대화로 민주회복, 경제 위기 극복 등의 공동 관심사를 논의하는 것"이라고 성명을 낸 데 이어, 2월 8일에는 윤보선, 김대중, 김영삼의 이름으로 '국민투표 거부를 위한 행동강령'을 발표했다. 2월 10일 국민회의 등 14개 단체는 "국민투표 당일 날 투표를 거부하고 각 교회와 성당에서 인권 회복, 인간 회복, 민주 회복을 위한 예배, 미사, 기도회를 열 것이며, 독재 정권의 폭력에 대해 양심 선언 운동을 전개할 것"이라고 선언했다. 이들 단체들은 또한 〈동아일보〉와 동아방송 광고 해약 사태에 대한 공동 조사를 제안했다.

그럼에도 국민투표는 강행됐고, 박 정권은 '79.8퍼센트 투표에 73.1퍼센트 찬성'이라고 발표했다. 박정희는 실제로 국민의 60퍼센트 가까이가 여전히 자신을 신임하고 있다고 믿었던지, 2월 15~17일 '긴급조치 1·4호' 구속자 중 인혁당 관련자 23명과 반공법 협의자 11명을 빼고, 모두 149명을 전격 석방했다. 그러나 이들 민청학련 사건 관련자들이 풀려난 뒤 여론은 더 악화되기 시작했다. 민주 인사 석방과 환영회 기사와 더불어 〈동아일보〉와 동아방송에서 민청학련 사건 학생들과 인혁당 관련자들에 대한 고문 사실이 대서특필된 것이다.

〈동아일보〉는 2월 17일자 1면에 민청학련 석방 학생들의 고문 증언을 폭로했다. 나병식은 "작년 4월 6일 중앙정보부에서 물고문, 전기고문, 잠 안 재우기, 해전(거꾸로 매달고 양동이로 물을 끼얹는 고문), 육전(전신을 마구 두들겨 패는 고문), 공전(공중에 매달고 빙빙 돌리는 고문)과 총살 협박 등 갖가지 고문을 받았으며, 학생 시위의 목적이 용공국가 건설에 있는 것처럼 허위자백을 강요당했다", "비상군법회의 검찰관의 조사 과정에서 '농민, 노동자를 사랑하지 않느냐'는 식의 질문을 받고 '그렇다'고 대답했을 뿐인데, 공소장에는 '노농 정권 수립을 획책했다'고 적혀 있었다"고 말했다. 또 김정길도 광주 보안대에서 "김일성 만세를 쓰라고 강요받고 전기고문까지 받았다"고 밝혔다. 이날치 머리기사는 신민당의 '고문 진상 조사' 요구였다.

각 단체마다 '출옥인사 환영회'를 열어 유신헌법 철폐, 인혁당 인사들에 대한 인권유린 진상규명, 고문 조작 담당자 엄벌, 중앙정보부 해체를 주장한 데 이어 민주회복구속자협의회(대표 박형규 목사, 운영위원 지학순, 김동길, 김찬국, 백기완, 강신옥, 김지하, 이철)가 결성됐다.

'고문 폭로 사태'의 결정타는 〈동아일보〉가 2월 25~27일 연재한 김지하의 옥중수기 '고행, 1974'였다.

…… 잿빛 하늘 나직이 비 뿌리는 어느 날 누군가 가래 끓는 목소리가 내 이름을 부르더군요. …… 누구냐고 큰소리로 물었죠. '하재완입니더.' '하재완이 누굽니까?' '인혁당입니더.' '아항 그래요?' 1사 상 15방에 있던 나와 1사 하 17방에 있던 하 씨 사이의 통방(재소자들이 교도관 몰래 창을 통해 서로 큰소리로 대화하는 일)이 시작됐죠. '인혁당 그거 진짜입니까?' 하고 나는 물었죠. '물론 가짜입니더.' '그런데 왜 거기 갇혀 계슈?' '고문 때문이지러.' '많이 당했습니까?' '말 마이소. 창자가 다 빠져버리고 부서져 버리고 엉망진창입니더.' '저런 쯧쯧' 하고 내가 혀를 차는데, '즈그들도 나보고 정치 문제니께로 쬐끔만 참아 달라고 합디더' 하고 덧붙이더군요. …… 나는 법정에서 경북대생 이강철의

그 또릿또릿한 목소리로 분명하게 '나는 인혁당의 인 자도 들어보지 못했는데 잘 아는 것으로 시인하지 않는다고 검사 입회하에 전기고문을 수차례나 받았습니다'라는 말을 듣고 인혁당이란 것이 조작극이며 고문으로 이루어지는 저들의 전가비도의 결과였다는 것을 확인할 수 있었죠.[21]

선심 쓰듯 구속 인사들을 풀어줬던 박 정권은 이를 계기로 동아자유언론운동 세력을 제거하지 않고는 유신 체제의 유지가 불가능함을 이때 분명히 깨달은 듯싶었다. 2월 하순부터 동아일보사가 박 정권에 굴복했다는 소문이 나돌기 시작하더니 3월 들어 폭풍 같은 현실로 밀어닥쳤다.

— 3장 —

언론 독립 만세

폭력배에 내쫓긴 기자들

박정희 정권에 대한 동아일보사의 굴종 조짐은 1975년 2월 12일 유신헌법에 대한 재신임을 묻는 국민투표 때부터 나타났다. 이날 동아방송 〈뉴스쇼〉는 "평온한 가운데 활기찬 투표가 진행되고 있다"고 방송했다. 여러 곳에서 터져 나오고 있던 부정투표 사례들에 대한 고발은 물론 〈동아일보〉에도 한 줄 보도되지 않았다. '인혁당'이라는 단어를 제목으로 뽑지 못하도록 했고, '고문'은 '가혹 행위'로 둔갑했으며, 인혁당 사건 피의자 부인이 중앙정보부에서 고문과 모욕을 당했다는 특종 기사도 고작 3단으로 보도됐다. 격려광고 문안을 멋대로 고치는 바람에 "다시는 광고를 내지 않겠다"는 항

의가 쏟아지기도 했다.[22]

동아일보분회는 2월 17일자 〈알림〉을 통해 "끼니를 거르면서까지 '동아'를 격려해주고 있는 국민들의 눈동자를 항상 의식합시다"라고 회사 쪽에 요구했다. 하지만 2월 28일 열린 동아일보사 정기 주주총회는 우리의 바람을 외면했다. 특히 지난 3년 동안 회사를 떠나 박정희 정권의 '안보 세미나' 간사 노릇을 했던 이동욱이 다시 주필로 돌아왔다.

사장으로 재선임된 김상만 사주는 다음날 주총의 의결에 화답하는 담화문을 발표했다. 어려운 때에 〈동아일보〉가 살아남는 길은 우선 질서를 세우는 일이라며 첫째, 주총과 이사회의 권한에 도전하는 언사나 행동은 용납할 수 없다. 둘째, 부차장, 국장단, 이사, 사장 등에 대한 싸움조의 언사, 야유조의 언사나 행동은 용납할 수 없다. 셋째, 신문과 방송 제작 과정에서 몇몇 사람의 의견을 채택하라고 강요하면서 폭력 행위를 하는 것을 용납할 수 없다. 넷째, 회사 내 무허가 집회는 이유 여하를 막론하고 용납할 수 없다. 다섯째, 무허가 유인물은 용납할 수 없다는 내용이었다.

사회적 소통이 본분인 언론사가 갑자기 중세 봉건 시대, 병영 사회로 돌아가다니, 사주의 발표를 보고 우리는 회사 쪽이 결국 박 정권에 백기투항했음을 직감했다. 역시나 3월 8일 회사는 '경영난'을 이유로 "기자 18명을 해임한다"고 발표했다. 폐지된 부서는 심의실, 기획부, 과학부, 출판부 등이었다.

이는 박 정권과의 합작품이란 사실이 곧 드러났다. 〈조선일보〉에서도 3월 7일 5명의 기자를 해임한 데 이어 3월 11일에는 37명의 기자를 무기정직시켰다. 이틀 뒤에는 〈주간조선〉을 아예 폐간했다. 박 정권은 3월 12일

〈기자협회보〉를 강제 폐간시키고, 3월 13일에는 김지하를 '형 집행 정지 취소'로 재수감시켜버렸다.

언론 자유 운동으로 광고가 끊겨 경영이 어려워진다면 봉급을 받지 않겠다고 선언한 기자들이, 회사가 '경영난'을 이유로 동료들 목을 치는데 침묵한다면, 그들은 언론 자유 운동을 할 자격이 없을 것이다. 3월 11일 동아일보분회는 총회를 열고 18명의 해고를 즉각 철회하라고 요구했다. 그러자 사쪽은 이 총회를 '불법 집회'로 규정하고 장윤환 분회장과 박지동 기자를 해고했다. 박지동 기자는 이날 총회에서 "미친개가 아니고서야 어떻게 기자들 목을 마구 칠 수 있냐"는 발언으로 위계질서를 어겼다는 '혐의'였다. 동아일보사는 그렇게 '미친개'로 변해갔다.

3월 12일 동아일보사의 편집국, 출판국, 동아방송은 일제히 제작 거부와 농성에 들어갔고, 회사 쪽은 이날자로 기자 17명을 또 잘랐다. 동아방송은 오류동 송신소에서 음악만 내보냈고, 〈동아일보〉는 일부 제작 참여자를 끌어모아 '통신'을 받아 신문을 제작했다. 나를 포함해 편집부, 교열부 기자 23명이 2층 공무국을 점거하고 단식을 불사하며 신문을 직접 제작하자, 회사 쪽은 〈신아일보〉, 〈서울신문〉 등을 제작하고 인쇄시설을 빌려 '신문 아닌 신문'을 '중단 없이' 발간했다.

이에 항의하고자 동아일보분회에서는 3월 12~16일 닷새간 사내에서 밤샘 농성을 계속했다. 함석헌, 천관우, 김대중, 김영삼, 정일형, 이태영, 리영희, 제임스 시노트 신부(한국 이름 진필세) 등 거의 모든 재야인사들이 우리를 격려 방문했다. 함세웅 신부는 훗날 그때 김상만 사장을 만났는데, 일행들이 "왜 기자들을 해고합니까, 〈동아일보〉마저 상업신문일 수는 없지 않습니까?" 하고 따졌더니, "말 못할 사정이 있습니다, 죄송합니다"라는 말만 되풀이하더라고 밝혔다.[23]

농성 나흘째인 3월 15일 송건호 편집국장은 '해임기자 전원 복직'을 건의하며 사표를 던졌다. 그러나 3월 18일 마침내 회사는 200여 명의 폭력배와 총무국, 판매국 사원 등을 동원해 새벽 3시 통금(자정~새벽 4시 통행금지 시간)인데도 농성 사원들을 회사 밖으로 몰아냈다. 2층 공무국 농성 기자 23명, 3층 편집국과 출판국 기자 83명, 4층 방송국 사원 40여 명 순으로 강제 해산시켰는데 2시간가량이 걸렸다. 3층 편집국에서는 임시 분회장을 맡고 있던 안종필 위원장의 지휘로 침입자들을 잠시 몰아낸 뒤, '자유언론실천선언'을 다시 낭독하고, '우리 승리하리라' 노래를 합창했다. 만세삼창에 이어 '애국가'를 부른 우리는 '10·24 자유언론실천선언' 이후 편집국에 내내 걸려 있던 '자유언론실천선언' 족자를 걷어들고 스스로 편집국 밖으로 걸어나왔다. 그날 이후 지금까지 동아일보사에는 두 번 다시 '언론 자유의 혼'이 깃들지 못하고 있다.

봄은 곧 오고야 말 것이다

1975년 3월 17일 새벽 3시 동아일보사에서 거리로 쫓겨난 기자, 아나운서, 프로듀서들은 오전 9시께 신문회관(현 프레스센터) 1층 로비에 모였다. 우리는 동아일보분회 안종필 임시 분회장의 낭독으로 "폭력에 몰려 동아일보사를 떠나며"라는 성명을 발표하고 해산했다. 이어 3월 18일 오전 다시 모여 동아자유언론수호투쟁위원회(이하 동아투위)를 결성했다. 초대 위원장에는 권영자 문화부 차장이 선임됐다. 초기 가입 위원은 모두 138명이었다.

동아투위는 인근 세종여관을 다시 사무실로 빌린 뒤 "해임자 복직, 관선 주필 이동욱과 방송국장 이동수의 퇴진, 김상만 사장의 사죄"를 요구하면서 3월 18일부터 9월 17일까지 6개월 동안 주말만 빼고 매일 오전 8시 반부터 9시 반까지 동아일보사 정문(현 일민미술관) 앞에서 1시간 동안 침묵 집회로 항의를 했다. 오후에는 담당 분야와 지역을 분담해 매일 발행하는 〈동아투위 소식지〉를 학생과 시민들에게 나누어주었다.

동아일보사는 3월 27일 송건호 편집국장의 사표를 수리하고, 부차장급 7명 등 12명을 추가 해임했다. 한동안 쫓아낸 사원들에게 출근을 종용하던 회사는 이들이 "우리들은 무더기 해임 조치가 철회될 때까지 출근할 수 없다"며 버티자, 4월 11일 82명에게 무기정직 처분을 내렸다. 이후 무기정직자 가운데 20명이 회사로 복귀했지만, 동아투위 위원 113명은 끝내 해직 언론인 신분을 감수했다. 참으로 의리에 죽고 사는 고지식한 인물들이었다.

동아투위는 목요기도회를 통해 큰 위로와 용기를 얻었다. 1973년 남산 부활절 연합 예배 사건을 계기로 이해동·김상근·조승혁·오충일 목사 등이 그해 여름 시작했던 목요기도회는 1974년 4월 '민청학련 사건'이 터지면서 부활했다. 동아투위는 매주 목요일 오전 10시 기도회에 참석하기 위해 광화문 동아일보사 사옥에서 종로5가 기독교회관으로 줄지어 걸어가면서 침묵시위를 했다.

개신교와 천주교계 모두 동아투위의 싸움에 경제적·정신적 지원을 아끼지 않았다. 그중에서도 김관석 목사의 동아투위에 대한 걱정과 격려는 잊을 수 없다. 우리가 동아일보사에서 쫓겨난 3월 17일 오후 김관석 목사를

이화여대생들이 만들어 판매한 동아투위 돕기 손수건. 왼쪽은 시위를 상징한 그림이고, 오른쪽은 《논어》의 구절을 차용한 것이다.

찾아갔더니, '이제부터가 본격적인 투쟁의 시작입니다'라며 20만 원짜리 수표 한 장을 꺼내 내 손에 쥐여주었고, 나는 그 거금을 집행부에 전달했다. 그 돈은 사무실을 마련하는 데 큰 도움이 됐다.[24] 김수환 추기경과 정의구현사제단의 도움도 컸다. 6월 말께 천주교는 명동성당 마당에서 '동아투위 돕기 바자회'도 마련해주었다.

무엇보다 우리를 감동시킨 것은 이화여대생들이었다. 3월 17일 4,000여 명의 이름으로 동아투위 지지 서명을 가장 먼저 발표했다. 돕기 운동에 앞장선 정강자 학생은 "새벽에 끌려 나와 기독교회관에서 농성하는 동아투위 아저씨들을 위문하러 갔을 때 퀼트 이불 같은 것을 뒤집어쓰고 있는 것이 너무 처연했다. 각 동아리가 나서서 동아투위 돕기 운동을 했다. 우리도 도봉산에 가서 '동아커피'를 팔았다"고 회고했다. 또 총학생회장 김매자 주도로 동양화의 한 장면, 《논어》의 글 한 편, 윤동주의 '서시' 등을 새겨 넣은 손수건을 만들어 신촌캠퍼스와 동대문의 의대캠퍼스에서 300원에 팔아 성금을 모아 왔다.[25]

박정희 정권은 '동아투위 돕기'를 온갖 방법으로 막았다. 서울시경은 1975년 4월 3일 선교자금 횡령, 배임 혐의로 김관석·박형규·권호경·조승혁 목사 등을 구속했다. 서독 기독교 단체에서 보낸 선교자금 중 일부를 '민청학련 사건' 변호사비와 영치금 또는 '동아투위 생활비 돕기' 등으로 사용했다는 이유였다. 정작 자금을 지원해준 단체에서는 문제없다고 증언했지만, 재판부는 4명의 목사에게 6~10개월의 실형을 선고했다. 천주교도 1975년 6월 이른바 '명동성당 학생회 사건'으로 한동안 시달려야 했다. 경찰은 '동아투위 돕기 손수건 팔기'에 나선 이화여대생들도 괴롭혔다.

"1975년 6월 24일, 발족 100일째 되는 날 동아투위는 미국의 한 잡지로부터 '러브조이 자유언론상'을 받았다. 시상식을 마치고 신문회관에서 나오는데 서대문경찰서 형사 2명이 나와 이태호를 연행해갔다. 이화여대생들을 수사하는 과정에서 '동아투위 유인물'이 발견됐고, 우리가 배후 인물이라는 것이었다. 무려 15일간 영장도 없이 구금됐던 우리는 풀려났으나, 김매자와 김경애는 '긴급조치 9호' 위반 혐의로 구속되고 말았다."[26]

결국 동아투위는 6개월 만에 침묵시위를 접을 수밖에 없었다. 당장 가족들을 굶어 죽지 않게 하기 위해 새로운 생활 전선에 뛰어들 수밖에 없었다. 하지만 그마저 공안 당국의 방해로 여의치 않았다.

〈동아일보〉와 〈조선일보〉에서 수백 명의 언론인이 '언론 자유'를 외치다 거리로 쫓겨나던 1975년 봄, 대학가 역시 유신 반대 투쟁 열기로 뜨거웠다. 첫 시위는 고려대생들이 시작했다. 권순성, 박구진, 설훈, 김관회, 문학진, 최규엽, 신태식, 신계륜 등이 모의를 했고, 3월 31일 1,500여 명이 대강당에 모여 비상학생총회(회장 도천수)를 구성해 반독재구국선언문과 결의문을 채택했다. 4월 6~7일에는 2,000여 명이 야간까지 시위를 했다. 그러자 박정희 정권은 고려대만을 대상으로 하는 희한한 '긴급조치'를 발동했고, 안암동 교정에 진입한 계엄군은 고려대생들에게 상상을 초월하는 집단 폭력을 가했다.

서울대생들 역시 시위에 나섰다. 그해 3월부터 옮겨간 관악캠퍼스에서 원혜영, 박우섭, 박인배 등이 '첫 번째 시위 테이프를 끊자'는 결의를 실행한 것이다. 6일에는 수원의 농대, 7일에는 다시 관악, 8일에는 동숭동에 남은 치대와 약대에서 잇따라 시위를 벌여 53명이 제적되고 16명은 무기정학을 당했다.

4월 8일 인혁당 관련 7명과 민청학련 관련 여정남이 선고 직후 전격 처형당하는 '초유의 사법살인 사태'가 벌어지자 대학가는 뜨거워졌다. 이화여대 4,000명의 농성을 시작으로 4월 10일 중앙대, 건국대, 경희대, 경북대, 경기대, 숭전대, 인하대, 장신대, 감신대에서 시위가 일어났다. 4월 11일 서울대 농대 집회에서는 김상진(축산4)이 '양심선언'을 낭독하고 할복한 사건으로 열기는 더했다. 김상진의 선언은 비장했다.

"대학은 휴강의 노예가 되고 교수들은 정부의 대변자가 되고 우리들은 반응 없는 울부짖음만 토하고 있다. …… 우리를 대변한 동지들은 차가운 시멘트 바닥 위에 신음하고 있고, 무고한 백성은 형장의 이슬로 사라지고 있다. …… 학우여! 아는가! 민주주의는 지식의 산물이 아니라 투쟁의 결과라는 것을…….”

김상진의 죽음은 이른바 ‘명동성당 학생회 사건’에도 큰 파장을 끼쳤다. 서울대 문리대 동숭동 시대의 마지막 세대인 심지연, 박홍석, 고려대 조성우, 중앙대 이명준, 외국어대 선경식 등은 민청학련이 시도했던 전국적 학생 연대 조직을 다시 만들자고 의기투합했다. 마침 가톨릭 신자인 이명준의 주선으로 명동성당을 활동 공간으로 삼았고, 수석보좌신부 이기정은 이들을 속성으로 교육해 세례를 주었다. 그런데 이들은 전국적 네트워크를 구축하기도 전에 수사기관에 들통이 나서 22명이 구속됐다. 김상진 열사를 기리는 각종 추도미사를 주도하다 꼬투리가 잡힌 것이었다. 애초 6월 초부터 고려대, 연세대, 한국외대 순으로 거사를 일으킬 계획이었으나 시도조차 못한 이들은 재판을 거부했고 중형을 선고받았다.

박정희 정권은 5월 13일 ‘긴급조치 9호’를 발동했다. 민주화 운동이라면 무조건 처벌할 수 있게 한 전제적 명령이었다. 유언비어의 날조·유포·보도, 집회·시위를 금하고, 신문, 방송, 통신, 문서, 도화, 음반 등으로 유신헌법의 개정 또는 폐지를 주장하는 행위, 이 조치를 공연히 비방하는 행위를 금했다. 이를 위반하면 어떻게 하는가? ‘대표자나 장, 소속 임직원, 교직원, 학생의 해임이나 제적’, ‘방송, 보도, 제작, 판매 또는 배포의 금지’, ‘휴업, 휴교, 정간, 폐간, 해산 또는 폐쇄’, ‘승인, 등록, 인가, 허가 또는 면허의 취소’ 등이었다. 더구나 국방부 장관은 서울특별시장, 부산시장 또는 도지사로부터 치안질서 유지를 위한 병력 출동의 요청을 받은 때에는 이에 응하여 지원할 수 있다는 내용도 있었다. 그때부터 1979년 10월 26일 박정희 대통령 피살 때까지 ‘긴급조치 9호 시대’는 법치가 실종된 암흑기였다.

하지만 민주화 운동은 깨어 있었다. 서울대 문리대 유영표(인류68)는 김근태, 유상덕, 채광석, 채만수, 이호웅 등 68~69학번의 동료들로부터 "이제는 시위를 주도할 인물들이 다 드러나 버렸으니, '긴급조치 9호' 이후 첫 시위의 화살을 당기라"는 주문을 받았다.[27]

그는 김도연, 김정환, 박우섭(미생물72), 이영창(철학4), 박연호(교육3), 김배철, 정광서, 천희상 등을 끌어모아 '지금 바로 시위에 나서느냐, 후일을 도모해야 하느냐'를 두고 논쟁을 벌였다. 그러나 "죽은 사람도 있는데 감옥 가는 게 무슨 대수입니까"라는 누군가의 한마디에 격론은 정리됐다. 이른바 '서울대 5·22 시위'는 그렇게 터졌다.

그런데 전투경찰의 폭력적 진압에 열받은 도서관 학생들까지 합세하면서 이날 시위대는 순식간에 1,000여 명으로 불어났다. 당시 서울대 법대 신입생이던 박원순이 처음 시위에 참여했다가 제적당하면서 인생이 바뀌었다고 한 바로 그 시위이다.

이날 채희완은 장만철(영화감독 장선우), 황성진, 연성수, 정해일, 정성현, 이지현 등 서울대 가면극연구회, 탈춤반, 문학회와 함께 김상진의 넋을 달래는 '지노귀굿' 난장을 벌였다. 이들은 앞서 3월 28일 서울대 아크로폴리스에서 〈동아일보〉 사태를 풍자한 '진동아굿'을 공연하기도 했다.

'자유 혼' 저당잡힌 〈동아일보〉

2014년 3월 17일 '동아투위 39돌 동아일보사 앞 집회'에 나갔다. 1976년부터 해마다 3월 17일만 되면 광화문 동아일보사 앞 거리에서 거행해온 이 집회는 동아투위 위원들의 노령화로 참가자가 줄어들고 있다. 문영희 사무총장의 사회로 진행된 이날 집회에서 김종철 동아투위 위원장의 인사말, 강성남 언론노조 위원장의 연대사에 이어 '동아일보사와 박근혜 정부에 보내는 공개장'을 발표했다. "오늘날의 〈동아일보〉는 그 '아우 매체' 격인 채널A와 더불어 '사회적 공기'라기보다는 민족공동체의 평화와 공존을 파괴하는 '흉기'라는 지탄을 받아야 할 것입니다. 현 정권이 갖은 위법과 불법을 저지르다가 심각한 정치적 위기에 빠지면 기사와 논설을 총동원해서 '구조대' 구실을 하는 것이 바로 〈동아일보〉를 포함한 보수 언론입니다. 국가정보원이 2012년 12월의 대통령 선거에 불법적으로 개입한 엄청난 사건에 대해 〈동아일보〉는 진상을 파헤치기는커녕 오히려 정권의 '친위대'처럼 행동하고 있습니다. 최근의 이른바 '탈북자 간첩조작 사건'에서도 '간첩'을 기정사실화하는 데 가장 먼저 적극적으로 나선 매체가 〈동아일보〉였습니다. 채널A는 광주 5월 항쟁 33돌을 앞두고 '북한군이 광주 폭동을 주도했다'는 투의 보도로 항쟁의 주역들과 희생자 유족의 격분을 산 끝에 달걀 세례를 받기도 했습니다."

박종만 위원이 낭독한 이 성명에서 우리는 현장 언론인들에게 "언론 자유와 공정방송을 위해 모두 하나 되어 깃발을 높이 들고 행진하자"고 당부했다. 우리는 이처럼 박정희 정권과 동아일보사의 합작으로 펜과 마이크를 빼앗기고도 떳떳한 데 반해, 당시 1등 신문이던 〈동아일보〉는 '3류 신문'으로 전락했다. 왜 그렇게 됐는가? 동아일보사가 박 정권에 '자유에의 혼'을 저당 잡힌 결과이다.

1975년 봄으로 되돌아가보자. 동아일보사는 우리를 쫓아낸 이후 민주화 운동 뉴스를 철저히 외면함으로써 국민을 까막눈으로 만들었다. 국민들은 3월 말부터 계속된 고려대생들의 시위를 '긴급조치 7호'로 고려대에만 휴교령이 내려진 뒤에야 짐작할 수 있었다. 민청학련 사건 1돌을 맞아 "우리의 동료 이현배, 유인태, 김효순, 이강철을 석방하라", "모든 민청학련 관련자들을 사면, 복교시켜라"며 2,000여 명이 연좌 농성에 나선 서울대 관악캠퍼스의 '4·3 시위'도 국민들은 알 수 없었다. '김상진 할복 사건'은 기독교방송(CBS)에서 잠깐 전파를 탈 뿐 모든 언론이 묵살했고, 신민당 당보 〈민주전선〉(138호)에 '양심선언' 내용이 실려 일부 정치권에만 알려졌다. 서울대 '5·22 시위 사건' 역시 은폐됐다.

단테는 일찍이 '신곡'에서 해서는 안 될 일을 한 사람에게는 '지옥'이 준비되어 있고, 해야 할 일을 안 한 사람들에게는 '연옥'이 준비되어 있다고 말한 바 있다. 나는 해야 할 일을 안 한 사람들의 대열 맨 앞줄에 〈동아일보〉를 비롯한 '긴급조치 9호 시대 언론'이 서 있었다고 생각한다.

1975년 3월 17일 동아일보사에서 해직된 언론인들이 흩어지지 않고 동아투위를 결성해 날마다 광화문 한복판에서 침묵 집회와 시위를 하고 언론자유와 민주화를 요구하는 유인물을 제작해 각계에 배포하자, 박정희 정권은 갖은 방법으로 동아투위 위원들을 괴롭히기 시작했다.

경찰은 그해 4월 3일 동아투위의 대변인을 맡고 있던 이부영 위원을 유인물을 배포해 사회 불안을 조성했다며 7일간 구류에 처했다. 한국의 언론 탄압상이 국제적으로 알려지는 것에 대한 첫 번째 경고였다. 곧이어 종로경찰서장은 동아투위의 아침 집회 시위를 접으라고 4월 26일부터 5월 15일까지 무려 열여섯 차례나 권영자 위원장에게 경고장을 전달했다. "귀

1975년 3월 17일 쫓겨난 언론인들이 동아투위를 결성해 날마다 시위에 나서자 박정희 정권은 동아투위 위원을 직접 탄압하기 시작했다. 언론인들의 양심선언 서약서를 받은 제임스 시노트 신부는 이날 미국으로 강제 추방됐다.

회는 1975년 3월 17일 이후 현재까지 매일 8시 30분부터 동아일보사 앞에 집결하여 통행인과 출근하는 사우들에게 '동아 기자 해임은 경영주와 관권이 결탁한 언론 탄압'이라는 유인물 등 40종을 제작 배포한 후 집단적으로 동아일보사를 출발하여 신문회관, 광화문 지하도, 조선일보사 앞을 거쳐 세종여관 등까지 시위행진을 반복해왔고, 관권 개입 또는 정부가 언론을 말살한다는 등의 유인물을 외국인에게 배포해왔습니다. 이러한 위법 행위에 대해 엄중히 경고하는 바입니다"라는 내용이었다.

이에 동아투위는 4월 29일 "우리들의 이 운동은 기자, 아나운서, 프로듀서 등 132명의 양심에서 우러난 자율적인 것으로 하늘을 우러러 조금도 부끄러운 바가 없다. 앞으로 당국에 의해 강제적으로 작성될지도 모르는 자유언론실천 운동 포기각서나 이와 비슷한 종류의 서약서 등은 여기 서명하는 우리들의 본의와는 아무런 관계가 없는 한갓 조작물로서 그것이 무효임을 선언한다"는 '양심선언'을 작성해 위원 전원이 서명한 다음 시노트 신부에게 맡겼다. 시노트 신부는 바로 다음날 '인혁당 조작 사실을 폭로했다'는 이유로 박 정권에 의해 미국으로 강제 추방됐다.

동아투위 위원과 언론인에 대한 연행 조사와 구속도 잇따랐다. 4월 24일에는 동아투위 위원이자 기자협회장 김병익을 비롯해 백기범, 홍사덕, 구월환, 정추회, 민병일, 김영성, '조선투위' 안성암 위원 등 기자협회 회장단 8명을 연행했다. 박 정권은 기자협회가 국제신문인협회에 발송한 '언론 탄압에 관한 특별보고서'와 국제기자연맹에 보낼 예정이던 '연차보고서'에 대해 국가모독죄를 적용하겠다고 협박했다. 이들은 닷새 만에 풀려났으나, 전원 회장단에서 사퇴하는 바람에 기자협회가 마비됐다.

5월 12일에는 동아투위의 서권석, 박종만, 김종철 위원이 폭력 사범으로 구속되고, 안성열, 김진홍, 김동현 위원이 입건되는 사건이 일어났다. 제작 거부를 함께 했다가 회사로 복귀했던 〈동아일보〉 김영일 기자가 만취상태에서 밤늦게 세종여관의 동아투위 사무실로 찾아와 문짝을 발로 차는 등 술주정을 부리다 이튿날 배포할 유인물을 등사하던 숙직조에 밀려 2층에서 계단으로 떨어진 것을 '집단 폭행을 당했다'고 고소했기 때문이었다. 그는 1973년 여름 '신동아부'에 근무하면서 박정희 대통령의 가계도를 특집으로 다루겠다고 말하고 다니다가 사흘 동안 행방불명이 된 적이 있는데,

그는 당시 '○○공사'라는 곳에서 심하게 당하고 왔다고 했었다. 내게는 경북고 2년 선배이기도 한 그는 평소 기질상 동아투위에 참여할 줄 알았는데 뜻밖에 회사로 복귀했다. 아마도 '연행 공포 트라우마' 때문이 아니었을까 생각한다. 3명의 위원이 구속되자 나는 그의 개봉동 집으로 달려가 "고소를 취하해달라"고 간곡히 요청했다. 그는 괴로워하면서 "좀 더 생각할 시간을 달라"고 했지만 끝내 감감무소식이었다. 서권석, 박종만 위원은 18일 만에 무혐의로 풀려났으나 김종철 위원은 1심 재판에서 벌금 7만 원을 선고받았다.

6월 2일에는 고준환 위원이 성북경찰서에 끌려가 사흘 동안 불교학생회 관련 조사를 받고 풀려났고, 6월 9일에는 이부영 위원이 '긴급조치 9호'로 구속됐으며, 6월 19일에는 권도홍 위원(《여성동아》 부장 역임)이 반공법 위반 혐의로 재판받고 있던 한승헌 변호사를 위한 증인 출석을 앞두고 중앙정보부에 연행되기도 했다. 6월 24일 '이화여대생 손수건 모금 사건' 관련 이영록, 이태호 위원의 연행과 16일 동안의 불법 구금도 있었다. 이렇게 되자 원래 '부당해고 무효 소송'을 위해 꾸려진 법조팀(권근술, 김두식, 오정환, 김진홍, 김동현 등)은 주임무가 연행·구속 사태에 대응하는 것으로 바뀌어야 했다.

이런 탄압에도 불구하고 동아투위가 저항을 계속하자, 박 정권은 '전가의 보도'를 꺼내 들었다. 동아투위 안에 빨갱이가 있다고 몰아세운 것이다. 그 첫 그물에 걸려든 것은 이부영과 바로 나였다. 그해 6월 25일 아침 동료들과 함께 동아일보사 정문 앞 침묵 집회를 마치고 신문회관 쪽으로 행진하던 나는 중앙정보부 요원 4~5명에게 납치당하듯 체포됐다. 그렇게 끌려간 곳은 그 악명 높은 '남산 분실'이었다. 곧 40대 남자가 나타나 "이곳에는 이부영과 정정봉도 잡혀와 있다. 당신을 국가보안법 사건으로 수사하겠다"고 말했다. 이른바 '청우회(靑友會) 사건'이다. '동아투위' 대변인 이부영은 1975년 6월 9일 신문회관으로 가던 길에 정체불명의 사나이들에게 체포된 뒤 18일 구속됐다.

박정희 정권은 이부영이 시노트 신부를 통해 그해 3월 말 권영자 동아투위 위원장과 한국 정치 상황 조사차 방한한 도널드 프레이저 미 하원 국제기구소위원회 위원장을 만나도록 주선하면서부터 그를 주시하고 있었다. 그 뒤 이부영은 재미동포신문 〈코리아 저널〉에 실린 유기천 전 서울대 총장의 '독재는 적화의 황금교'라는 칼럼과 미 국방부 일간지 〈성조〉(5월 18일자)가 보도한 '걸프, 한국 정부에 400만 달러 공여했다'는 기사 등을 용산고 후배 이신범에게 전달했다. 그런데 명동성당 학생 운동의 핵심인 서울대생 심지연이 이를 번역한 유인물 수만 장을 서울 시내에 뿌리려다 발각되면서 이른바 '명동성당 7인 위원회 사건'으로 비화해 '긴급조치 9호' 위반으로 끌려들어간 것이었다.

나는 6월 25일 '남산'에 가서야 구속된 이부영이 중앙정보부에 구금된 사실을 알게 됐다. 중앙정보부 요원들이 "이부영과 정정봉이 이미 모든 것을 다 불었으니, 너, 이창홍, 이부영, 정정봉이 만나 모의한 '청우회'에 대해 있는 대로 말하라"고 윽박질렀다. 그들은 구금 나흘째 되는 날 '청우회의 강령과 규약'이란 문건을 들고 와 "너희들, 이 나라에 모택동식 공산주의를 만들려고 청우회를 만든 것이지?"라고 다그쳤다. 이부영과 정정봉이 썼다는 '자술서'도 보여주었다. 하지만 나는 모든 것을 부인했다. 그들의 자술서 내용이 전혀 사실이 아니었을뿐더러, 나는 '모택동주의자'가 아니었으므로. 그렇게 닷새 동안 버텼다. 그들은 주로 야간에 두세 차례에 걸쳐 야전침대의 각목으로 엉덩이와 종아리를 장작 패듯 두들겼다. 주로 매질을 한 사람은 '채제묵'이라고 했는데, 필경 본명은 아닐 것이다. 낮에는 이미 썼던 내용을 쓰고 또 쓰라는 명령이 계속됐다. 몽둥이찜질 사흘째가 되자 온통 피멍이 들었고, 그 위에 다시 매질을 해서 쓰리고 아프기가 이루 말할 수가 없었다. 결국 매질 고문 닷새 만에 나는 항복했다. 다른 친구들이 썼다는 자술서를 거의 그대로 베꼈다. 그렇게 나는 '모택동주의자'가 됐다.

그렇게 나는 사회주의자가 됐다

이 글을 쓰는 지금 내 기억은 '실체적 사실'과 당시 고문관이 요구했던 '강요된 사실'이 뒤섞여 있는 상태이다. 그럼에도 나는 당시 네 사람이 만났던 과정, 나눈 이야기 등 '실재적 진실'을 최대한 복원해보고자 한다.

이창홍은 서울대 정치학과 1년 선배이고, 정정봉은 경북고 1년 선배이자 문리대 사학과에 다녀 동숭동 대학 시절 알고는 지냈으나 별로 어울리지는 않았다. 문리대에서 등록금 분할납부 운동을 하다 제적된 이창홍은 건국대를 거쳐 1970년대 초 동아방송 뉴스부 기자로 입사했다. 같은 동아일보사였지만 교류할 기회는 없었다. 그러다 1973년 5월께 그는 민주화 운동에 투신하겠다면서 회사를 떠났다. 나는 '운동을 위해서 직장까지 버리다니' 하는 마음에 이부영과 함께 회사 옆 중국집 '복취루'에서 '고량주'로 환송회를 해줬다. 그 뒤 1974년 3월 하순께 13명이 해직된 '동아노조 결성' 사태로 회사에 나가지 못하고 있는데 이부영, 이창홍이 우리를 위로하겠다며 집으로 초대했다고 해서 함께 갔다. 정정봉도 와 있어 그날 네 사람이 처음으로 함께 만났다.

이창홍은 그 자리에서 "곧 학생 운동이 전국적 시위를 일으킬 것이며, 나는 이제 막 시작된 청년 운동과 재야 운동을 연결시키기 위해 노력하고 있다"고 말했다. 그것이 한 달 뒤 터진 '민청학련 사건'이었음을 나중에야 알았다. 그는 어떤 상황이 벌어질지 모르니까 서로 식구끼리도 알고 지내자고 제안했다. 그리하여 우리집, 정정봉의 집, 이부영의 집을 돌며 만남을 이어갔다. 그러던 어느 날 이부영이 "이창홍이 '긴급조치 4호'로 수배 중인데 용돈도 필요하고 상황도 알고 싶다니 야유회 겸 만나자"고 해서 공릉천에서 함께 놀며 용돈도 좀 챙겨주었다. 그러기를 또 한 차례, 이창홍이 '아예 친목회를 만들자'고 제안했고, 우리는 그의 민주화 운동에 동참한다는 뜻에서 동의했다.

그런데 1974년 9월 중순께 정정봉의 집에서 모였을 때 이창홍이 '청우회의 강령과 규약'이라는 문건을 들고 왔다. 거기에는 "모택동식 인민민주주의 국가 건설을 목표로 한다"는 대목이 들어 있었다. 대충 훑어본 우리는 대경실색했다. 그래서 내가 정색하고 말했다. "이 선배가 친목회나 하자 해서 내키지도 않지만 동의했는데, 언제 우리가 사회주의에 합의했는가? 선배는 지금 수배 중이라면서 이런 문건을 들고 다니면 어떻게 되는가? 친목모임도 취소하자." 다른 두 친구도 동의했고, 내 부탁으로 정정봉이 그날 밤 문제의 문건을 불태워버렸다.

그런데 그렇게 없애버린 '강령과 규약'을 중앙정보부에서 더 자세하게 제시하고 있으니 어찌된 일일까? 심지어 중앙정보부는 이창홍이 정신분열증에 걸렸다며 '청우회 사건'에 공소조차 하지 않은 상황이었다.

중앙정보부는 나를 '모택동식 공산주의자'로 몰기 위해 우리집을 수색해 《모택동 사상》, 《사회사상사》, 《민주사회주의론》 등 책을 압류해갔다. 나는 《모택동 사상》과 《사회사상사》는 읽었지만, 《민주사회주의론》은 미처 읽지도 못한 상태였다. 책들을 보고 내가 모택동주의자가 됐다면, 나는 정치사상사를 읽을 때마다 영국식, 프랑스식, 미국식 사상주의자로 날마다 변신할 판이었다.

최근 '청우회 사건' 수사 기록을 자세히 살펴보다가, 당시 동아투위 위원 수십 명이 참고인으로 불려가 조사를 당한 사실을 새삼 알게 됐다. '모진 놈 옆에 있다가 징 맞는다'고, 시달렸을 동료 위원에게 송구스럽기 짝이 없다.

어쨌든 '모택동주의자'란 낙인이 찍힌 채 나는 서울구치소(옛 서대문형무소)로 넘어갔다. 검찰은 8월 초 우리를 불렀다. 8월 4일 나는 변갑규 검사에게 사흘째 불려가서, 중앙정보부에서 시키는 대로 베껴 썼던 조서 내용을 전면 부인했다. 8월 6일 아침에도 같은 말을 되풀이했더니 검사는 알았다고 했는데, 오후 2시께 남산에서 나를 수사했던 2명이 구치소로 찾아왔다. 그들은 "왜 우리 조사 내용을 부인하느냐?"고 물었다. "사실이 아니었으니까요." "그러면 왜 그렇게 진술했느냐?" "당신들이 강제하지 않았습니까?" "그래, 그러면 우리 회사에 한 번 더 다녀가자." 사건이 검찰로 넘어갔다고 해서 중앙정보부의 손아귀를 벗어난 것이 아니었던 것이다. 나는 답했다. "그곳은 두 번 다시 가고 싶지 않소. 알았으니 돌아가시오." 그 이튿날 변 검사는 다시 불러 아무 일도 없었다는 듯 "아직도 생각에 변함이 없느냐"고 물었다. 나는 "어제 구치소로 수사관 두 명이 찾아왔다. 중앙정

필자는 1975년 청우회 사건으로 국가보안법 혐의를 뒤집어쓰고 첫 옥살이를 했다. 사진은 1976년 7월 초 출소해 환영객들과 기뻐하는 모습이다. 이 사건은 2014년 10월에야 '불법 구금된 상태에서 한 진술'이 인정되어 무죄를 선고받았다.

보부 조사는 사실"이라고 말했다.

검찰 조사는 그렇게 일사천리로 끝났다. 영등포구치소에 분리, 수감되어 있던 이부영과 정정봉에게도 같은 수법으로 조사가 진행된 사실을 재판 과정에서 알게 됐다. 그해 가을 1심 재판(재판장 심훈종 부장판사)은 우리 모두 공포 분위기에서 벗어나지 못한 상태에서 참으로 싱겁게 끝났다. 중앙정보부 수사관 6명은 하루도 빠지지 않고 법정에 출석해 우리를 심리적으로 압박했다. 1심에서 이부영은 징역 8년, 정정봉과 나는 징역 2년 6월 형을 받았다.

하지만 이 와중에도 동아투위 동지들과 재야인사들, 고향 친구들이 꾸준히 재판을 지켜보는 것을 보고 나는 차츰 생기를 회복할 수 있었다. 이우정·김한림 선생 등 기독교계 인사들, 이대우, 소설가 이태원, 박광현 등 경북고 동창들과 임병춘 선배 등 고향 사람들이 면회를 올 때면 반갑기 그지없었다.

이범열 변호사가 내 변호를 맡아줬는데, 경북고 동창이자 훗날 검찰총장을 지낸 이명재 검사가 "내 친구 성유보는 결코 공산주의자가 아닙니다"라며 부탁해준 덕분이었다는 사실을 훗날 아내를 통해 알게 됐다. 권민웅도 "알아봤더니 큰 사건이 아니다"라며 안심시켜 줬다고 했다. 권민웅은 나와 초등학교부터 동창으로 서울대 문리대 외교학과를 나와 중앙정보부 6국 사무관으로 근무하고 있었다. 원래 중앙정보부에서는 다른 부서의 일에 관심을 가져서는 안 되지만 그는 어릴 적 '불알친구'인 내가 공산주의자일 리가 없다고 믿고 담당 과장에게 터놓고 물어봤다고 했다.

김병연 재판장 주재로 1976년 3월부터 시작된 2심 재판은 분위기가 사뭇 달랐다. 협박과 고문의 공포에서 벗어난 우리는 사건의 윤곽을 새로 파악하기 시작했다. 검찰 공소장대로라면 우리는 여러 차례 만나면서도 '청우회'란 조직을 만들 생각을 하지 않다가, 하필이면 이창홍이 '민청학련 사건'으로 수배 중일 때, 더구나 사건 관련자들이 이미 사형이나 무기징역 등을 받은 극히 엄혹한 순간에, 그것도 모택동식 공산주의 혁명을 도모하기 위해 청우회를 조직한 셈이었다. 미친짓을 했다는 이야기이다.

하지만 재판 내내 내 마음을 가장 짓누른 것은 빨갱이라는 누명 탓에 동아투위가 위축되지나 않을까 하는 걱정이었다. 하지만 동아투위는 누가 뭐라든 이부영과 나를 굳게 믿고 있었다. "저희들은 이 땅에 자유와 정의가 구현되기를 바라고 약한 자의 슬픔이 없기를 기원하면서 가난과 고난을 감수하듯이, 그들 두 사람도 조국의 참다운 번영과 평화를 바라는 민주 시민임을 믿습니다." 1976년 4월 권영자 위원장 등 72명이 서명한 탄원서를 2심 재판부에 냈다는 소식을 변호사로부터 전해 들었을 때에는 눈물이 핑 돌 정도로 기뻤다.

그런데 이창홍은 2심 재판의 증인으로 출석해 모든 질문에 대해 "기억이 없다"는 말만 되풀이했다. 그는 심지어 나를 몰라봤다. 그런 기억상실증 환자가 어떻게 중앙정보부에서 청우회에 대해서만큼은 소상히 진술을 했다는 말인가. 2심 재판 당시 "남편이 잠자리가 날아다니는 것을 보고 '나를 잡으러 헬리콥터가 날아오네'라며 기겁했다"는 그 부인(이효숙)의 증언은 이창홍이 고문에 의해 정신분열증에 걸린 것 같다는 내 심증을 굳게 했다. '모택동식 사회주의'라는 우리의 죄목도 그가 아니라 제3자의 머리에서 나온 것이 분명했다. 결국 이부영은 2년 6월, 정정봉은 1년 6월 실형을 받았고, 나는 1년 형을 받아 1976년 7월 서울구치소를 나왔다.

감옥서 만난 아름다운 우정

'청우회 사건' 1심 재판이 막바지로 치닫던 1975년 11월 말, 웬 '빨간 딱지' 한 명이 서울구치소 9사(舍) 상(上)으로 들어왔다. '빨간 딱지'란 나처럼 국가보안법이나 반공법 위반 혐의로 들어온 정치범을 일컫는 말이다. 이들의 죄수 번호에도 빨간 표시를, 감방문에도 가로 8센티미터, 세로 5센티미터 크기의 네모난 빨간 딱지를 붙여 놓는다. 이 사람은 빨갱이니까 가까이하지 말라는 경고의 표시이다.

나는 9사 하 끝방인 17방에 혼자 수감되어 있었고 그도 9사 상 독방에 배치됐다. 그 이튿날 구치소 마당에 나가 20~30분 바람을 쐬게 해주는 운동시간에 그를 처음 만났다. 피차 빨간 딱지끼리라 자연스레 이야기가 시작됐다. 그는 재일동포 유학생 장영식으로, 1974년 3월 서울대 대학원에 유학 왔다가 한 달 전쯤 중앙정보부에 끌려가 자신도 잘 모르는 유학생 21명과 함께 '재일동포 유학생 학원침투 간첩단 사건'에 엮여 들어왔다며 황당한 사연을 들려줬다.

장영식의 아버지는 도쿄에서 악보 전문 출판사를 운영하는 사장이자 재일대한민국민단(이하 민단) 간부였다. 한국 정부 쪽인 민단 간부의 자녀가 공산주의자로 둔갑한 이유는 오로지 《자본론》을 '읽은 죄'였다. 중앙정보부에 끌려와 고문을 당한 끝에 "마르크스의 《자본론》을 읽고 공산주의자가 되고"라는 자술서를 썼던 것이다. 게이오대학 법학과 시절 경제학 필수과목으로 《자본론》을 공부했기에 '읽어봤다'고 답했을 뿐인데 왜 그것이 한국에서는 엄청난 죄가 되는지, 그는 이해하지 못하고 있었다.

그냥 일본에 살지 왜 한국에 왔느냐고 물으니 아버지 뜻이라고 했다. "우리 집이야 먹고사는 데에는 큰 어려움이 없지만, 네가 일본에서 좋은 직장을 가지기는 어렵다. '조센진'이라며 차별당하기보다 이제 국교도 텄으니 너는 조국에 가서 어깨 펴고 한번 살아봐라"고 하셨단다.

1976년 3월 1심에서 끝내 '2년 6월'의 실형을 받은 그는 어깨가 축 처져 돌아왔다. 곧 풀려날 줄 알고 있었던 것이다. "이 나라에서는 간첩 사건에서 무죄로 풀려나간 적이 거의 없다"는 내 말에, 그는 중앙정보부에서 아버지에게 오제도라는 변호사를 추천하면서, 그의 말만 잘 들으면 좋은 결과가 나올 것이라 했다고 털어놓았다. 그는 재판에서 오 변호사가 시키는 대로 "무조건 잘못했으니 용서해달라"고 빌었고, 오 변호사가 "이렇게 뉘우치니 선처 바랍니다"라고 변론을 했기에, 그리될 줄 믿었다고 했다.

나쁜 사람들 같으니라구! 아무것도 모르는 재일동포 젊은이에게 천하의 반공 검사 출신 변호사를 알선해주다니. 나는 치솟는 분노를 참으며 오 변호사가 뭐라 말하든, 최후진술에서 애초 유학 온 동기를 사실 그대로만 말하라고 조언했다. 다행히도 장영식은 그해 5월 2심 재판에서 풀려났다. 구치소를 나가면서 "두 번 다시 한국 땅을 밟지 않겠습니다"라고 했던 그의 말이 아직 내 귀에 생생히 남아 있다.

이야기가 좀 건너뛰지만, 1979년 초 나는 '긴급조치 9호' 위반으로 서울구치소에 또다시 들어갔는데, 장영식과 같은 간첩 사건으로 들어온 재일동포 유학생 이철이 복역하고 있었다. 1970년대 초 고려대 대학원에 유학 왔던 그는 1·2·3심에서 모두 사형 선고를 받아 감방에서도 수갑을 차고 있었다. 그런데 그해 2월쯤 20년형으로 감형됐다. 그때 기뻐하던 그의 모습이라니! 그는 4·5·6동의 모든 정치범에게 사식(돈을 주고 사 먹는 밥)을 돌렸고, 우리 모두의 축복을 받았다.

사형수는 형 집행을 당하기 전에는 영원히 미결수로 남아 있다고들 말한다. 언제 죽음이 닥칠지 모르는 사람과 형이 끝나면 감옥 밖으로 나갈 수 있는 사람의 차이가 이처럼 크다니. 그때 나는 사형제도가 없어져야 한다고 생각했다.

이철은 1988년 10월 개천철 특사로 풀려나 13년을 기다려준 부인 민향숙과 지각결혼식을 올렸다. 숙대 재학 시절 이철을 만나 1976년 봄 결혼식에 앞서 혼인신고까지 했던 민향숙은 '남편을 간첩으로 신고하지 않았다'는 이유로 구속됐다. 3년 6개월간 징역을 살고 풀려난 뒤 그는 어머니와 함께 민가협에 가입해 끈질기게 옥바라지와 구명 운동을 한 끝에 이철의 가석방을 이루어냈다.

앞서 1971년 '재일동포 간첩단 사건'으로 구속되어 보안사의 고문을 견디다 못해 분신자살을 시도했던 서승, 서준식 형제의 기막힌 사연은 이미 널리 알려져 있다. 구한말 이래 유랑을 떠나야 했던 무수한 동포들이 아직도 돌아오지 못하고 있다. 하지만 최근 재북화교 출신 유우성 간첩 조작 사건에서 보듯, 그들을 따뜻이 안아주기는커녕 '빨간 색안경'으로 맞는 유신 독재의 망령은 지금도 반복되고 있다.

1975년 6월 '청우회 사건'으로 내가 수감됐던 서울구치소는 그 시절 양심수들 사이에서 '서대문 국립대학'으로 불렸다. 나는 1979년에도 1년쯤 신세를 졌는데, 그때 만난 '민주 교도관'은 지금도 잊지 못한다. 처음 내가 '서대문 9사 하'에 들어갔을 때 담당은 전병용 교도관이었다. 1967년 처음 배속된 서대문구치소에서 양심수 김정남을 만난 영향으로 '민주 교도관'이 된 특이한 이력의 소유자였다. 내가 갇히게 되자, 서울대 문리대 동창인 김정남이 "어벙한 내 친구 성유보를 잘 돌봐주라"고 부탁한 모양이었다. 그만이 아니라 동료 민주 교도관들도 틈나는 대로 나를 찾아와 이야기를 나누고는 했다. 특히 야간 근무 때에는 시국 토론으로 밤을 지새우기도 했다. 당시 전국 곳곳의 교도소마다 민주 교도관이 있어서 음으로 양으로 그 신세를 지지 않은 이들이 없었다.

감옥이란 사회 모순의 축소판이고, 인권의 사각지대이다. 요즈음이야 감옥에서 신문, 잡지도 마음대로 볼 수 있고 내키면 집필까지 할 수도 있지만, 1970년대만 해도 책조차 '반입 불허'가 다반사였고 바깥세상 소식은 풍문에 의지할 수밖에 없었다. 그래서 교도관들이 전해주는 시국 소식은 특히 나처럼 독방에 갇힌 정치범들에게 '복음'과 다름없었다.

서울대 문리대 1년 선배 최동전 역시 민주 교도관의 도움을 많이 받았다고 기억한다. 그는 1968년 서울대 독서회 사건으로 서울상대 이종태, 서울사대 김각, 김기수와 1973년에는 일명 '삐라'를 뿌린 혐의로 이재오, 정수일과 1978년에는 '긴급조치 9호'로 모두 세 차례나 옥살이를 했다. 1978년 고문으로 고막이 터지고 중이염이 생겼을 때 전병용, 한재동 교도관이 아니었으면 귀머거리가 됐을 것이다. 꽃보다 더 아름다운 우정으로 간직하고 있다.

'청우회 사건' 1심 공판에서 공포 분위기에 형편없이 당한 나는, 2심에서는 "무슨무슨 주의자가 아니라 그냥 그대로 시민민주주의자로서 언론 자유의 한길을 걸어왔다"는 소신을 당당하게 밝히겠다고 다짐했다. 다행히 이범열·홍성우·황인철 변호사의 훌륭한 변론으로 사건에 대한 사실 규명이 상당히 이루어졌다. 나는 최후진술에서 평소 좋아하던 시인 이육사의 '광야'를 인용하고 싶었는데 정작 그 시를 다 외우지 못했다. 1976년 5월 중순께 전병용이 "심심할 텐데 이 책이나 한번 보시오" 하면서 〈창작과 비평〉(1976년 여름 통권 40호)을 전해주었다. 그런데 마침 그 잡지에 김홍규가 쓴 '육사의 시와 세계 인식'이란 평론이 실려 있었다. 덕분에 나는 '광야'를 달달 외워 마음먹은 대로 최후진술을 해낼 수 있었다.

"중앙정보부와 검찰은 내가 마치 폭력적 공산 혁명을 일으키기 위해서 동아일보사에서 언론 자유 운동을 한 것처럼 왜곡하고 있습니다. 그러나 나는 이육사가 그의 시에서 읊은 것처럼 '지금 눈 나리고 매화향기 홀로 아득하니 내 여기 민주주의와 언론 자유라는 가난한 노래의 씨를 뿌리노라. 다시 천고의 뒤에 백마 타고 오는 초인이 있어 이 광야에서 목 놓아 부르게 하리라'라는 심정으로, 지금까지 오직 언론 자유의 한길로 달려왔습니다."

'이심전심'이었을까, '신의 조화'였을까? 전병용은 그때밖에는 책을 가져다준 적이 없었으니 기이한 우연이었다.

또 하나는, 1979년 봄 나를 포함해 동아투위 위원 10명이 '긴급조치 9호' 위반으로 서대문에 갇혔을 때의 이야기이다. 정연주 위원과 나는 '4사 상'에서 각각 독방 생활을 하고 있었다. 그때 우리 담당인 나장균 교도관은 바둑을 좋아했지만 재소자와 바둑을 둘 수는 없는 일이라, 기회만 생기면 우리 둘이 바둑을 두게 하고는 사방을 오가면서 훈수를 했다.

당시 공안기관에서는 정치범들을 제대로 감시하지 못한다고 교도관들을 윽박지르고 구타하는 등 횡포가 심했다. 그럴수록 교도관들은 정치범들에게 호의를 베풀었고, 유신 독재에 대한 반감도 커져갈 수밖에 없었던 것이다.

거리의 기자들

1976년 7월 초 서울구치소에서 출소한 뒤 나는 여러 민주 인사들에게 감사 인사를 다니면서 지난 1년 동안 동아투위와 위원들에게 일어난 일을 알 수 있었다. 권영자 위원장을 비롯해 장윤환, 김인한, 안성열, 홍종민, 박지동, 박종만, 문영희, 오정환, 이종덕 위원, 동아방송의 이규만, 김태진 위원 등도 많은 이야기를 들려주었다. 그동안 발간된 〈동아투위 소식지〉도 훑어보았다. 듣고 보니 50대 선배들부터 주축인 30~40대 위원들까지 너나 할 것 없이 어떻게 가족들을 굶어죽지 않게 할 것인지 생계 고민이 심각한 실정이었다.

사실 내가 구속되기 직전인 1975년 6월 17~18일 동아투위는 심각한 활동자금난을 덜고자 서울 명동 YWCA 마당을 빌려 바자회를 열었다. 윤보선, 천관우, 김옥길, 법정 스님, 김대중, 고은 등이 기증해준 글씨와 동아투위 위원 각자가 아끼던 물건들을 내놓았다. 나는 1973년 1월 결혼식 때 권도홍 선배가 선물해준 최영림 화백의 작은 그림을 출품했다. 바자회는 2,000여 명이 몰려 대성황을 이뤘다.

하지만 위원들과 그 가족들의 생계는 점점 더 막막해져갔다. 1975년 7월 16일자 〈동아투위 소식지〉에는 생계 문제에 대한 절박한 고민이 담겨

1975년 6월 동아투위 운영기금 마련을 위해 서울 명동 YWCA 마당에서 열린 바자회 모습.

있었다. "우리들은 굽히지 않을 것이다. 우리들의 일은 바로 우리들이 살아가는 일이며, 우리들이 굽힌다는 것은 우리들이 사는 일 그 자체를 포기하는 것이나 마찬가지이다. 우리들이 스스로 사는 일을 포기하지 않는 한 우리들의 행렬은 계속될 것이다……."

박정희 유신 독재는 위원들의 처절한 생존 투쟁마저 내버려두지 않았다. 바자회의 성공에 고무된 동아투위는 신용조합 형태로 '132 가게'라는 잡화류 백화점을 열기로 하고 신문로 옛 경기여고 뒤편 허름한 건물 2층을 빌렸다. 8월 1일 개장한다는 인사장도 돌렸다. '132'는 당시 동아투위 동지들 수였다. 그런데 7월 20일까지 중도금을 달라고 독촉하던 건물 주인이 23일 돌연 "경찰이 오라 가라 해서 못살겠다"며 해약을 요구했다. 급기야 7월 말 그는 아예 문을 걸어 잠그고 잠적해버렸다.

또 6월 하순께 장윤환, 이인철, 우승용, 이종대, 박순철 위원 등이 범우사 윤형두 사장의 도움으로 에리히 프롬의 《건전한 사회》를 번역해 8월 말 책이 나왔으나 문공부는 50일이 지나서야 등록필증을 내주었다.

독재를 반대하고 독재자 집단을 비판한다고 비판자들을 감옥에 집어넣고 그 가족들을 사실상 굶어죽게 만드는 독재 사회란 얼마나 야비한 것인가. 곤경에 처한 동아투위에 동아일보사도 독재 정권 못지않은 야비함을 보여주었다.

동아일보사는 1975년 7월 초 일부 무기정직 위원들에게 '회사 복귀 요건'을 제시했는데, 그 조건이란 '노조 결성 때 인사조치 당한 전력이 없을 것, 동아투위에서 간부직을 맡지 않았을 것, 공무국에서 단식 농성을 하지 않았을 것, 회사 앞 도열시위에 열심히 참여하지 않았을 것, 복귀 후 어떤 집단 행동도 하지 않겠다는 각서를 쓸 것, 소송 중인 부당인사조치 무효확인 소송을 철회하고 그 사본을 제출할 것' 등이었다. 더구나 회사는 이러한 굴욕적인 조건조차 수용하고 복귀 신청을 낸 30여 명의 위원들에게 '부장회의에서 투표', '각 부에서 찬반투표'라는 해괴한 짓을 벌여 고작 4명만 받아들였다. 이런 동아일보사에 무슨 '언론 자유 정신'을 기대하겠는가. 결국 동아투위는 결성 6개월 만인 1975년 9월 17일 집회에서 "매일 회사 앞 집회와 시위는 접는다"고 발표했다.

그날 이후 위원들은 생활 전선에 본격적으로 뛰어들었다. 하지만 공안당국의 방해로 직장에서는 번번이 퇴짜를 맞았고, 자영업을 하려던 위원들도 공안 당국의 온갖 방해를 받았다. 그래서 가장 많이 취업한 곳이 학습지 임시 교열원이었다. 그나마 돈을 버는 위원들은 쥐꼬리 수입에도 동아투위에 '십일조'를 내기는 했지만, 1976년 들어 동아투위 사무실은 권영자 위원장, 박종만 총무, 안성열 위원 등 몇몇만 지키는 외로운 섬이 됐다.

1976년 봄에는 '명동성당 3·1 민주구국선언 사건'으로 문익환 목사, 김대중, 함세웅 신부 등 11명이 구속되고 함석헌 선생 등 6명이 불구속 기소되면서 재야, 종교계, 학생 운동조차 가라앉아 있었다. 하지만 동아투위는 언론 자유 운동을 결코 포기할 수가 없었다. 상설 집회 시위를 중단한 지 한 달쯤 지난 1975년 10월 동아투위 70여 명은 동아일보사 앞에 모여 '10·24 자유언론실천선언 1돌 기념식'을 열었다. 동아투위는 국민들의 언론 자유에 대한 염원이 계속되는 한 그 깃발을 스스로 내릴 수 없었다.

동아투위 위원 일부는 1976년 4월 '종각번역실'을 차렸다. 이인철 위원의 동생이 종각 맞은편(현재 영풍문고 자리)에 치과를 운영하고 있었다. 그

사무실의 일부를 할애해줘 이인철 위원은 스스로 실장을 맡고 여러 위원을 전업 번역가로 '등단'시켰다. 번역실에는 장윤환, 이계익, 우승룡, 박지동, 황의방, 박순철, 이종대, 김종철, 송재원, 정영일, 윤성옥, 국흥주, 정연주, 조영호 위원 등이 출근했다.

종각번역실은 1980년 전두환 정권의 등장과 함께 폐쇄되는 바람에 아주 짧은 기간 활동했지만, 한국 출판계에 상당한 기여를 했다. 이들이 번역한 책 면면을 보면 알 수 있다. 신학자 디트리히 본회퍼의 《죽음 앞에서》를 비롯해 《말콤 엑스》, 《소유냐 존재냐》, 《뿌리》, 《20세기 10명의 구도자들》, 《라라의 회상》, 《마찌니 평전》, 《종교와 자본주의의 발흥》 등 당시 출판계를 뒤흔든 번역서들을 내놓았다.

해직 뒤 기왕에 관여했던 문학과지성사 대표를 맡은 김병익 위원을 논외로 하면, 부인(서재숙)과 함께 정우사를 차린 김재관 위원(〈동아일보〉 과학부장 역임)이 가장 먼저 출판업으로 진입했다. 권근술 위원과 조선투위 최병진 위원은 청람출판사를 시작했다. 이후 조학래 위원이 과학과인간사를, 장윤환, 임채정, 이종욱(신동아부 소속) 위원이 예조각을, 김진홍 위원이 전예원을, 김언호 위원이 한길사를 만들었고, 1980년대에 들어서도 정동익 위원이 아침출판사를, 김태진 위원이 부인(김경희)과 함께 다섯수레를 만들어 한국 출판계의 제3세대를 형성했다.

내가 보기에 정치, 경제, 인문, 사회사상적으로 민주화 의식을 고양할 목적으로 책을 펴낸 '민주화 출판 제1세대'는 장준하 선생의 〈사상계〉와 함석헌 선생의 〈씨알의 소리〉라 할 수 있고, 제2세대는 창작과비평사, 문학과지성사 등을 꼽을 수 있다. 일월서각, 동광출판사와 더불어 조선투위 정태기 위원이 시작해 신홍범 위원이 승계한 두레도 제3세대로 합류했고, 제4세대는 1980년대 학생 운동권에서 폭발시킨 사회과학 출판사들이다. 제3세대 출판사들이 전두환 정권의 등장 이래 단절기를 겪지 않았다면 지금도 출판계의 한 축을 차지하고 있을 텐데, 대부분이 없어지거나 위축되어 안타깝다.

1976년 7월 내가 감옥에서 나오자 〈월간바둑〉에서 영업을 담당하고 있던 심재택 선배가 편집장으로 추천을 해줬다. 당시 전문 바둑기사들은 매우 곤궁했던 터라 직원들의 월급도 아주 짠 편이었다. 그래도 직장에 나가는 게 어딘가. 나는 1976년 10월부터 출근했다. 그때 편집부 차장이 유건재 5단(현재 8단, 스카이 바둑TV 사장)이고, 소설가 김성동도 함께 근무했다. 그런데 석달째인 그해 연말, 당시 한국기원 정동식 사무총장이 나를 부르더니 아주 난처한 표정을 보였다. '국가보안법 위반자'가 인쇄매체에서 일을 하면 안 된다는 이야기를 들었단다. 바둑잡지에다 시국선언이라도 실을까 두려웠을까, 나는 군말 없이 사표를 냈다.

그런데 1977년 말 뜻밖에도 〈주간시민〉의 편집 촉탁이 됐다. 박종만 위원이 인권운동협의회 간사로 옮겨간 자리였는데, 촉탁으로 일주일에 두 번 나가 편집만 담당했다. 이 잡지는 박정희 대통령의 조카사위 장덕진이 서울시장 시절 창간한 시정 홍보지였다. 그가 시장을 그만두자 서울시는 지원금을 끊어버리고 매주 5,000부 정도의 신문만 사주었다. 그러다 보르네오통상의 위상욱에게, 다시 중앙대로 넘어갔다. 그런데 중앙대에서 파견한 이달순 사장은 동아투위 이계익 위원을 편집부장으로 초빙하고, 이종덕, 이기중, 김언호, 이종욱(신동아부 소속), 이영록, 김성균 위원들로 편집 간부진을 구성했다. 개편 요청에 부담을 느낀 이계익 위원이 1976년 5월 사임하자, 이종욱 위원(〈동아일보〉 편집국 소속)이 편집부장을 맡아 잡지의 환골탈태를 이끌었다. 그는 박종만·이태호·유영숙 위원도 모으고 학생 운동권 출신 오성숙(김세균 교수 부인), 이혜경(유인태 의원 부인), 김선숙, 이상우, 오세구 등도 채용했다.

〈주간시민〉은 '시민 시단'이라는 고정란을 만들어 매주 고은, 신경림, 정희성, 박몽구 등 참여주의 작가들의 시를 싣고, '이달의 문제작'에는 저항주의 작가들의 단편소설도 실었다. 예비군 훈련을 주제로 한 송기원의 단편 '집단'을 실었다가 국군 보안사의 수사를 받기도 했다. 그러자 서울시는 아예 잡지 구매를 끊어버렸다. 하지만 시사 정보에 굶주린 서울 시민들 사이에 잡지의 인기가 높아져 발행부수가 3만 5,000~4만 부에 이른 덕분에 독자 운영이 가능했다.

그러자 문공부가 나섰다. 문공부 보도국장 황선필이 "그러다 다친다"라는 경고 메시지를 수시로 날렸다. 다만 그는 한때나마 〈동아일보〉 편집국에서 한솥밥을 먹어서인지 형사사건을 일으키지는 않았다. 결국 공안 당국이 나섰다. 이미 동아투위 해직자들에게 '압력'이나 '협박'이 통하지 않는다는 사실을 터득한 당국은 중앙대 쪽을 윽박질러, 끝내 1978년 초 〈주간시민〉의 무기한 정간을 자진 선언하고 말았다.

하지만 우리는 국민들이 궁금해하는 뉴스가 무엇인지, 국민들이 독재자의 횡포를 막아줄 힘과 의지를 가질 때 비로소 언론 자유가 꽃필 수 있다는 사실을 새삼 깨닫게 됐다. 짧았던 '〈주간시민〉 시대'를 통해 우리는 새 언론을 위한 소중한 실험을 한 셈이다.

'자유의 혼' 불댕긴 두 위원의 죽음

1977년은 동아투위가 기로에 선 시기였다. 무엇보다 슬픈 일은 조민기·이의직 위원의 죽음이었다. 두 위원은 생활고 탓에 신병을 제대로 치료받지 못해 속절없이 죽어갔다.

조민기 위원은 동아일보사에서 쫓겨난 지 5개월 뒤 부인(홍정선)과 함께 외동딸 아라의 이름을 따 '아라네 옷가게'를 열었다. 새벽 4시 동대문시장에서 도매로 옷을 떼어와 밤늦게까지 가게를 여는 무리를 하다가 1년 만에 신장병을 얻은 그는 1977년 1월 19일 서른다섯 젊은 나이에 세상을 떠났다. 장례식은 서울대병원에서 한빛교회 이해동 목사의 집전으로 치렀다. 많은 사회 원로들이 애도해주었다.

'화불단행'이라고, 1977년 10월 이의직 위원(전 출판국 출판부장 직무대행)이 부인(이월선)과 삼남매(주헌, 동헌, 윤경)를 남겨둔 채 마흔일곱에 눈을 감았다. 그는 1년 전 위암 진단을 받았으나 "가족이나 동아투위 동지들에게 누를 끼칠 수 없다"며 일체의 투약을 거부했다. 위원들은 저마다 생활고에 허덕여 두 동지에게 아무런 도움도 주지 못하는 현실을 더 안타까워했다. 이종욱 위원(《신동아》 출신)이 쓴 조시로 애도를 대신했을 뿐이다.

당신은 우리와 함께 이 땅의 어둠을 밝히다가
두 번째로 꺼진 불꽃입니다.
이제 하늘에는 별이 또 하나 늘었습니다.
어둠이 깊을수록 빛나는 별이

죽음마저 절망이 아니라 희망이라 말하는 별이
우리가 힘차게 일제히 울리는 종소리와 함께
마침내 이겨 이 땅의 참된 주인이 되는 날까지……

두 위원의 죽음은 동아투위에 '자유의 혼'을 다시 일깨워주는 계기가 됐다. 언론 자유를 위해 목숨 바친 두 동지의 뜻을 우리는 저버릴 수 없었다. 하지만 세상은 점점 더 거꾸로 돌아갔다. 경찰은 3·1절과 4·19 혁명일, 8·15 광복절 등 계기 때마다 재야인사들을 가택연금했다. 동아투위 위원들에게도 사찰과 감시가 이어졌다. 재야 행사에 참여할 것을 우려한 관할 경찰서, 서울시경, 중앙정보부는 1977년 1월 중순께부터 위원들의 거주지와 현황을 일제히 사찰했고, 다수의 위원들을 공휴일마다 연금했다. 국가기념일에 민주 인사들을 오히려 더 탄압하다니, 박정희 유신 독재가 정서적 '멘붕' 상태에 빠져버렸음에 틀림없었다. 그해 3·1절 기념식을 하지 못한 재야인사들은 3월 22일 '민주구국헌장'을 발표했고, 우리 위원 54명도 동참 서명을 했다. 그러자 중앙정보부는 서명자 모두를 연행해버렸다.

동아투위 해직자들이 동아일보사에 복직하는 것은 점점 요원해지고 있었다. 위원장이나 총무가 감옥에 가는 것도 시간문제로 보였다. 아무리 남녀평등론자들이라 해도 중학생을 둔 학부모인 권영자 위원장을 감옥에 보낼 수는 없다는 공감대가 위원들 사이에 형성됐다. 그해 5월 17일 정례모임에서 두 가지 결정을 내렸다.

하나는 권영자 초대 위원장에 이어 안종필 위원(〈동아일보〉 편집부 차장 역임)이 2대 위원장을 맡는다는 것이었고, 다른 하나는 앞으로 반독재 민주화 투쟁에 동참하고 연대한다는 결정이었다. 이때 박종만 위원도 총무의 짐을 홍종민 위원에게 넘겼다. 우리의 예측대로, 안종필 위원장과 홍종민 총무는 그 뒤 옥살이를 해야 했고, 그때의 고초로 인해 두 위원 모두 훗날 병사를 하고 말았다.

정례모임은 동아일보사 앞 상설 집회를 중단한 1976년 9월 이후 매월 17일 점심에 모였는데, 오늘날에도 계속되고 있다. 동아투위는 언론 자유 수호 운동의 초점을 민주화 투쟁에 맞추면서 주장도 달라졌다. 10·24 자유언론실천선언 3돌 기념으로 발표한 '자유언론실천 77선언'은 이렇게 말하고 있다.

"불행하게도 이 땅에는 무수한 '소리'들이 '소수'라는 낙인이 찍힌 채 배척되고 있다. 성명서 한 장을 냈다고 해서, 시 한 줄을 썼다고 해서, 인권기도를 했다고 해서, 양심의 명령에 의해 시위 한 번 했다고 해서 뻔질나게 수사기관을 들락거려야 하고, 또는 감옥으로 끌려가야 한다. 학생도, 종교인도, 지식인도, 학자도, 정치인도, 근로자도 소리 없이 사라지고 있다. 오직 특정의 목소리만 거리와 안방을 메우고 있을 뿐이다."

동아투위와 조선투위는 그해 12월 30일 공동송년회 겸 이부영 위원과 나의 '출감 송년회'를 열었다. 이 자리에서 '민주민족언론선언'도 공동발표했다. "민중에게 자유를, 민족에게 통일을. 이것은 누구도 어쩔 수 없는 우리 시대의 요청이며, 아무도 거역할 수 없는 역사적 방향이다. 우리 자유언론수호투쟁위원회는 이런 인식에 입각하여 자유 언론은 바로 민주 언론, 민족 언론임을 선언한다. 민주 언론은 민중의 아픔을 같이하는 민중을 위한, 민중에 의한, 민중의 것이어야 한다. 따라서 우리는 한 줌도 안 되는 지배자의 언론이기를 거부한다. 체제나 정권은 유한하다. 그러나 민중과 민족은 영원하다."

이때부터 동아투위의 신념은 가난하고 억눌리고 소외되어 있는 국민 다수의 편에 서는 언론 자유, 민주와 민족을 위한 언론 자유의 정신으로 진화했다. 그 정신이 오늘날 얼마나 실현됐는지 언론인 모두 되돌아볼 일이다.

1977년 5월 2기 안종필 위원장 체제가 들어서면서 동아투위는 종교계, 재야, 지식인 그룹의 민주화 운동과의 연대를 본격적으로 추진하는 한편, 동아투위 자체의 언론 활동도 모색했다.

마침 그해 12월 초 한국기독교교회협의회 주도로 각계 민주화 운동 단체들이 '인권운동협의회'를 결성하기로 했는데, 동아투위도 가입했다. 안성열 위원이 조남기·조승혁 목사, 오태순 신부, 이우정 교수와 함께 5인 준비위원으로, 박종만 위원이 실무 준비팀으로 참여했다. 인권운동협의회는 1978년 1월 24일 25개 단체가 모여 발족했다. 동아투위의 정신적 지주인 송건호 선생이 부회장에, 안성열 위원이 총무에, 박종만 위원이 실행위원에, 문영희, 임채정, 김종철, 정연주 위원과 최장학, 신홍범 조선투위 위원이 중앙위원으로 선임됐다. 인권운동협의회가 1978년 2월 27일 발표한 '우리의 인권현실'과 '한국 국민의 인권헌장'은 안성열, 박종만, 홍종민 위원 그리고 내가 문안을 기초했다.

이어 6월 초 동아투위는 조선투위, 해직교수협의회(1978년 3월 결성), 기독자교수협의회 등과 함께 '대학 교수와 언론인들에게 보내는 글'을 발표했으며, 7월 초에는 반유신 독재 연합 전선인 '민주주의 국민 연합'에 가입했다. 한국인권운동협의회, 정의구현사제단, 자실, 동아투위, 조선투위, 한국교회사회선교협의회, 해직교수협의회, 민주청년인권협의회, 민주회복구속자협의회, 양심범가족협의회, 전국농민인권위원회, 전국노동자인권협의회 등 12개 단체가 참여했다.

10·24 자유언론실천선언 4돌을 맞은 동아투위는 비록 펜과 마이크를 빼앗겼지만 우리가 할 수 있는 최소한의 언론 활동을 계속하기로 했다. 우선 명동 한일관에서 열린 기념식에서 천관우·송건호 선생을 모시고 '진정한 민주·민족 언론의 좌표'라는 성명과, 1977년 10월부터 1년 사이 '보도되지 않은 민주·인권 일지' 125건을 실은 유인물을 배포했다.

'민주·민족 언론의 좌표'를 통해 동아투위는 이렇게 천명했다. "제도 언론이 묵살해버린 사건들은 너무나 많다. …… 그래서 우리는 제도 언론이 묵살한 125건의 사건들을 제목만이라도 국민들에게 알린다."

박정희 유신 독재는 이 기념식과 유인물을 문제 삼아 안종필 위원장, 홍종민 총무, 안성열·박종만 위원을 긴급조치 9호 위반으로 구속했다. 동아투위는 즉각 장윤환 위원장 대리를 선출하고 11월 3일에는 한국인권운동협의회, 조선투위, 해직교수협의회, 기독자교수협의회, 자실, 백범사상연구소 등과 함께 '표현과 언론의 자유에 대한 성명서'를 발표했다.

그러자 경찰은 장윤환 위원장과 김종철 위원마저 구속해버렸다. 두 사람을 구속시킨 직접적인 꼬투리는 11월 1일자 항의 성명 때문이었는데, 성명 내용은 이러했다. "수색하라, 아무리 수색해봐야 우리로부터 찾아낼 수 있는 것은, 있는 사실을 있다고 말한 진실, 당신들 스스로의 눈으로도 보고 듣는 진실밖에 없다. 연행하고 또 연행하라! 존재하는 진실과 정당한 논리는 안타깝게도 수갑으로 얽어맬 수 있는 성질의 것이 아니다."

하지만 이런 성명만으로는 구속이 어렵자 검찰은 10·24 기념식 때 이규만 위원이 성명서를 낭독하는 것을 눈으로 따라 읽음으로써 유신헌법을 비방했다는 '억지 죄'를 적용했다. 바로 '귀에 걸면 귀걸이, 코에 걸면 코걸이' 유신악법이었다.

6명의 위원이 감옥에 갔지만 동아투위는 이병주 위원장 대리를 뽑아 11월 17일 또다시 항의 성명을 발표했다. 경찰은 이번에는 정연주 위원을 구속했다. 동아투위는 다시 윤활식 위원장, 이기중 총무를 선출했고, 1978년 12월 27일 명동성당 문화관에서 각계 인사들과 함께 200여 명이 모여 송년모임을 하고 〈동아투위 소식지〉 송년특집도 제작해 배포했다.

이 송년특집에서 동아투위는 구속된 위원 7명의 공소장 내용과, '매운 계절의 채찍에 갈겨'라는 제목으로 가족들이 전하는 위원들의 감옥살이 현황 및 각오, '자유 언론은 영원한 실천과제'라는 성명서를 실었다. 그동안 대부분 '가리방(등사판)'으로 찍어 배포한 것과는 달리, 이 특집은 오프셋 인쇄물로 2,000부나 찍어 각계에 배포했다. 오프셋 인쇄는 분도수도회의 하인리히 제바스티안 로틀러(한국 이름 임인덕)라는 독일인 신부의 도움으로 경북 왜관의 분도출판사가 맡아주었다.

그런데 이 송년특집 때문에 1979년 1월 초 윤활식 위원장, 이기중 총무와 함께 나는 두 번째 구속됐다. 이로써 1978년 10월부터 1979년 초까지 무려 10명의 위원이 '긴급조치 9호'로 감옥에 갇힌 것이다. 이른바 '민권일지 사건'이다.

우리는 10명의 구속 사태를 '유신 시대 언론 자유가 총체적으로 감옥으로 간 사건'이라 불렀다. 동아투위는 이에 대응해 이부영 위원을 간사로 한

'법정 투쟁 특별대책위'를 구성했고, 전국에서 22명의 변호사가 무료 변론에 나서주었다. 서울의 김재형, 박세경, 홍현욱, 이돈명, 태윤기, 김춘봉, 이범열, 용남진, 정춘용, 이세중, 김교창, 조준희, 박두환, 이돈희, 하경철, 홍성우, 황인철 변호사, 광주의 홍남순 변호사, 부산의 김광일, 이흥록 변호사 등이 그들이었다.

| 3부 |

암흑 속에서 희망을 일구다

— 1장 —

너무나도 짧았던 서울의 봄

'긴급조치 9호'의 시대

1975년 봄은 유신 폭압의 절정기였다. 동아일보사와 조선일보사의 언론인 대량 해직과 '인혁당 사건' 전격 사형 등에 이어 그해 5월 13일 발동된 '긴급조치 9호'는 일시적으로 민주화 운동 전반을 질식시켰다. 특히 학생 운동이 가장 큰 타격을 입었다. 하지만 학생 운동은 2년간의 침체기를 겪은 뒤 복원됐다.

한국전쟁 이후 1950년대를 통해 새로이 성장하기 시작한 사회의 두 중요 집단이 있었다. 하나는 4·19의 주역이라 할 학생이었고, 다른 하나는 5·16 군사 쿠데타의 주역인 군부 엘리트였다. 민주화에 대한 태도에 있어서 이 두 그룹은 정반대에 위치하고 있었다. 군부 엘리트들은 빈곤 탈피의 의제를 들고 정치의 전면에 나섰다. 학생들은 민주화를 대표했다.[1]

해방공간에서 미국은 남한에 두 가지 유산을 남겼다. 하나는 자유, 인권, 민주주의라는 근대 사상을 의식화하고 법제화하고 제도화하는 데 결정적인 영향을 미친 점이고, 다른 하나는 반공 냉전주의를 법제화하고 그를 강제할 공안기구를 창설하는 결정적 구실을 했다는 점이다. 이 과정에서 친일 관료, 친일 경찰, 친일 군인이 대거 기용됐다.

이후 1990년대 초 동유럽 사회주의 체제가 무너질 때까지 미국의 한반도 정책의 핵심은 자본주의 체제의 우월성을 세계에 보여주는 전시장으로, 대한민국의 근대화와 경제 성장을 선전하는 것이었다. 다른 하나는 남한의 자유주의 진영 이탈과 동서냉전 속 중립화를 저지하는 것이었다.

한국의 학생 운동은 이러한 상황 속에서 태어났다. 박정희가 쿠데타로 정권을 잡고 "우리도 한번 잘살아보세"라는 구호를 내걸었을 때 '잘살자는데' 반대할 사람은 아무도 없었다. '박정희표' 근대화는 효율성과 군대식 목표 달성을 지상과제로 삼았다. 학생 세력 역시 근대화는 적극 찬성했으나 박정희표 산업화, 즉 외채의존 자본 조달, 재벌육성 자본 축적, 저임금 장시간 노동의 노동 약탈적 경제개발에는 반대했다.

학생 운동은 '민주화와 함께하는 산업화'를 요구했다. 민족 자본과 중소기업이 병존하고, 노동 세력과 산업자본이 대등한 발언권을 가지며, 노동자, 농민, 자영업자들이 인간 존엄을 유지할 수 있는 그런 근대화를 지향했다. 다시 말해 일제가 식민지 백성을 강제 동원한 만주 개발 식의 산업화가 아니라, 국민 모두가 나라의 주권자로서 동등한 발언권을 가진, 산업화와

긴급조치 7호 발표와 함께 1975년 4월 8일 오후 5시 휴교령이 내려진 고려대학교 정문 앞을 군인들이 총을 들고 봉쇄한 모습이다. 박정희 유신 정권은 긴급조치 7호에 이어 긴급조치 9호를 통해 학생 운동을 집중 탄압했다.

민주화가 두 날개를 펴는 근대화였다고 말할 수 있다.

학생 운동이 이처럼 정치, 국제정치, 경제, 사회, 문화, 예술 등 사회 각 분야의 과거와 현재를 파악하고 시대적 과제들에 대해 올바른 정신을 펼치기 위해서는 학회나 동아리 활동이 필수적이었다. 하지만 박정희 정권은 이러한 학생 운동을 침묵시키고자 했고, 동아리 활동을 끊임없이 방해했다. '긴급조치 9호' 때 집중 탄압을 받은 것도 바로 학생 동아리였다. 1976년 들어 일부는 복원됐지만 유신 말기까지 동아리들은 점점 소수화, 정예화, 지하화할 수밖에 없었다.

서울대 법대에서는 농촌법학회와 경제법학회가 명맥을 유지했고, 서울대 상대에서 한국사회연구회가 사회과학회로, 이론경제학회가 경제철학회로, 후진국경제학회가 경제문제연구회로 이름을 바꾸어 새로 등록했다.

서울대 문리대에서는 역사철학회, 흥사단 아카데미, 사회과학회, 사회철학회, 현대사회연구회 등 신생 이념 동아리들이 등장했다. '긴급조치 9호'로 한맥회와 한국민족사상연구회가 해체당한 고려대에서는 기왕의 도산연구회에다 1975년 청년문제연구회와 민족이념연구회가 생겨났고, 1978년에는 법률행정위원회, 사회과학연구회, 한국농어촌문제연구회 등이 창립됐다. 한국문제연구회가 해산됐던 연세대에서는 기독교계 학교답게 기독학생회가 이념 동아리의 공백을 메웠다.

박석운(서울대 법학과 73학번, 현 한국진보연대 상임대표, 민언련 공동대표)은 1971년 위수령, 1972년 10·2 시위, 1974년 민청학련 사건으로 학생 운동의 조직과 역량이 싹쓸이됐다고 말했다. 그도 민청학련 사건 당시 2학년으로 유인물 심부름을 하다가 구속됐다. 이후 운동은 중장기 투쟁으로 가야 했으며 후배를 길러내는 재생산 구조를 유지하는 것이 절실했다. 시위를 안 할 수는 없으니까 계속하되, 고학년에서 나서고 소수가 모든 책임을 지는 방식이어야 했다. 물론 학생 운동만으로는 민주화 실현에 한계가 있는 만큼 노동자, 농민의 의식화와 조직화를 위해 기층 대중으로 이전해 나가는 준비를 하는 것도 중요했다.[2]

다른 대학들도 비슷한 상황이어서, 이념 동아리들은 활동가 양성을 위한 교육과 훈련의 방법으로 세미나, 수련회, 농촌 봉사 활동 등에 집중했다. 그 결과 유신 말기에 이르러 이른바 '현장 진출'이 일어나기 시작했다.

1975년 이래 '긴급조치 9호 시대'는 정보와 역사기록의 암흑기였다. 당사자인 나 역시 당시에는 잘 알지 못했던, 그 시기 학생 운동을 오늘날 일부나마 재조명할 수 있게 된 것은 언론인이자 저술가인 신동호 덕분이다. 그는 2000년 초 당시 〈경향신문〉 기자로서 '긴급조치 9호' 관련 대학생 300여 명 이상을 인터뷰해 1970년대 후반 학생 운동사를 복원해냈다.[3]

긴급조치 9호에도 불구하고 유신 독재에 대한 저항은 1975년 가을 곧바로 재개됐다. 서울대에서 학도호국단 사열식 때 윤천주 총장이 아홉 번이나 '받들어총'을 명했으나 학생들은 끝내 명령에 따르지 않는 '침묵시위'를 했다. 1977년 4월 혁명 17돌 때 연세대에서 일어난 저항 운동은 경찰들을 웃음거리로 만들었다. 김철기, 김성만, 강성구, 우원식 등은 이날 학생들에게 종이 한 장씩을 나눠주었다. 그러자 사복형사들이 달려들어 이들을 연행했다. 그런데 아뿔싸, 그들이 나눠준 것이 성명서가 아니라 하얀 백지였다. 그해 가을 서울대 사회대에서는 학생들이 학생회장 후보로 김부겸을 내정하고, 윤천주 총장을 면담해 학도호국단 간부 임명제를 간선제로 바꾸자고 건의했다. 그런데 대학 쪽은 이들 면담 학생들을 징계했다.

학생 시위의 물꼬가 다시 터진 것은 1977년 10월이었다. 10월 13일 연세대에서 노영민, 김거성 단둘이 주도한 사건이었다. 점심시간 노영민은 대강당 3층에서 "유신헌법 철폐하라, 긴급조치 해제하라"며 유인물을 뿌렸고, 김거성은 신학대 강당에서 채플이 끝나자 유인물을 뿌린 뒤 학생들과 시위를 벌였다. 12일 뒤인 10월 25일, 강성구, 이상훈, 공유상, 우원식, 박성훈, 장신환 등이 주도한 시위에는 4,000여 명의 학생이 교내 백양로를 가득 메웠다. 강성구는 대강당 4층 박물관에 비밀리에 잠입해 창문을 깨고 "유신 철폐, 독재 타도"라는 구호를 외쳤고, 이상훈은 대강당 앞에서 유인물을 뿌렸으며, 우원식은 교내 방송실로 들어가 '진군가'를 틀었고, 공유상은 시위대를 이끌고 이화여대를 거쳐 신촌 네거리까지 진출해 서강대생들과 함께 시위를 했다. 경찰은 이들과 이대수, 오성광 등 7명을 배후로 지목해 구속했다.

서울대에서는 11월 11일 김경택, 권형택, 연성만, 문성훈, 양기운, 장기영 등이 '민주구국투쟁 선언문'을 발표하고 도서관 농성을 벌였다. 경찰은 3,000여 명의 시위대를 진압하는 데 7시간이나 걸렸다. 경찰은 도망간 권형택을 뺀 주동자 전원과 김부겸, 이철국, 이창호 등을 구속했고, 28명은 제적당했다.

1978년 5월 18일 통일주체국민회의 대의원 선거일이었다. 서울대의 부윤경, 서동만, 김철수 등이 5월 8일 선거 규탄 시위를 벌였고, 1,500여 명의 시위대는 교문을 뚫고 나와 봉천동과 신림동까지 진출했다. 이어 6월 18일에는 서울대의 김수천, 이우재, 김종복, 이필렬, 성욱 등이 5,000여 명의 학생들과 아크로폴리스 광장에서 서울대 사상 최대의 시위를 벌였다. 이들은 "6월 26일 세종로 네거리에서 범시민대회를 연다"고 예고했다. 그 덕분에 광화문 시위는 4,000여 명이 모일 정도로 치열했고, 밤 10시 반까지 여러 곳에서 산발적으로 충돌을 빚었다. 이날 19명이 구속됐는데, 고려대에서는 이승환, 강춘구, 송광의, 허현회, 임경민, 김동광, 이정구 등 이념 동아리 회원 7명이 포함됐다.

'광화문 시위'로 수배자가 된 이우재, 성욱, 김종복 등은 김준묵의 도움으로 도망을 치면서도 주대환, 양민호, 조성을과 접선해 가을 시위를 모의했다. 이들은 9월 13일 서울대 시위 현장에서 "유신 6년을 맞는 1978년 10월 17일 오후 6시 광화문광장에서 범시민 학생궐기대회를 한다"고 선포했다. 이날 시위대 2,000여 명 가운데 600여 명은 장승배기와 노량진으로 진출했다. 이날도 조성을과 김종복만 잡히고 나머지 4명은 도피에 성공했다.

하지만 유신 6돌을 유신의 제삿날로 삼겠다던 10월 17일의 광화문 시위는 미수에 그쳤다. 대학간 연대 시위를 기획했던 서울대의 '시위조직팀(황인성, 유종성, 류인열, 옥광섭)', '현장출동팀(이우재, 성욱, 양민호)', '유인물팀(조희연, 김준묵, 권호영)' 등과 '6개 대학 연합 시위팀'의 장준영(성균관대), 정경연(고려대), 김성남(고려대), 백삼철(서울대), 주대환(서울대), 정태윤(서울대) 등은 검거됐고, 김종수(서울대), 강구웅(서울대), 권명자(서울여대, 권민성으로 개명) 등은 도망자 신세가 됐다. '10·17 거사' 실패에도 불구하고 이흥국(서울대)의 유인물팀(20~30명으로 추정)은 대학가와 서울 시내에 유신 독재 반대 유인물을 뿌리다 잡혀갔다.

서울대에서는 11월 13일, 1978년을 마무리하는 또 한 차례 시위가 있었다. 김용흠, 이필렬, 천윤배 등이 주도한 이날 시위는 300~400명밖에 호응하지 않아 30분 만에 진압됐다. 그러나 그들은 가장 어려운 상황에서도 굽히지 않는 기개를 보여주었다.

노동자와 농민의 의식 혁명

급격한 산업화와 함께 폭발적으로 늘어나기 시작한 노동자들의 삶과 노동 운동을 파악하지 않고는 1970년대를 논할 수 없다. 1970년대는 해방공간에서 생겨났던 다양한 노동 운동 가운데 어용노조만 남겨놓고 모조리 청소한 이승만 정권 이후 처음으로 자주적·민주적 블루칼라 노동 운동이 태동한 시기이다.

두말할 것도 없이, 자주적·민주적 블루칼라 노동 운동은 전태일 열사로부터 비롯됐다. 사실 전태일이 분신한 평화·통일·동화 시장은 영세업체 수백 개가 난립한 아주 열악한 노동시장으로서 노동 운동이 뿌리내리기에는 최악의 조건을 갖추고 있었다. 이소선(전태일의 어머니)과 삼동친목회를 비롯한 전태일의 동지들이 펼친 노동 운동은 최소한의 생존 임금, 10시간 노동, 체불임금 해소 등 그야말로 노동자 생존권 확보를 위한 투쟁이었다.

청계피복노조 운동에 대해 정권과 노동 세력, 학생 운동, 재야 세력, 종교계, 나아가 각계 지식인 사회 모두가 주목한 것은 최저의 목표를 위해 최대의 희생을 치른 전태일이 남긴 상징성 때문이었다. '전태일 정신'은 이승만 정권 이래 박정희 군사 정권에 이르기까지 노사협조주의, 투항주의, 어용노조로 일체의 노동 운동을 끌고 온 한국노총을 거부하고, 자주적·민주적 노동 운동을 확립하는 노동자 의식 혁명이었다. 물론 평화시장 업체들과 박 정권은 청계노조를 어용화하거나 무력화하려 했다. 전태일의 상징성을 파괴하기 위해서였다. 하지만 전태일 사건 이후 노동 운동에는 새로운 지원 세력들이 생겨났다.

해방신학, 민중신학에 눈뜨기 시작한 종교계는 노동자들을 '하느님 나라의 새로운 일꾼'으로 여겼으며, 학생 운동 세력은 민주화 운동의 새로운 동력을 노동 세력에서 찾기 시작했다. 전태일의 분신 충격으로 각성한 학생 운동권에서도 '노동야학'이나 '노동자 되기 운동'에 나섰으나, 1970년대 초반 개신교와 가톨릭의 '노동 선교'가 훨씬 더 큰 영향력을 미쳤다.

대표적 예가 인천도시산업선교회의 조화순 목사로부터 도움을 받은 동일방직노조와 영등포도시산업선교회로부터 도움을 받은 원풍모방노조 등

1977년 반도상사 노동자들이 임금 인상과 노조 탄압 중단을 요구하며 농성을 하고 있다. 당시 언론은 자주 노조 운동과 그로 인해 일어나는 사건들을 축소 보도하거나 외면하기에 바빴다.

이 1972년 민주 노조로 새출발한 것이다. 널리 알려진 동일방직이나 원풍모방 말고도 1971~1975년 산업선교의 영향을 받은 노조는 전국적으로 동광통산, 한영섬유, 마산방직, 월성섬유, 크라운제과, 동아염직, 삼송산업, 반도상사, 태양공업, 삼원섬유, 신한일전기, 신흥제분, 한국마벨 등 무수히 많았다.

그러나 박정희 정권이 1975년 긴급조치 9호 이후 한국노총을 앞세워 자주민주 노조를 전면적으로 파괴하자, 산업선교는 더 이상 지난날 같은 영향력을 행사할 수 없게 됐다. 집단 해고 당하고 감옥 가는 자주민주 노조원들을 지켜주는 데에는 한계가 있었기 때문이었다. '긴급조치 9호 시대'에는 신규 자주 노조의 창설은커녕 기왕의 자주 노조를 지키기에도 역부족이었다. 박 정권은 1977년 이소선마저 구속시키고 청계피복노조 노동교실을 강제 폐쇄했으며, 1978년에는 섬유노조를 앞세워 동일방직을 '사고지부'로 지정하고 이총각 지부장 등 조합 간부 4명을 제명했고, 회사는 노조원 124명을 무더기 해고했다.

하지만 당시 언론은 자주 노조 운동과 그로 인해 일어난 각종 사건들에 대해 침묵하거나 외면했다. 1970~1979년 〈동아일보〉에서 다룬 청계피복노조, 동일방직노조, 원풍모방노조에 대한 기사만 살펴봐도 그 실상을 짐작할 수 있다. 청계피복노조 기사는 10년간 단 세 건이었다. '노동청, 평화·통일·동화 상가 근로감독 강화(1970년 11월 23일자 7면)', '청계피복노조 결성(1970년 11월 27일자 7면)', '아직도 저임, 형편없는 작업장, 10시간 미만 노동은 2.9퍼센트뿐(1975년 1월 6일자 2면)'. 그나마 이 시기는 동아투위 언론인들이 쫓겨나기 이전으로 자유 언론 운동을 활발히 전개하던 때였다. 이후 1977년 〈동아일보〉는 이소선 구속, 노동교실 폐쇄 같은 노동 탄압 사건에 대해 한 줄도 보도하지 않았다. 동일방직노조와 원풍모방노조에 대한 기사는 각각 두 건에 그쳤다. 한국 언론에서 1970년대 자주민주 노조 운동은 존재하지 않는 역사였던 셈이다.

1970년대 말에 접어들면서, 학생과 재야인사들 중심으로 전개되던 한국 민주화 운동에서 농민 운동은 또 하나의 변수로 등장했다. 이는 동아투위, 조선투위가 '민주민족언론선언'을 발표하던 때와 거의 비슷한 시기이다.

1970년대 농민 운동은 가톨릭농민회(이하 가농)가 중심이었다. 가농은 1976~1978년 '함평 고구마 사건', 1977년 이후의 '농협 민주화 운동', 1978년 이래 '쌀값, 생산비 보장 운동', 1979년의 '노풍 피해 보상 운동', 안동교구의

'새품종 감자농사 피해 보상 운동' 등을 벌였다. 이를 통해 박정희 정권의 무책임 행정, 저농산물 정책, 무대책 농산물 개방에 저항했다.

1964년 가톨릭노동청년회 안의 '농촌청년부'로 시작해 1966년 '한국가톨릭농촌청년회'로 자립한 뒤, 1972년 새로 출범한 가농은 출범 초기 '농협의 민주화', '농업의 협동화와 조직화'를 내걸고 협업적 대농 경영, 농촌신용조합의 보급과 육성 운동에 주력했다.

1976년 가톨릭의 공식 인준 단체로 승인받아 대전으로 본부를 옮긴 가농(당시 회장 최병욱)한테 1977년은 특히 중요한 해였다. 박정희 정권은 이때부터 중화학공업 정책을 추진하면서 비교우위론을 내세워 농업을 홀대하기 시작했다.

그런 와중에 1977년 농협은 비료를 부정 도입해 농민들에게 심각한 피해를 입혔다. 가농은 피해 농민들에게 40억 원을 변상하라고 요구했다. 이어 가농은 1976년 11월 일어난 '함평 고구마 사건'에 대한 배상 운동도 전개했다. 이 사건은 전남 함평군의 농협에서 1976년 160여 농가와 고구마 수매계약을 맺고는 가을에 약속을 불이행하는 바람에 농민들에게 300여만 원의 피해를 입혀 놓고도 배상은커녕 회유와 협박만 일삼아 집단 원성을 산 것이었다.

1977년 4월 22일 가농이 광주 계림동 성당에서 이 사건의 해결을 요구하는 기도회를 열자, 정부는 마지못해 피해 조사에 나섰지만 아무런 배상 없이 1년을 방치했다. 1978년 4월 24일 광주 북동성당에서 다시 기도회가 열리고 가농 회원들이 단식 농성에 들어가자, 그제야 농협은 309만 원을 배상했다. 이 과정에서 농협이 주정회사와 짜고 무려 80억 원을 유용한 사실이 들통 나기도 했다.

가농은 1978년 쌀생산비 보장 운동을 전개했다. 11월 13~14일에는 강원지역 농민 1,200여 명이 원주에서, 16~17일에는 대전에서 중부지역 농민 800여 명이, 11월 21~22일에는 경북 상주 함창에서 영남지역 1,000여 명이, 11월 27~28일에는 광주에서 호남지역 1,300여 명이 집회를 열었다. 이 쌀생산비 보장 운동은 1980년대 중반까지 계속됐다.

박정희 정권은 1978년 수확량이 좋다면서 '노풍'이라는 신품종 벼 종자를 권장했다. 농림부는 공무원과 경찰까지 동원해 종자 '권장'을 넘어 강제하고 강요했다. 그런데 '노풍'은 냉해를 입어 오히려 수확량이 격감해버렸다. 가농은 1978년 12월~1979년 1월 전국적으로 농가 대상 설문 조사를 벌여 피해 보상 운동을 전개했다. 1979년 1월 23일 충남 홍성군 홍성읍 노풍 피해 농민들은 읍사무소로 몰려가 3시간 집단 농성에 들어갔고, 전북 완주군 고산 천주교회(담임 문규현 신부)도 3월 17~26일 비봉, 고산, 운주 등 3개 면 11개 리 164농가의 피해 조사를 한 다음 피해 보상 집회를 했다. 이때 조사에 응한 농가는 보상을 받았으나, 정부의 협박에 넘어가 피해 조사를 거부한 농가 122가구는 한 푼도 보상받지 못했다.

박정희 유신 독재는 가농의 이런 운동에 위기감을 느끼기 시작했다. 그들의 공포는 탄압으로 되돌아왔다. 춘천교구 가농은 1977년 12월 27일자 유인물을 통해 농협의 구조적 문제를 비판했다. 그러자 공안당국은 춘천교구 가농 유남선 회장과 총무 김문돈, 가농 전국본부 협동사업부장 정성헌(민주화운동기념사업회 이사장 역임)을 연행했다. 김문돈 총무와 정성헌 부장은 사흘 만에 풀려났으나, 유남선 회장은 20일 이상 조사받던 중 고문으로 잘 걷지도 못하는 상태에서 풀려났다. 그것도 잠시, 1979년 4월 초 유남선 회장과 정성헌 부장은 다시 연행되어 '긴급조치 9호' 위반으로 고등법원에서 2년형을 선고받았다. 두 사람을 위한 석방 기도회를 연 가농 춘천교구 연합회 부회장 박명근도 구속되어 고등법원에 가서야 집행유예를 받았다.

한편 1978년 안동교구에서 일어난 '오원춘 사건'은 거짓이 더 큰 거짓을 낳은 한편의 삼류 드라마로 널리 회자됐다. 경북 영양군 청기면의 가농 분회장으로서 정부에서 알선해준 불량 감자씨의 피해 배상 운동에 앞장선 오원춘은 기관원들에게 납치당했다가 풀려난 뒤 7월 17일 안동교구를 통해 양심선언을 했다. 그러자 검찰은 그에게 유언비어 날조 혐의를 씌워 '긴급조치 9호'로 구속시켰다. 오원춘이 재판을 받던 1979년 10월 박정희 대통령은 피살됐다.

닫힌 문 열리며 자유의 포옹

〈동아투위 소식지〉 송년특집 사건으로 윤활식 위원장, 이기중 총무와 함께 1979년 초 두 번째 구속됐을 때 다시 들어간 서대문 서울구치소에는 안종필 위원장, 장윤환 위원장, 홍종민 총무, 안성열, 박종만, 김종철, 정연주가 이미 갇혀 있었다. 대학생 양심수만도 50명이 넘었으며, 1978년 수감된 김승균(《사상계》 편집장 역임), 김병곤(민청학련 석방자), 통일당원 권혁충과 최형오, 통사당원 장재철, 이화여대생 박인혜·오현주·한경희, 양성우 시인, 박형규·문익환 목사, 성래운 교수 등도 볼 수 있었다. 내 뒤로도 조태일 작가, '민주주의와 민족 통일을 위한 국민 연합'의 김종완, 조범원, 송좌빈 선생과 김용훈 등 '긴급조치 9호' 구속자들이 계속 들어왔다.

1977년 90명이던 구속 학생이 1978년 230명, 1979년에는 287명으로 늘어났다. 이들 가운데 상당수가 서대문에 수감되어 있었으니 구치소는 하루도 조용한 날이 없었다.[4] 어느 날 구치소는 하루 한 번 20~30분 정도의 운동시간에 정치범들이 서로 인사를 나누지 못하도록 마당에 부챗살 모양으로 시멘트벽을 쌓아 올렸다. 그래서 우리는 겨우 하늘 한 귀퉁이만 볼 수 있었다. 학생들은 이때까지 남아 있던 민청학련 사건의 김지하, 장영달, 이현배, 유인태, 이강철, 김효순 등을 석방하라고 외치며 일제히 단식 투쟁을 벌였다. 우리도 동참하지 않을 수 없었다. 학생들은 구치소에서 썩은 음식이 나올 때면 일반 재소자들을 선동해 구치소 전체를 들썩이게도 했다.

구치소는 이 모든 소동의 배후로 동아투위 위원 10명을 지목하는 것 같았다. 그들은 결국 그해 6월 우리 10명을 성동구치소, 영등포교도소, 영등포구치소 세 군데로 나눠 보냈다. 나는 윤활식 위원장, 이기중 총무와 함께 영등포로 '유배'됐다.

서울구치소와는 달리 영등포구치소로 옮겨가자 외부 소식을 전혀 들을 수 없었다. 내 기억 속의 사회적 시간은 1979년 5월 31일로 멈춰버렸다. 더구나 1심 재판 막바지에 조준웅 검사가 한 논고는 우리를 몹시 기분 나쁘게 만들었다.

"《삼국지》에 '읍참마속'이라는 말이 있다. 명령을 어긴 마속을 제갈량이 눈물을 머금고 목을 베었다는 이야기이다. 전체가 살기 위해서는 아무리 유능하고 사랑하는 부하라도 처벌할 수밖에 없다는 논리이다. 이 세 사람은 우리 사회에 필요한 인재이기는 하나 처벌이 불가피하기 때문에 다음과 같이 구형한다. 피고인 윤활식, 이기중에게는 징역 3년에 자격정지 3년, 피고인 성유보에게는 징역 5년에 자격정지 5년!"

화가 났지만 내 딴에는 점잖게 최후진술에서 이렇게 응수했다. "검사는 우리들을 《삼국지》의 마속에 비유했다. 그렇다면 검찰이나 박정희 정권이 제갈량이란 말인가? 자유 언론 문제는 전쟁의 문제가 아니다. 우리가 정치에 참여했다고 검찰은 말했다. 민주 사회에서는 누구나 정권을 잡을 수 있고 정치에 참여할 수 있다. 검사도 지금 당장 옷을 벗고 정치에 나설 수 있는 것이다."

이돈명·박세경·황인철·홍성우 변호사의 무료변론 덕분에 우리는 재판정에서 소신껏 말할 수 있었고 재판은 흥미진진하게 진행됐다. 나는 그 고마움을 지금껏 잊지 않고 있다. 그해 7월 13일 1심 선고공판에서 윤활식 위원장과 이기중 총무는 징역 1년에 자격정지 1년, 나는 징역 2년에 자격정지 2년을 받았다. 2심 재판 열흘쯤 뒤인 10월 27일 오후 내가 전혀 모르는 한 재소자가 면회를 왔다가 내 방 앞을 지나치면서 손짓하며 불렀다. 그는 오른손을 들고는 탕탕하며 권총 쏘는 시늉을 하고는 엄지손가락을 치켜세웠다가, 로마 황제가 패배한 검투사에게 죽음을 명할 때처럼 하듯 엄지를 내려뜨렸다. 수수께끼도 그런 수수께끼가 없었다.

총을 쏘았다. 엄지가 고개를 숙였다. 엄지란 누굴까? 생판 모르는 사람에게 엄지를 내밀 때에는 일국의 대통령밖에 없지 않은가. 박정희 대통령이 피살됐다고? 어찌 그런 일이? 아무튼 박 대통령 신변에 탈이 난 것만은 틀림없어 보였다. 그러고 보니 교도관들도 아침부터 평상복 대신 전투복을 입고 있었다.

나는 차분히 앉아 생각을 정리해봤다. 앞으로도 10~20년 종신집권 할 듯 위세를 부리던 박 대통령이 비명횡사를 하다니. 당장은 곧 풀려날 것 같아 기쁘기도 했다. 동시에 삶이 참 허무하게 느껴지기도 했다. 영등포구치소는 28일 낮에야 박 대통령이 피살됐다는 소식만 소내 방송으로 알렸다.

1979년 10월 26일 '독재자' 박정희 대통령이 갑자기 사라지자, 정치범 처리 문제가 초미의 쟁점이 됐다. 그러나 사법부는 구속자 석방을 두고 갈팡질팡했다. 동아투위 위원 구속자 10명은 그해 말께 모두 석방됐지만, 출소 시기는 뒤죽박죽이었다. 가장 늦게 구속되어 박정희가 피살된 10·26 사태 당시 2심 재판이 진행 중이던 윤활식 위원장과 이기중 총무가 뜻밖에도 11월 8일 가장 먼저 풀려났다. 구속 만기가 된 홍종민 위원과 장윤환 위원장은 각각 11월 4일과 11월 19일 출소했지만, 구속 집행 정지로 풀려난 나머지 6명을 보면, 박종만 위원 11월 21일, 정연주 위원 12월 2일, 안종필 위원장 12월 4일, 안성열 위원 12월 10일, 김종철 위원이 가장 마지막으로 12월 24일 나왔다.

나는 12월 7일 저녁 갑작스레 풀려났다. 송좌빈, 김용훈, 김상복과 함께 영등포구치소 문밖을 나서니 아는 얼굴이 전혀 없었다. 가족들에게도 미처 석방 소식이 전해지지 않았던 것이다. 나온 뒤에야 최규하 대통령이 당선 뒤 첫 국무회의에서 국회 건의안을 받아들여 '긴급조치 9호'를 8일 0시를 기해 해제한 사실을 알게 됐다.

가족들 대신 우리를 멈춰 세운 남자가 있었다. 〈한국일보〉 기자라고 소개한 그는 4명을 함께 불러 모아 일단 출소 장면부터 찍었다. 그는 바로 박래부 기자(전 한국언론진흥재단 이사장, 새언론포럼 회장)였다. 박래부 기자는 그

길로 우리집까지 동행해 가족과 재회하는 사진까지 곁들여 이튿날 사회면 머리기사로 소개했다. '닫힌 문 열리며 자유의 포옹: 긴급조치 관련 구속자 석방되던 날'이란 제목이었다.

> 시간으로는 7일 하오 7시 45분. 서울 영등포구치소 앞은 분명히 한밤중이었으나, 수감자들이 하나씩 둘씩 풀려나오면서부터는 이미 새벽이었다. 맨 먼저 회색 바지와 흰 저고리의 김상복(25, 중앙신학대 3년) 군이 지팡이를 짚고 걸어 나왔다. 소아마비로 약간 불편한 모습인 김 군을 멀리서 가장 먼저 발견한 김 군의 누이동생이 '오빠야' 하고 큰 소리를 냈다. 다음 순서는 흰 저고리, 검은 바지 차림의 성유보(37, 전 〈동아일보〉 기자) 씨. 그다음 순서는 송좌빈(56, 충남 대덕군 동면) 씨 그리고 그다음은 김용훈(30, 충남 논산시 논산읍) 씨. 세 사람은 모두 갑작스런 석방 소식이 가족에게 전해지지 않아 마중 나온 가족이 없었다. 세 사람은 잠시 허탈한 듯하다가 근처 대폿집으로 가서 막걸리 2되를 게 눈 감추듯이 들이켰다. 안주는 돼지볶음. …… 성 씨는 서울 강남구 도곡동 10평 아파트 집에 밤 9시 55분쯤 도착했다. 그 시간 부인은 남편이 다음날 새벽에나 나올 줄 알고 머리를 감고 있었다. 두 아들 덕무(7) · 영무(3) 군과 극적인 만남은 그렇게 감격스럽게 이루어졌다. …… 한밤중 갑자기 안겨든 자유. 한밤중 갑자기 겪는 만남. 전국 곳곳의 교도소와 구치소 문 앞은 다시 결합하는 혈육들의 기쁨으로 밤새 출렁댔다. 속옷 입은 아들을 부둥켜안은 아버지는 수염이 따가운 아들의 볼을 쓰다듬으며 눈물을 쏟았고, '외국에 출장 가셨다'던 아빠를 마중한 7살 아들은 '아빠, 선물은 어딨어?' 소리쳐 어른들을 울렸다. 긴급조치 9호가 해제되던 한밤중은 겨울밤답지 않게 짧고 또 짧았다.[5]

닫힌 門열리며「自由」의 포옹

──緊急조치관련 拘束者 석방되던날

한밤중 갑자기 돌아온 아빠보고 外國갔다 온줄알고 "膳物어딨어"

家族마중없자 허탈한듯 막걸리집 찾기도

텁수룩한 아들안고 벙글 "나라 위하고 孝道하겠다"

아파트 살인

1979년 10·26 사태 이후 긴급조치 9호가 해제되면서 시국사범들도 차례로 석방됐다. 사진은 필자가 석방되던 날〈한국일보〉의 박래부 기자의 인터뷰 기사이다.

박래부 기자는《1975: 유신 독재에 도전한 언론인들 이야기》에 당시의 취재기를 회상하는 글까지 기고해주었다. '민권일지 사건'으로 갇혔던 동아투위 10명 가운데 하필 나만 '긴급조치 9호'가 해제되던 날 풀려나 유별난 취재 대상이 된 것도 참으로 공교롭다. 어쨌든 그 후에 박래부 기자에게 술 한 잔 산 적이 없으니 나라는 사람은 참으로 무심하다 하겠다.

나는 석방되자마자 경산으로 내려가 부모님을 뵈었다. 그런데 아버님이 야윌 대로 야위어 계셨다. 게다가 알코올중독이었다. 어머님 말씀으로는 1년 전부터 하루 종일 식사 대신 막걸리만 드신다고 하셨다. 나 때문이라는 자책이 들었다. 술은 기쁠 때, 즐거울 때 마셔야 제맛이다. 그런데 아버님께서 '판검사쯤 되어 집안을 일으켜 세울 녀석'이라고 잔뜩 기대를 걸었던 둘째 아들이 두 차례나 감옥에 갔으니 억장이 무너지지 않았겠는가? 물론 두 번의 옥살이는 전혀 창피하지 않았지만, 아버님을 뵈었을 때만은 송구스러워 눈물을 감출 수가 없었다.

해가 바뀌어 1980년 설 때 뵈니 아버님은 더욱 야위어 계셨다. 우리 형제들은 의논 끝에 당시 대구에서 군무원 생활을 하고 있던 막내 동생이 직장을 접고 아버님을 모시면서 정미소를 맡도록 결정했다. 동생에게 아버님 건강진단도 받게 하도록 했다. 아니나 다를까, 위암이었다. 우리는 감히 아버님에게 이 사실을 알리지 못했다. 하지만 아버님 자신도 짐작하셨으리라. 결국 1980년 4월 말 나는 아버님을 서울로 모시고 와 경북고 동기 도종웅(정형외과 과장)이 있는 국립의료원에 입원시켰다. 5월 12일에 아버님은 수술을 받았다.

나는 아버님을 간병하느라 석방 이후 6개월간 시국 상황과 단절 상태에 있었다. 그런데도 전두환 정권은 '5·17 쿠데타' 직후 나를 지명수배자 명단에 올려놓았다.

안종필이 꿈꾼 '새 시대 언론'

1979년 12월 '긴급조치 9호'로 수감됐던 동아투위 10명이 모두 풀려나온 기쁨도 잠시, 우리는 청천벽력 같은 비보를 받았다. 12월 4일 풀려난 안종필 위원장이 석방 보름 만인 12월 17일 간암 판정을 받고 원자력병원에 입원한 것이다.

1975년 3월 17일 우리가 〈동아일보〉에서 해직됐을 때부터 그는 "각종 출판에 힘을 기울여야 한다. 잃어버린 1970년대의 역사를 기록하고, 출판해서 되도록 널리 알려야 한다"고 말하고는 했다. 실제로 그는 해직 직후 경남고 동기 김용찬과 함께 출판계에 뛰어들어 《약학 사전》을 편찬하다 동아투위 위원장이 되는 바람에 출판의 꿈을 접었다. 동아투위 3년째에 접어든 1977년 봄 그는 "이제 동아투위는 더 이상 동아일보사 복직 문제에만 매달리지 말고 연대 운동에 나서야 한다. 민주주의와 인권을 위해 싸우는 각계각층과 유대의 폭을 넓혀야 한다"고 역설했다. 이후 홍종민 총무와 함께 조선투위, 자실, 해직교수협의회 등과 연대 운동을 벌였으며, 안성열, 박종만, 이부영 등의 재야 운동 참여를 적극 지원했다.

안종필 위원장은 1980년 1월 24일 퇴원해 집에서 요양하다 다시 서울대병원에 입원한 지 하루 만인 2월 29일 동아투위 위원 50여 명이 지켜보는 가운데 운명했다. 동아투위가 주관해 5일장으로 치른 '안종필 위원장 장례식'에는 재야인사, 야당 정치인, 신부, 목사, 언론인, 문인, 학생 운동권, 민주 노조 운동가, 농민 운동가 등 1,000여 명이 문상을 했다.

안종필 위원장이 1977년부터 다니던 한빛교회의 이해동 목사는 영결사에서 "그의 죽음은 분명 자연사가 아니라 그를 감옥에 처넣은 악의 세력에 의한 타살이옵니다. 그의 죽음이 순교였기에 그의 뜻이 우리 속에 살아 움직일 수 있도록 하느님이여 축복해주소서!" 하고 기원했다. 문익환 목사는 "우리는 죽음으로 보여준 당신의 순수를 배반하지 못합니다. 민주와 자주와 진실의 고지를 점령하기까지, 그 고지에 정의의 깃발을 꽂기까지!"라고 애도했다. 함세웅 신부는 추도사에서 "선생님께서 쓴 언론은 붓으로 쓴 글씨가 아니라 당신의 몸과 피로써 쓴 역사의 기록입니다"라고 칭송했고, 조선투위의 정태기 위원장은 "안 형이시여, 이 나라 민중의 앞길을 지켜주시고 이 나라 언론의 되어가는 길을 보우하시는 수호신이 되소서!"라고 빌었다. 송건호 선생의 조사도 우리를 울렸다. "안 형! 이게 꿈이 아닙니까? 형이 세상을 떠나다니. 믿어지지 않는군요. 언제나 미소 지으며 말하던 형의 얼굴, 안 형 하고 부르면 웃으며 돌아볼 것 같은 형의 얼굴을 이제 영 대할 길 없게 됐으니 아무래도 꿈만 같습니다. 왜 안 형만 먼저 떠나갔습니까? 5년간 같이 고생한 숱한 동료들을 남겨두고 왜 형만 혼자 떠나갔습니까?"

부인(이광자)과 아들(민영), 딸(예림) 그리고 수백 명의 흐느낌 속에, 김관석 목사의 고별 기도와 박형규 목사의 축도를 끝으로, 안종필 위원장은 동아일보사 앞을 거쳐 일산의 공원묘지로 떠났다. 동아투위 동지들은 그의 마지막 말을 되새기면서 그 뒤를 따랐다. "동아투위의 한 사람이 됐다는 것이 더없이 행복하다. 5년 가까이 온갖 고난을 치르면서 우리들은 형제 이상의 뜨거운 정을 느끼게 됐으며, 고생스럽지만 깊은 뜻과 보람을 느낀다. 우리 시대 이 어려운 환경 속에서 동아투위가 5년이나 버텨온 것은 기적이며, 하늘의 축복이다."

나는 안종필 위원장에게 이 기회를 빌려 다음과 같이 보고드린다. 당신께서 살아생전에 보셨던 '동아투위 5년간의 기적'이 2015년이면 '40년의 기적'이 됩니다. 동아투위는 당신을 기려 1987년 '안종필 자유언론상'을 제정해 해마다 언론인과 언론사에 시상해오고 있습니다. 1994년부터는 동아투위의 '10·24 기념식'을 한국언론노조, 기자협회, 프로듀서연합회가 공동으로 열고 있으며, '통일언론상'도 같은 날 시상하고 있습니다. 안종필 위원장님, 당신은 한국 언론계의 모세입니다.

안종필은 오늘날에도 언론 자유의 정신으로 우리와 함께 살아 있다. 고인은 성동구치소 시절 이런 말을 남겼다. "새 시대가 와서 우리가 언론계에서 다시 일할 수 있게 될 때, 신문은 어떻게 만들고, 경영은 어떻게 해야 할까? 가로쓰기에 한글전용을 해야 하지 않을까?" 신문이 너무 식자층 중심으로 제작되고 있기 때문에 민주를 위한 진정한 신문이 되기 위해서는 누구나 쉽게 읽을 수 있는 한글 전용이 되어야 한다는 것이었다. 편집도 정치, 경제, 사회, 문화 이런 식으로 나눌 것이 아니라 종합편집을 해야 한다고 주장했다. 새 시대가 오면 국민들이 골고루 출자해서 그들이 주인이 되는 신문사를 세우는 것이 가장 바람직하며, 그렇게 되면 편집권이 독립할 수 있을 것이라 말했다. 그의 꿈은 사후 8년 만에 거짓말처럼 현실이 됐다. 바로 1988년 창간해 오늘날까지 굳건히 버티고 있는 〈한겨레〉가 그것이다.

신군부의 정치 야욕

동아투위는 1970~1980년대 113명의 위원 모두가 위원장이나 총무를 맡을 각오가 되어 있었다. 언제든 잡혀가 옥살이를 하거나 수배자 신세가 되어도 좋다는 결기였다. 안종필 위원장과 홍종민 총무에 이어 장윤환 위원장과 박종만 총무, 그다음 윤활식 위원장과 이기중 총무가 '민권일지 사건'으로 연이어 구속됐음에도 동아투위는 1979년 1월 9일 다시 이병주 위원장(《한겨레》 이사 역임), 이종욱 총무 체제를 출범시켰다. 이미 조민기, 이의직 위원이 유명을 달리해 111명으로 줄어든 가운데 10명이 감옥에 간 비상상황에서도 동아투위의 정상적 활동과 구속자의 재판 진행을 위한 법무팀 운영, 옥바라지 등으로 숨 돌릴 틈도 없었다.

그런 중에도 1979년 3월 9일 한국기독교교회협의회와 '동아투위를 위한 기도회'를 공동으로 열었고, 3월 17일에는 돈암동 가톨릭상지회관에서 '3·17 해고' 4돌 기념식도 했다. 이 기념식에서 이병주 위원장은 "옥중으로 옮겨간 자유 언론의 기수들을 뒷받침하고 그들에게 후고의 염려를 덜게 하는 일이야말로 뒤에 남은 우리들에게 맡겨진 임무"라고 다짐했고, 천관우 선생은 "가장 어려운 시기를 맞아 조심하는 마음으로 견뎌야 할 것"이라고 당부했으며, 이돈명 변호사, 박현채·한완상 교수가 특강을 했다. 이어 6월에는 '카터 미국 대통령에 대한 공개질의서'를 발표하고 사무실에서 농성을 벌였으며, 9월에도 조선투위와 공동으로 '제도 언론의 말기적 증상을 우려하며'라는 성명서를 내고, YH무역, 도시산업선교회, 가농 등의 민주화 운동 관련 사건에 침묵하는 언론의 기능 마비를 비판했다.

1979년 10월 26일 중앙정보부장 김재규가 박정희를 저격하면서 박 정권은 파국을 맞았다. 1979년 11월 7일 박정희 대통령 저격 사건에 대한 현장검증에서 김재규가 밧줄에 묶인 채 권총을 들고 재연하는 모습이다.

그러나 1979년 말부터 '하나회'를 중심으로 하는 신군부는 또다시 군사 정권을 세우기 위한 물밑 공작을 벌이고 있었다. 안타깝게도 민주화 운동 진영, 즉 김대중·김영삼의 정치권도 학생 운동 세력도 동아투위를 비롯한 지식인 그룹에서도 아무도 그 사실을 감지하지 못했다.

신군부 집단은 '긴급조치 9호' 해제로 유신 말기 양심수들을 풀어주는 한편, 자신들의 집권에 장애가 될 우려가 있는 인물들은 다시 잡아들이기 시작했다. 그중에는 동아투위의 이부영, 임채정 위원도 포함되어 있었다.

이부영 위원은 1979년 11월 13일 윤보선 전 대통령 집에서 동아투위, 조선투위, 해직교수협의회, 자실, 민주수호청년협의회 등 다섯 단체가 내외신 기자들을 초청해 '나라의 민주화를 위하여'라는 성명서를 발표했다. 그 이유로 임채정 위원은 11월 24일 '통일주체국민회의 의원에 의한 대통령

보궐 선거 저지를 위한 국민대회' 공동 준비위원장을 맡았다고 해서 '포고령 1호' 위반 혐의로 구속됐던 것이다.

마침내 12월 12일 전두환의 신군부는 군사 반란을 일으켜 계엄사령관 정승화를 체포함으로써 야욕의 발톱을 드러냈다. 한 사회가 민주화하는 첫 단계는 군대를 문민정부 휘하로 끌어넣는 일이다. 유신 독재가 성립한 것도 박정희 1인이 군을 지배했기 때문이었다. 그럼에도 박 대통령 피살 뒤 군부의 동태를 거의 살피지 않았던 것은 패착 중의 패착이었다.

왜 이런 낙관 무드에 빠져들었을까? 민주화 운동 세력은, 박정희가 '심복' 김재규에 의해 비참하게 생을 마감하는 것을 목격한 정치군인들이 더 이상은 정치에 관심을 가지지 않을 것이라는 순진한 생각에 사로잡혀 있었다. 김재규는 재판정에서 "그대로 가면 제2, 제3의 부마 사태가 일어날 상황인데, '다시 4·19 같은 사태가 일어나면 내가 직접 발포 명령을 내리겠다'고 하는 박정희의 말을 듣고, 엄청난 유혈 사태를 막고자 박 대통령의 목숨을 거두기로 결심했다"고 진술했다. 그러므로 '또 어떤 군인이 있어 박정희의 전철을 밟으려 할까' 하는 안이한 생각들을 한 것이다. 그러나 되돌아보면, 김재규의 암살 거사는 군의 권력욕을 예방하지도 못했고, 국민들의 희생을 저지하지도 못했다. 다만 군·민 대결을 한동안 유예시켰을 뿐이었다.

부마 항쟁의 추이에 대해서도 당시 정치군부와 민주화 운동 세력은 정반대로 해석했다. 정치군인들은 "부산에 비상계엄령을, 마산에 위수령을 발동시키자 시위는 순식간에 사그라들더라. 역시 사회 혼란을 막는 최후의 힘은 군대가 갖고 있다"고 자신한 듯했다. 반대로 민주화 진영에서는 "만약 박정희가 피살되지 않았더라면 조만간 전국 곳곳에서 제2, 제3의 봉기가 본격적으로 일어났을 것이니, 그런 상황에서 군부가 또 정치야욕을 드러내지는 못할 것"이라고 믿었던 것이다.

사실 부마 항쟁의 계기가 된 1979년 8월 9일의 YH무역 노동자 187명의 신민당사 진입, 그 이틀 뒤 전투경찰의 신민당사 난입, 뒤이은 김영삼 신민당 총재에 대한 국회의 제명과 총재 권한 박탈 등은 일시에 몰아친 회오리바람 같았다. 그러자 민청학련 사건 이후 5년 남짓 동안 조용했던 부산과 마산에서 갑자기 학생, 시민들이 거리로 쏟아져 나왔다. 누구도 예측할 수 없었던 민중들의 항거는 그러나 신기루처럼 하루 만에 사라져버렸다.

아버지의 마지막 당부

1979년 5월 17일 전두환 신군부가 쿠데타를 일으켰을 때, 동아투위는 수유리 명상의 집에서 '새 시대 새 언론'을 주제로 세미나를 열고 있었다. 그런데 18일 새벽 1시쯤 동아투위 위원장을 찾는 전화가 걸려왔다. 이화여대생이라고 밝힌 그 여성은 군인들이 학교로 쳐들어와 학생 대표들을 무차별로 연행해갔으니 동아투위도 피하라고 다급한 목소리로 말했다.

우리는 긴급 대책회의를 열어 잡혀갈 우려가 있는 사람들은 일단 도망치기로 했다. 우선 이병주 위원장과 이종욱 총무가 '도망자 1·2호'로, 그다음으로는 나를 포함해 '긴급조치 9호' 위반으로 구속됐던 10명이 지목됐다. 그런데 유독 홍종민 총무만은 거부했다. 독실한 천주교 신자였던 그는 "나는 양심에 거리낄 일을 하나도 저지르지 않았다"며 버텼다. 결국 그는 5월

18일 저녁 집으로 들어갔다가 잡혀가 무자비한 고문을 당한 끝에 심장병을 얻었고, 1988년 43살 한창나이에 이승을 하직하고 말았다. 우리는 그때 끝까지 그를 설득해서 함께 도망치지 못한 회한에 분루를 삼켜야 했다.

경험에 비춰보면 독재 시대에는 위험 신호가 오면 무조건 삼십육계 줄행랑이 상책이다. 조작된 사건의 억울한 피해자가 되지 않아야 하기 때문이다. 당시 신군부는 송건호 선생과 홍종민 총무를 '김대중 내란음모 사건'에 결부시키려고 엄청난 고문을 했다. 그 조작의 도표에는 동아투위, 조선투위, 기자협회도 들어 있었다.

나는 도망자 신세 초기에 김종철, 정연주 위원과 함께 움직였다. 전병용 교도관이 서울 천호동에 살던 김문숙 선생 집에 피신시켜준 덕분이었다. 김문숙 선생은 1950년대 서울의 학생 사회에서 이름을 떨친 주먹이었다. 그는 의협의 주먹이었기에 경찰도 함부로 대하지 못했다. 그런데 멀쩡한 장정 3명이 하루 종일 집안에서만 맴도는 것을 수상히 여긴 이웃 누군가가 경찰에 밀고를 한 모양이었다. 다행히도 경찰은 곧바로 덮치지 않고 간접 신호를 보냈다. 다시 전병용 교도관의 도움으로 우리는 뿔뿔이 흩어졌고 나는 성동구치소 부근의 새 은신처로 옮겼다.

그러나 문제는 위암 수술을 받고 국립의료원에 입원 중인 아버님이었다. '5·17 쿠데타' 일주일쯤 뒤 나는 살짝 병원으로 숨어들었다. 나를 본 아버님의 첫 말씀이 "너는 괜찮냐?"였다. "괜찮으니까 이렇게 왔지요" 하고 답했는데도 영 안심이 안 되는 눈치였다. 나는 최소한 일주일에 한 번씩은 몰래 아버님 문병을 했다. 두 달 뒤 7월 아버님이 퇴원을 하게 되자 나는 잠시 망설였지만 에라 모르겠다 싶어 도곡동 우리집으로 모셔왔다.

그런데 집에 돌아온 직후 반바지에 맨발 슬리퍼 차림으로 수박을 한 통 사서 돌아오던 나는 집 앞에서 기다리는 두 남자를 보고 불길한 예감을 느꼈다. 나는 "양해를 해준다면 내일 아버님을 경산 고향집에 모셔다 드리고 모레 자진출두하겠다"고 사정을 설명했다. 한 사람은 수긍하는 듯도 했으나 옆 사람이 "뭐가 말이 많아? 그냥 갑시다" 하며 잡아끌었다. 그 순간 대문을 열고 나오던 아내가 곧 눈치를 채고 "부모님께 인사드리고 양말과 구두라도 신고 가게 해달라"고 했으나 소용없었다. 나는 그렇게 남영동 분실로 끌려갔다. 그 무지막지했던 사나이는 보안사에서 파견 나온 요원이었다.

사실 내가 끌려간 혐의는 이른바 '지식인 134인 시국선언'에 서명한 것밖에는 없었다. 박세경, 이돈명, 홍성우, 황인철, 이돈희, 나석호, 이범열, 강대헌, 박인제, 안명기, 김동정, 정춘용, 조승형, 김제형, 조준희, 이세중 등의 변호사, 임재경, 장윤환, 정태기, 안성열, 김명걸, 박종만, 이종욱, 윤호미 등 나를 포함한 언론인과 종교계의 조남기, 강문규, 김상근, 김용복 목사, 문인으로는 신경림, 구중서, 윤흥길, 박태순, 조태일, 출판계 최옥자 등이 같은 이유로 조사를 받았다. 신군부는 선언을 주도했다는 이유로 임재경과 이종욱을 구속했다.

닷새 만에 남영동에서 풀려난 나는 곧바로 아버님을 뵈러 경산으로 내려갔다. 그때 아버님은 "네가 감옥에 들락날락하는 것을 보고도 아무 말 하지 않았던 것은 네가 나쁜 짓을 하지는 않으리라고 믿기 때문이다. 하지만 '큰 숲'에는 호랑이도, 여우도, 늑대도, 토끼도 산다. 옳고 그름을 너무 날세우면 피곤해서 못 사느니라. 정말 큰일이라고 생각하는 일에만 시시비비를 가리도록 해라"라고 마치 유언처럼 당부하셨다. 아버님은 이듬해 돌아가셨다.

2000년대 들어 이메일 주소를 만들 때 나는 문득 아버님 말씀이 떠올라 주소를 '태림(泰林)'이라고 지었다. 2008년 큰 수술을 받고 되살아난 나는 이듬해 여름 임동원, 채현국, 임재경 선생과 함께 〈한겨레〉에서 주최한 시베리아 기차여행을 다녀왔다. 그때 본 시베리아의 광활한 대지와 대자연, 큰 숲들은 어느덧 '섬나라 좀팽이'가 되어버린 내게 새로운 시야를 갖게 해줬다.

5·17 쿠데타, 다시 국가폭력 시대로

1980년 전두환의 '5·17 쿠데타' 때, 광주 시민들이 계엄군에 맞서다 공수부대에 의해 학살을 당하고 있을 때, 나는 도망치기에만 급급했던 데 대해 송구한 마음을 갖고 있다. 대부분의 민주화 운동가들이 비슷한 심정일 것이다. 하지만 이런 생각도 해보게 된다. 만약 그때 도망치지 않고 잡혀갔더라면, 보안사가 지휘했던 합동수사본부로 끌려가 고문이라는 고문은 다 받고 끝내는 '김대중 내란음모 사건'에 연루되어, 강제 자필 진술서를 쓰고 군사법정에 섰을 것 아닌가 하고 말이다.

김삼웅(독립기념관장 역임)은 "5·17 쿠데타는, 군사 정변의 일반 원칙을 깨고 예고된 상태에서 반공개적으로 진행됐다. 이 쿠데타는 1979년 12·12 군사 반란에서부터 1980년 5월 17일까지 5개월이 걸렸다"고 지적한다.

그는 "쿠데타 세력은 민주 세력이 분열할 때를 거사의 기회로 삼는다. 4월 혁명으로 집권한 민주당이 1961년 민주당과 신민당으로 분열했을 때 '5·16 쿠데타'가 일어났다. 박정희는 또 1972년 신민당이 유진산-김홍일로 분열됐을 때 유신 쿠데타를 일으켰다. 전두환 세력은 1980년 봄 김영삼-김대중 두 세력이 갈라졌을 때 '5·17 쿠데타'를 저질렀다"고 말한다.[6]

참된 지식, 즉 지혜라는 것은 현재에 대한 올바른 진단과 미래에 대한 정확한 예측을 의미한다. 이런 의미에서 1980년 당시 민주화 운동 세력은 모두 지혜가 부족했다. '양김씨' 역시 당시 정치적으로 아마추어에 불과했다. 두 사람은 박정희가 사라지자 '다음 정권은 내 차지'라는 환상에 사로잡혀 전두환 일당의 신군부 세력 등장에 전혀 대비하지 못했다.

이 점에서는 재야 세력도 남 탓 할 처지가 못 된다. 더구나 1980년 4월 미국의 시사주간지 〈뉴스위크〉가 미국 정보기관들의 판단에 의거해 '김대중, 김영삼, 김종필은 차기 대통령의 가능성이 희박하다'고 보도했고, 그렇다면 미국은 한국의 다음 정권을 군부로 여기고 있음이 분명한데도 한국의 재야인사들은 군부의 집권을 어떻게 저지할지에 대한 대비책을 모색하지 못했다.

1980년 5월에야 군부 쿠데타에 대한 우려가 일어나기 시작했으나, 때는 이미 늦었다. 양김씨는 오히려 4월 14~15일 대대적인 시위를 벌이고 있던 학생 세력에게 군부가 군대를 출동시킬 명분을 주어서는 안 된다며 말리고 있었다. 그 짧았던 '서울의 봄'에 양김씨는 상이한 태도를 보였다.

김대중은 1980년 2월 중순 신군부 측으로부터 '협조'를 조건으로 사면, 복권 제의를 받았지만 이를 거부했다. 이때부터 신군부의 목표가 정권 탈취에 있지 않는가 하는 우려를 갖게 됐다. 그래서 윤보선, 문익환 등 재야인사들의 신군부 퇴진 요구 성명에 서명을 거부하고, 학생과 노동자들에게는 과격 행동으로 빌미를 주지 않도록 당부했다. 김영삼의 시국 인식은 크게 달랐다. 미국의 저명한 정치학자 스칼라피노가 직접 자신을 찾아와 최근 일련의 사태를 지켜볼 때 군부의 재등장이 우려되며, 미국 내에서는 이를 거의 공지의 사실로 생각할 정도라고 충고했지만, 그는 이를 일축했다. 방금 10·26의 참상을 목격한 군인들이 다시 그 길을 걸을 리 없다는 자신의 생각을 바꿀 만한 경고는 아니었다.[7]

당시 쿠데타가 일어난다면 저항하기로 미리 대비한 대학생들은 광주지역밖에 없었다. 전남대 학생회장 박관현의 제의로 "만약 군대가 출동하더라도 오전 10시에 학교 정문 앞에서 만나자"고 했고, 광주의 대학생들은 그 약속을 지켰다. 이에 반해 서울의 학생 운동 지도부는 5월 15일 서울역 일대 시위에 무려 10만 명이 운집했음에도 학교로 회군하기로 결정했다. 당시 숭실대 학생회장이던 윤여연은 심재철 서울대 학생회장이 "효창운동장에 군대가 진주하는 등 군의 동태가 심상치 않아서 회군하기로 했다고 말해서 깜짝 놀랐다"고 회상했다.

사실 군대의 작전에서 가장 섬멸하기 쉬운 적군은 두려움에 떨어 후퇴하거나 도망치는 오합지졸이다. '5·17 쿠데타' 당시 서울지역 학생 운동의 서울역 회군은 두려움에 사로잡힌 후퇴였다. 전두환 신군부가 광주지역 말고는 아무런 저항도 받지 않고 아주 쉽게 정권을 잡은 이유는 재야 세력과 야당 정치인들의 아마추어적인 낙관론과 그 뒤에 깔린 군부에 대한 두려움 때문이었다.

'5·17 군사 쿠데타'는 정치인들과 민주화 운동가들에게 한반도의 평화, 국제정치, 군사학까지 총체적 탐구를 해야만 제대로 민주화를 이룰 수 있다는 교훈을 남겼다. 지금도 마찬가지이다. 천안함 사건이나 북한 무인기

논란에서 보듯, 이제 우리 국민들은 선동이 아니라 진실을 캐물어야 할 시대를 살고 있다. 국민 누구나 참여할 수 있는 인문학 강좌와 풀뿌리 지역 언론의 필요성을 절실히 느낀다.

'10·26 거사'를 주도한 김재규가 유신의 심장만 제거하면 유혈 사태를 막고 민주화 시대로 접어들 것이라고 기대했던 상황은 1980년 전두환 신군부의 '5·17 쿠데타'로 물거품이 됐다. 박정희 시대가 길러낸 군부 파시스트들과, 그 집권 18년 5개월 10일 동안 파시즘에 길들여진 관료 세력, 보안사, 중앙정보부, 검찰, 경찰 등 공안기관들, 그리고 제도 언론의 사주와 경영진들이 순순히 기득권을 포기할 리가 없다는 사실을 간과했기 때문이다.

사실 우리 역사를 돌이켜보면 1910년 일제 강점기 이래 1980년까지 70년간의 한국 현대사는 국가테러리즘에 의한 폭력과 인권유린으로 점철된 역사였다. 36년에 걸친 일제의 식민통치는 인종주의 또는 민족 우월론을 동원해 한국 민중을 '저열한 인간'으로 취급하는 편견을 양산했다. 폭압적 경찰과 무력을 동원해 민족적 억압과 차별을 정당화하고 기본 인권을 말살해나갔다.

제2차 세계대전 뒤 한반도의 해방 공간, '민족 국가 형성기'에도 국가테러리즘이 계승된 것은 한민족의 비극을 더했다. 분단된 한반도의 남북 권력 집단 역시 기본적 인권과 사회 정의를 짓밟고 테러리즘을 주도했다. 이승만은 하필이면 일제가 사회주의 계열의 저항을 억압했던 파시즘 방식을 고스란히 답습했다. 분단 체제에 놓여 있던 남한의 극우 논리는 전시 일본보다 더욱 극단적 형태를 띠었다. 당시 한국군 지휘부의 의식 밑바닥에는 일본식 국가주의, 즉 파시즘이 자리 잡고 있었다. 전향제도, 사상범 보호관찰, 국가보안법 등 다양한 폭력적 기제들도 일제 식민통치에서 빌려온 것들이다. 그리하여 분단구조와 반공주의가 국가테러리즘을 앞세워 1980년까지 지속적으로 민주주의를 압살해왔던 것이다.

이에 대한 도전이 1960년의 '4월 혁명'이고, '부마 항쟁' 직후 막을 내린 박정희 시대의 처절했던 민주화 운동사였으며, 전두환의 쿠데타에 맞선 1980년 5월의 '광주 항쟁'이었다. 광주 항쟁은 식민지 범죄에 대한 거부, 정의와 평화, 그리고 인권을 향한 한국 민중의 새로운 각성의 표현이었으며, 이러한 의미에서 광주 항쟁은 4월 혁명과 부마 사태의 연장선상에 있는 것이다.[8]

하지만 '광주 항쟁'을 무력으로 진압한 전두환 군부의 국가폭력은 더한층 '폭압적 야만 시대'로 치달렸다. 전두환의 '5·17 쿠데타'는 박정희의 '5·16 쿠데타'와 판박이 쿠데타였다. 전두환은 전국에 비상계엄을 선포하고 가장 먼저 신문, 방송에 대한 전면적 검열을 실시했다. 국회를 해산했고, '5·16 쿠데타' 때의 국가재건 최고회의를 본받아 국가보위비상대책위원회(이하 국보위)를 구성했다. 기성 정치인들을 부패 세력으로 몰아 정치 활동을 금지시키고, 민주화를 요구하는 언론인들을 해고시켰으며, 주간지·월간지 등 정기간행물 172종을 강제 폐간시켰다. 〈기자협회보〉, 〈창작과 비평〉, 〈뿌리 깊은 나무〉, 〈씨알의 소리〉, 〈월간중앙〉 등이 대표적이었다. 또 정치 군인들을 관료 사회와 금융·산업계에 '낙하'시켜 군사 독재의 친위부대로 삼았다.

전두환은 박정희가 하지 못했던 만행도 서슴지 않았다. 김대중과 재야 민주화 운동가, 종교인, 교수, 문인, 언론인, 학생 세력 일부까지 엮어 '김대중 내란음모 사건'을 조작해 37명을 구속 기소했다. 그뿐만 아니라 전국적으로 노동 운동, 농민 운동, 학생 운동 등 각계 민주화 운동 인사 9,000여 명을 체포 또는 수배했다. 또 '사회정화위원회'를 만들어 민주 노조를 철저히 파괴하고, '사회 정화와 폭력배 소탕'이라는 명목으로 시민 6만여 명을 영장 없이 검거해, 그 가운데 3,200여 명을 군법회의에 넘기고, 4만 명 가까이를 4주간 군대에서 '삼청교육'을 받게 한 뒤 6주간 강제 노역에 처했다. 불교계를 사이비 승려와 폭력배들이 난무·발호하는 비리지대인 양 매도하고 1980년 10월 중순부터 1주일간 군경을 풀어 전국의 모든 사찰을 수색했다. '10·27 법난'이라 불리는 불교계 탄압은 당시 조계종 총무원장이었던 송월주 스님이 신군부의 거듭된 종용에도 불구하고 '5·17 쿠데타'에 대한 지지선언을 하지 않았기 때문에 발생했다. 송월주 스님은 더 이상의 피해를 막기 위해 총무원장직을 사임해야 했다.

전두환은 학생 시위를 주도했다고 강제 징집해간 대학생 450여 명을 대상으로 '학원 프락치'를 만드는 비열한 '녹화사업'까지 벌였다. 이 가운데 정성희(연세대81), 이윤성(성균관대81), 김두황(고려대80), 한영현(한양대81), 최은순(동국대81), 한희철(서울대79) 등은 의문의 죽음을 당했다.

1980년 짧았던 '서울의 봄', 우리 국민은 군부 통제에 실패함으로써 전두환 정권 7년 동안 지옥 같은 고통과 공포의 세월을 살게 됐다.

땡전뉴스의 시대

불법 집권한 독재 정권은 국가 정보의 독점과 언론 장악부터 시도한다.

1979년 '12·12 군사 반란'을 일으킨 전두환 보안사령관은 5개월에 걸쳐 군부를 '하나회' 중심으로 재편한 뒤 '허수아비' 대통령 최규하에게 자신을 중앙정보부장 서리로 임명해달라고 요구했다. 1980년 4월 14일자로 그는 보안사와 중앙정보부까지 모두 장악했다. 이후 군의 요직은 모두 하나회가 차지했다. 1983년 이래 육군 참모총장은 정호용, 박희도, 이종구, 이진삼, 김진영 등 하나회 장군들이 맡았다. 국군보안사령관도 전두환에 이어 노태우, 박준병, 안필준, 이종구, 고명승, 최평욱, 조남풍, 구창회, 서완수 순으로 줄곧 하나회 장군들에게 돌아갔다.[9]

1980년 3월 17일 기자협회는 김태홍 기자를 회장으로 뽑았다. 기자협회는 5월 16일 회장단, 운영위원, 분회장 연석회의를 열어 계엄 당국의 보도 검열을 철폐할 것을 요구하며 언론계 내부에 아직껏 온존하고 있는 유신 잔재 및 그 세력을 일소하기 위해 끝까지 투쟁할 것이라는 다짐과 함께 "5월 20일부터 검열을 거부한다"고 선언했다. 그러나 너무 늦었다. 전면적 검열, 제작 거부 돌입 직전 '비상계엄'이 발동되는 바람에 김태홍 회장은 도피를 하고 이수원 부회장 등 간부 6명은 구속되고 말았다.

전두환 정권의 언론 장악 음모는 여섯 가지 방식으로 진행됐다.[10] 그 첫째는 일선 기자들의 검열 거부, 제작 거부에 대한 당면 대책이었다. 중앙정보부가 마련한 대책에 따라 전두환은 정보부장 서리 자격으로 5월 22일 언론사 발행인들을 만나 '국가적 위기 상황과 비상시국'에 대해 적극적 협조를 요구했다. 계엄사 보도처와 문공부는 각 사 편집, 보도국장에게 계엄포고령 준수를 요구했다. 합동수사본부는 제작 거부에 나선 언론인들, 〈경향신문〉의 서동구 조사국장과 이경일 외신부장, 홍수원, 박우정, 표완수 외신부 기자, MBC 노성대 부국장과 오효진 사회부 기자, 〈동아일보〉 심송무 사회부 기자 등을 '계엄포고령 10호' 위반 혐의로 구속했다. 둘째 조처는 보안사가 주도한 '중진 언론인 접촉 순화계획'이었다. 국보위 분과위원장 11명, 합수부 처장 4명 등은 이 계획에 따라 중앙언론사 중진들 포섭에 나섰다.

셋째는 '문제 언론인 숙정', 넷째는 '언론사 통폐합'이었다. 전두환은 1980년 3월부터 자신의 심복인 보안사 준위 이상재를 계엄사 보도처에 파견하면서 '언론대책반'을 가동했다. 언론대책반은 "반체제 인사, 용공 또는 불순분자와 이들에 동조한 자, 검열 거부 주동자 및 동조자, 부정축재자, 특정 정치인과 유착된 자" 등을 숙정 대상자로 지목했다. 당시 문공부 공보국장 이수정은 1980년 해직 기자가 모두 933명이라고 밝힌 적이 있다. 전두환 정권은 언론인 강제 해직 3개월 뒤인 1980년 11월 신문협회와 방송협회를 동원해 언론사들을 강제 통합시켰다. 이에 따라 신문사 28개사 중 14개사, 방송사 29개사 중 27개사가 통합됐고, 7개 통신사는 연합통신(현 연합뉴스)이라는 하나의 통신사로 합쳐졌다.

다섯째는 '언론기본법 제정'이었고, 여섯째는 문공부에 '언론조정실'이라는 신문, 방송 통제본부를 설치하는 것이었다. '언론기본법'은 한마디로 반민주 악법의 표본이다. '언론기본법'에는 주의 의무 조항, 책임 편집제 조항 등 권력이 개입할 수 있는 '근거'가 한둘이 아니었다. 특히 제24조는 문공부 장관이 정기간행물의 등록을 취소하거나, 발행의 정지를 명할 수 있다는 조항이었다. 또한 제3조 4항의 언론은 폭력 행위 등 공공질서를 문란하게 하는 위법 행위를 고무·찬양해서는 안 되며, 이를 반복해서 현저하게 위반할 때에는 문공부가 해당 언론사의 등록을 취소할 수 있다는 조항 등은 일개 문공부 장관에게 신문, 방송의 생살여탈권을 부여한 것이었다. 제21조에는 신문을 발행하려는 자에게 막대한 시설 투자를 하도록 강제함으로써 재벌급 자산가만이 신문 경영을 할 수 있도록 하여 사회적 소통의 기회 균등을 파괴했다.

아니나 다를까. 전두환 정권은 '언론기본법'이 발동되자마자 문공부에 홍보조정실을 설치해, 신문과 방송에 매일 지침을 내려보내기 시작했다. 보도 가(可)부터 보도 불가(不可)까지, 사진을 실어라 마라, 기사는 몇 면에 몇 단으로, '권장 제목'과 '불가 제목'에 이르기까지, 지침은 아주 세세했다. 아무리 문공부 장관이 생살여탈권을 가졌다 해도, 언론사들이 독재 권력의 충견이 되어 문공부 지시사항대로 제작하고, 그런 사람들이 계속해서 언론인 행세를 했던 전두환 시대를 우리는 수치스럽게 생각해야 할 것이다.

1980년 '5·17 쿠데타'를 기점으로 전두환 정권이 언론계의 민주화 세력을 일소하자, 신문과 방송은 일시에 '땡전뉴스 시대'로 변했다. '땡전뉴스'란 "땡" 하며 밤 9시를 알리는 종소리와 함께 진행되는 지상파 방송의 '9시 뉴스' 첫 소식이 전두환의 동향에 대한 보도로부터 시작된 데에서 유래했다. 신군부에 부역 언론인이 그만큼 넘쳐났던 것이다.

〈동아일보〉가 특집을 통해서 '의협심 많은 청소년 시절', '흰 종이가 까맣게 되도록 글씨 연습', '운동 경기에 거의 만능' 등으로 전두환을 '새 시대 새 지도자'로 부각시켰고, 〈조선일보〉 역시 '인간 전두환'이란 특집에서 '육사의 혼이 키워낸 신념과 의지의 행동', '나보다 국가 앞세워'라며 전두환을 미화했으며, 〈중앙일보〉도 '합천에서 청와대까지'라는 제목으로, '솔직하고 사심 없는 성품' 식으로 전두환을 우상화하면서 언론을 배반했다.[11]

"새歷史 창조에 身命바치겠다"

全斗煥육군大將 轉役式 어제 西部前線서

平和的 政權교체 傳統 수립

우리에 알맞는 民主토착화

事大-安逸의 舊時代 퇴조는 歷史발전 順理

兩獨頂上 波사태로

聽舍관리 一元化

閣議 규정의결

南北韓 대화 촉진 協力

韓-기니外相 聲明

1980년 8월 들어 전두환 국보위 상임위원장이 군복을 벗고 대통령 출마를 기정사실화하자 당시 언론들은 일제히 '땡전뉴스'와 '전비어천가'를 불렀다. 〈조선일보〉는 전두환 육군 대장의 전역식을 1면 머리기사로 보도했다.

〈미디어오늘〉은 2003년 민주언론시민연합의 〈80년 신군부 부역 언론인 모니터 보고서〉도 발췌, 보도했다. 1980년 8~9월 언론마다 '장군에서 대통령으로' 옷을 갈아입은 전두환에 대한 찬양과 아첨으로 도배한 실상이 역력하다.

〈동아일보〉 '새 시대 새 역군으로 신명 바칠 터', '새 시대가 바라는 새 지도자상(8월 22일 전두환 장군 전역식)', '난국 속 영도력 부각', '오도된 가치관 바로, 국가지표 뚜렷이(8월 23일 전두환 국보위상임위원장 추대로 본 각계 여론)', '우국충정 30년', '정직, 성실: 평범 속의 비범 실천(8월 29일 새 시대 기수 전두환 대통령).'

〈조선일보〉 '머리 깎고 금연, 금주, 검은 과거를 씻는다', '땀을 배우는 인간교육장, 불량배 1,000여 명 군부대서 4주간 정신순화 작업(8월 13일 육군 ○○부대, 삼청교육 현장에서)', '평화적 정권 교체 전통 수립', '우리에 알맞은 민주 토착화(8월 17일 과도기 단축한 결단, 새 질서 구축 전기로).'

〈중앙일보〉 '솔직하고 사심 없는 성품', '몸에 밴 근검 생활, 이권에는 냉정(8월 28일 합천에서 청와대까지: 전두환 대통령 어제와 오늘 1).'

〈한국일보〉 '국보위가 발표한 사회악 일소 특별조치는 국민의 생존권마저 위협하는 각종 파렴치한 범법 행위를 발본색원, 법과 정의가 지배하는 사회로 탈바꿈시키려는 강력한 의지의 소산(8월 5일 법과 정의가 지배하는 사회로)', '최규하 대통령의 사임 발표는 새로운 정치주도 세력이 1980년대 국가 운영의 주역을 맡을 수 있도록 길을 열어주었다는 점에서 역사적 의미를 갖고 있다. 새 시대의 주역은 전두환 국보위 상임위원장이 맡아야 한다는 국민적 합의기반이 다져지고 있다(8월 17일 새역사발전 위한 대통령).'

〈경향신문〉 '새 역사 창조의 선도자 전두환 장군' 시리즈(8월 19~23일 4회 연재).

〈서울신문〉 '새 시대를 여는 새 지도자, 전두환 장군' 시리즈(8월 19~30일 7회 연재).

이 찬양과 아첨의 대열에는 국외 특파원들도 대거 동원됐다. 〈동아일보〉의 강인섭 기자는 1980년 8월 9일 "미국은 전두환 장군을 한국의 다음 지도자로 지지하기로 결정했다고 주한미군의 한 고위 당국자가 말한 것으로 〈로스앤젤레스타임스〉가 7일 보도했다"고 전했다. 〈조선일보〉의 안종익 특파원 또한 8월 10일 워싱턴발 기사에서, 미국이 전두환 장군을 지지하기로 결정했다면서 "미국은 한국에 미국식 민주주의를 강요하지 않을 것"이라고 보도했다. 〈중앙일보〉는 김건진 워싱턴 특파원, 김두겸 도쿄 특파원, 이수근 홍콩 특파원, 김재혁 파리 특파원 등을 동원해 '미국의 전두환 지지, 일본 신문들 크게 보도', '난국 이기려면 새로운 영도력 필요, 위컴 주한미군사령관이 전두환 지지 발언' 등의 기사를 보도했다. 〈한국일보〉의 송효빈 기자는 8월 9일 "〈요미우리〉, 〈아사히〉 등 일본 5대 신문은 미국이 한국의 국보위 상임위원장인 전두환 대장을 지지할 용의가 있다는 의향을 분명히 했다고 8일 보도했다"는 뉴스를 타전했다. 〈경향신문〉에서는 정남 외신부장, 장효상 워싱턴 특파원, 이동균 뉴욕 특파원, 황동열 도쿄 특파원, 장명석 파리 특파원 등이 동원됐고, 〈서울신문〉에서는 신우식 도쿄 특파원이 한국에서는 전 장군과 같은 강력한 지도자가 요구되며 한반도의 안전과 직결되고 있는 일본으로서는 이 새 지도자를 뒷받침해야 한다는 데 의견이 모아지고 있다고 치켜세웠다.

이처럼 독재 정권을 찬양하기 바빴던 한국 언론들은 2013년 전두환의 부정축재 재산 환수 문제로 국민 여론이 들끓자 일제히 전두환 매도에 동참했다. 살아 있는 독재 권력 앞에서는 아양 떠는 애완견으로 머물다가, 주검이 된 권력에게는 하이에나로 변하는 이 곡학아세의 한국 언론들을 어이 할꼬?

— 2장 —

한 개의 칼과 두 개의 방패

부활하는 학생 운동

1980년 9월 1일 제11대 대통령으로 취임한 전두환은 그해 연말 국가보위입법회의를 발족시켰다. 국회를 해산하고 국무회의를 통해 임의로 입법기관을 만든 것이다. 이를 통해 '언론기본법'과 '사회안전법'을 제정해 언론 자유와 사상의 자유를 철저히 폐기처분했을 뿐만 아니라 '집시법', '국가보안법', '노동관계법' 등을 개악해 표현의 자유, 집회와 시위의 자유를 유린했다.

전두환 시대의 집시법은 '집회·시위 허가제'였고, '민주화를 주장하는 집회·시위에 대한 금지법'이었다. 그나마 해가 떠 있을 때에만 집회·시위가 허가됐다. 재판에 영향을 미칠 염려가 있거나 미치게 하기 위한 집회 또는 시위, 공공의 안녕질서 유지에 관한 단속 규정에 위반하거나 위반할 우려가 있는 집회와 시위, 사회적 불안을 야기시킬 우려가 있는 집회와 시위 등은 금지된다고 규정했다. 금지된 시위를 예비음모해도 처벌한다고 못박았다. 집회 및 시위 허가권은 경찰서장 또는 경찰국장에게 있었다.

이처럼 전두환 시대는 국민 전체에는 암흑기였으며, 민주화 운동 세력, 특히 학생 운동 세력에게는 죽음과 고문과 용공조작의 시대였다. 또한 노동자, 농민, 빈민 등 생존선상에서 생활선상으로 상승하려는 서민들에게는 공권력이 가장 먼저 진로를 가로막는 파시즘 시대였다. 전두환 시대는 총체적으로 가장 저열한 '야만의 시대'였다. 민주화 운동가는 곧 범죄인이었고, 전국 곳곳에서는 살아남은 자들의 슬픔과 한탄의 한숨만이 들려올 따름이었다.

하지만 이번에도 학생 운동권에서 가장 먼저 '정중동'의 움직임이 일어나고 있었다. 그러나 이들의 움직임이 너무도 은밀해서 누구도 눈치채지 못했다. 1980~1983년 학생 운동에 대한 거의 유일한 기록은 '1980년대 전반기 학생 운동 기념문집 출간위원회'와 민주화운동기념사업회가 발간한 《5월 광주를 넘어 6월 항쟁까지》(자인출판사, 2006)가 아닐까 싶다. 이를 보면 이 시기 학생 운동은 가장 엄혹한 시기에 한국 민주화 운동의 불씨를 되살렸으나, 성과는 두드러져 보이지 않았고 당사자들은 지옥 같은 고통을 겪어야 했다.

전두환은 '5·17 쿠데타' 직후 대학 안에 진주시킨 군대와 전경들, 그리고 정보과 형사들과 정보원들을 1983년 말까지 계속 잔류시켰다. 그들은 마치 학원의 주인인 양 활개를 치며 수업까지 감시했다. 질식할 것 같은 분위기 속에서 수많은 학생들이 허무주의자가 되어 술독에 빠졌고, 학내 시위는 대부분 초동 진압됐다. 오죽했으면 이화여대생 윤영순(정치외교81)이 '이대가 남녀공학(?)이었던 것을 기억하나요'라는 글에서 "나는 대학 3년을 항상 짭새(사복형사)들과 함께하는 남녀공학 아닌 남녀공학에서 대학생활을 하게 됐다"고 말하고 있을까?

그럼에도 전두환 대통령 취임 직후인 1980년 9월 9일 경희대 여학생 김경(영어교육78)이 손목 동맥을 면도칼로 자해하면서 "살인마 전두환을 민족의 이름으로 처단하자"고 외쳐 학생 운동에 큰 충격을 안겨주었다. 이 시위를 기획한 이상희, 하석태, 정해랑, 최낙범, 김재관과 시위에 앞장선 정형서, 박병식, 이를 도와준 강신홍, 이효인 등은 모두 구속됐다. 이어 10월 17일에는 고려대생 도천수, 김관희, 최봉영, 이상진, 박구진, 전성, 박민서, 이상민, 박선오 등이 '파쇼 타도', '광주 학살 원흉 처단'을 요구하며 시위를 벌였다. 제5공화국 정권은 당장 고려대에 휴교령을 내렸다.

서울대에서는 이른바 '무림 사건'이 터졌다. 12월 11일 낮 김희경, 남명수, 남충희, 윤형기 등이 도서관 앞에서 시위를 벌였다. 이들은 '반파쇼 학우 투쟁 선언문'을 발표하고, "학생 운동은 이제 소모적인 시위 만능주의를 배격하고 기층 민중 운동으로의 이전에 주력해야 한다"고 주장했다. 집회나 시위보다는 노동 운동과의 연계가 훨씬 더 중요하다는 것이었다. 공안당국은 이 시위의 배후를 캔다며 졸업생부터 재학생, 군 복무자에 이르기까지 100여 명을 보안사, 치안본부 남영동 대공분실, 서울시경 남산 대공분실 등으로 끌어다놓고 고문했다.

전두환 정권은 애초 이 사건을 경제학과 71학번인 김병곤을 정점으로

79학번까지 엮어 대규모 반국가 단체 조직 사건으로 조작하려다 중단했다. 공안 당국은 '연합 언더 조직'이어서 안개처럼 실체를 알 수 없다는 뜻에서 '무림(霧林) 사건'이라고 발표했다. 아무것도 없는 사건이라고 자인한 셈이었다. 하지만 고세현, 김명인, 김희경, 남명수, 남충희, 박용훈, 윤형기, 허헌중, 현무환, 이원주, 최영선을 구속하고 수십 명을 강제 징집해 군대로 끌고 갔다. 1980년 가을학기 학생 시위는 그 자체로는 큰 파장을 못 일으켰지만, 전두환 신군부의 쿠데타로 초토화됐던 학생 운동이 신속하게 복원된 증거로 민주화 운동 세력을 크게 고무시켰다.

1980년 대학생으로서 전두환 신군부의 '광주 학살'과 제5공화국 집권을 겪어야 했던 세대들에게 '민주화 운동'은 피할 수 없는 운명과도 같았다. 이화여대 윤영순은 훗날 "전두환 시대에 살면서 운동 이외의 선택이란 비굴함과 굴종의 또 다른 표현이며, 우리 젊은이들조차 시대의 모순을 외면한다면 나라의 미래는 없다고 믿었다"고 증언했다. 실제로 고려대 여학생 김혜영과 이희경은 노동 현장으로 들어가기 앞서 일종의 통과의례처럼 시위 주동을 했고, 성철준, 박윤길, 송재석, 김덕균, 김헌, 양동주 등은 "전두환 독재의 사병 노릇을 해야 하는 군인이 되기 싫어서 일부러 디(시위)를 치고 감옥에 갔다"고 말했다.

그 시기 시위의 양상은 1960년대 후반의 우리 세대와는 비교할 수 없을 정도로 치열했다. 캠퍼스 곳곳에 경찰이 깔려 있어 학생들은 모일 수조차 없었던 까닭에, 주동자 몇 명만이 건물 옥상이나 난간에 올라가 구호를 외치거나 유인물을 뿌리는 사이 아래쪽에서 다른 학생들이 몸싸움을 벌이는 일종의 '시간차 게릴라 전법'을 구사했다. 그러다 보니 종종 주동 학생들이 추락하거나 투신해 다치고 심지어 목숨을 잃는 비극으로 이어졌다. 두 차례 옥살이 이후 모든 사회 활동의 길이 막혀 그즈음 '낭인' 신세였던 내게 젊은 학생들의 목숨 건 투쟁 소식은 '무언가 해야 한다'는 채찍으로 다가오고는 했다.

1981년 첫 시위는 3월 19일과 4월 14일 서울대의 유기홍, 박태견, 이주로, 강석령, 문용식 등이 잇따라 터뜨렸다. 5월 29일에는 이화여대의 우명숙, 황말희가 '축제 거부'를 주장하며 시위를 벌였고, 뒤이어 6월 1~2일 조기숙, 김정신은 침묵시위를 벌였다.

성균관대의 김현국은 10월 7일 대학본부 굴뚝에 올라가 메가폰으로 외쳤다. "광주 학살 원흉 전두환을 처단하라!" 그 아래에서 학생들은 최루탄이 난무하는 가운데 1시간 반 동안 시위를 벌였다. 김현국은 출소 뒤 어머니로부터 "그날 경영학과 교수라는 사람의 연락을 받고 학교로 달려갔는데, 조아무개 교수가 아들을 설득하라고 종용하길래, '나는 정치는 잘 모르지만 아들은 잘 안다. 아들이 결단하고 가는 길을 막을 수는 없다. 내가 모습을 보이면 우리 아들이 뛰어내릴지도 모른다'며 거부했다"는 이야기를 들었단다. 누가 진짜 스승인가?

1981년 5월에는 '언론 통폐합'의 주모자 허문도(당시 청와대 정무비서관)가 대학생 수천 명을 동원해 벌인 이른바 '국풍 81'이란 해괴한 쇼가 서울대 시위를 유발시켰다. 김상준은 "1981년 당시 우리는 늘 우울했다. 사랑했던 선배들, 친구들이 너무 많이 사라졌고, 짭새들이 학교 벤치마다 새까맣게 내려앉아 있었다. 캠퍼스는 전쟁터였다. 그런데 허문도가 5월 28일 '국풍'을 열자, 학생들의 꼭지가 돌았다. 여의도로 몰려가 단상의 밴드가 드럼을 두드리는 것을 신호로 우리의 공격이 시작됐다. 파티는 순식간에 끝났고, 그날의 투쟁은 대승리였다"고 말했다.

고려대와 한국외대 학생들은 1981년 11월 8일 경기도 광주 '문무대' 군사 교육 때 입소 첫날 연병장에서 스크럼을 짜고 '사람 사는 세상이 돌아와'라는 노래를 합창하며 일종의 '사보타주'를 시도했다. 전두환 정권은 결국 수십 명을 제적시키고, 고려대생 109명과 한국외대생 50명을 강제 징집했다.

서울대 공대는 1982년 2학기 시위를 단단히 준비했다. 거사일은 9월 16일, 주동자는 무려 7명(이재철, 김학린, 김영호, 송호진, 김중현, 노정래, 정승일)이었다. 9월 15일 아크로폴리스에서 서울대 전체 총회를 한 뒤, 16일 낮 김영호, 송호진 등이 학생회관 옥상에 올라가 '경협저지, 왜곡시정, 일제타도' 현수막을 내걸고 유인물 2,500장을 뿌렸다. 학생 1,000여 명이 오후 5시까지 시위를 계속했다. 이들은 "9월 24일 광화문 네거리에서 모이자"고 선언했고, 이에 호응해 9월 17일 동국대, 9월 21일 연세대, 9월 22일 성균관대, 단국대, 이화여대 등 서울 시내 16개 대학이 릴레이 시위에 나섰고, 9월 24일 오후 1시부터 서울 시내 곳곳에서 거리 시위가 이어졌다.

전남대에서는 '1980년 5월' 총학생회장이었던 박관현 열사가 40일간의 단식 끝에 옥중에서 생을 마감하자 1980년 10월 13일 박현주 주도로 추모 시위가 열려 2,000여 명의 학생들이 3시간 넘게 교내 시위를 벌였고, 10월 24일부터 1주일간 추모 행사를 벌였다. 경북대에서는 '전두환 독재 규탄' 유인물을 뿌려 무려 18명이 구속된 데 이어 1982년 11월 18일 권형우, 이병술이 시위를 주도해 2,000여 명이 동참했다.

1983년 들어서도 학생들의 저항은 계속됐다. 한국외대의 이경옥은 9월 15일 김경숙과 함께 두 번째 시위를 벌이다 도서관 난간에서 떨어져 중상을 입었다. 송세언도 강제 징집 당했던 최은순이 죽었다는 소식을 듣고, 9월 28일 이미숙, 민혜홍, 이선희, 오길숙과 함께 시위를 벌였다. 한국외대 정봉주도 같은 날 장시간 1인 시위를 주도했다. 11월 8일에는 서울대의 황정하가 도서관 난간에서 밧줄 시위 중 추락해 사망했다. 이른바 '학원자율화 조치' 직전이었다.

전두환 정권의 노조 파괴 공작

전두환은 집권 초기 '정의 사회 구현'을 빌미로 민주 노동 운동을 집중적으로 탄압했다. 1980년 8월 국보위에서 하달된 '노동조합 정화 지침'을 보면 한국노총 위원장 등 산별 위원장 사퇴, 지역지부 폐지, 각 노동조합에 정화위원회 설치 등을 지시하고 있다. 이에 따라 노동부는 전국 160여 개 지역지부를 해체했고, 정화된 노동조합 간부들은 3년간 노조 간부를 맡을 수 없다는 명령을 내렸다.

다음 순서는 12월 이른바 국가보위입법회의를 통해 감행한 노동관계법 개악이었다. 국보위는 산별 노조를 기업별 노조로 퇴행시켰고, '제3자 개입 금지'로 노동 운동을 사회로부터 고립시켰으며, 학생들의 노동야학과 노동 현장 진출을 범죄로 다뤘다.

동시에 1970년대 말부터 싹트기 시작한 민주 노조들에 대한 파괴공작도 진행했다. 전두환 정권은 그해 5월 15일 결성된 서통노조의 조합원 600명을 해고하고, 이듬해 6월 배옥병 위원장 등 노조 간부 5명을 폭력 사범으로, 전 섬유노조 기획전문위원 이목희를 제3자 개입 혐의로 구속했다. 1981년 초 서울시장은 청계피복노조 해산을 명했고, 경찰은 노조 사무실을 폐쇄했다. 콘트롤데이타에서는 노조가 태업 등을 벌이자 1982년 1월 미국 본사에서 노동쟁의 신고를 한 뒤 7월 일방적으로 공장 문을 닫아버렸다.

1980년 7월부터 1983년 1월까지 이어진 원풍모방의 노조 사수 투쟁도 성공하지 못했다. 지부장 방용석은 1980년 5월 '김대중 내란음모 조작 사건'에 연루시켜 수배했고 부지부장 박순희는 조합원에서 제명했다. 이어 12월 계엄사는 이문희 지부장 직무대리 등 노조 간부와 대의원들에게 강제 사표를 받고 그 가운데 4명은 삼청교육대로 끌고 갔다. 1981년 2월 조합원들은 새 집행부를 구성해 투쟁을 계속했으나 10월 1일 끝내 강제 해산당했다. 회사에서 쫓겨난 노조원들은 영등포도시산업선교회관에서 농성을 계속하려 했지만 인명진 목사가 회관 철수를 요청해 1983년 1월 투쟁의 막을 내려야 했다.

전두환 정권은 민주 노조를 파괴한 뒤 이른바 '블랙리스트'를 만들어 노조원들의 재취업까지 막았다. 정보기관, 노동부, 기업들이 공동으로 작성한 블랙리스트에는 학생 운동 출신 노조 활동가들, 청계피복, 원풍모방, 동일방직, 반도상사, 동남전기, 서통 등 125개 사업장의 해고자 등 700명이 넘었다.

제5공화국 들어 생겨난 민주화 운동의 새로운 양상인 '노학 연대'에 대한 정권의 탄압도 집요했다. 1981년 6월 전국민주노동자연맹(이하 전민노련) 사건이 대표적이다. 훗날 노동부 장관을 지낸 이태복을 비롯해 김철수,

신철영, 김병구, 유해용, 윤상원, 양승조, 박태연, 유동우 등이 펼친 조합주의·경제주의 극복 운동, 미조직 노동자의 노조 결성 운동, 산별 노조 운동을 막고자 전국민주학생연맹(이하 전민학련) 사건과 동시에 꾸며낸 일이었다. 1981년 2월 전민노련과 연계해 결성된 전민학련은 5인 중앙위원회(이선근, 박문식, 박성현, 이덕희, 홍영희)를 두고 경인지부(지부장 윤성구), 부산지부(지부장 이호철)를 조직한 상태였다. 경인지부에는 신촌지회(연세대, 이화여대), 관악지회(서울대), 중앙지회(성균관대, 동국대, 성신여대), 동부지회(한국외대, 경희대) 등이 있었다.

전국불교야학연합회는 한국대학생불교연합회 출신의 최연 등이 '민중의 민중에 의한 민중을 위한 불교 운동'을 전개하면서 결성했는데, 전두환 정권은 1981년 12월 이를 '불교 사회주의 운동'으로 낙인찍고 150여 명을 연행한 뒤 법우 스님, 최연(문화농림 여래사 운영위원), 신상진(여래사 불교연구 회원) 등 3명을 국가보안법 위반 혐의로 구속했다. 1983년 8월 치안본부 비밀수사기관에서 '야학교사 대학생' 300여 명과 노동자 200여 명을 고문 수사한 뒤 '야학은 용공좌경의 소굴'로 매도한 '야학연합회 사건'도 터졌다.

전두환 정권의 노동 운동 탄압은 일제가 식민지 시대 조선의 독립 운동가 또는 잠재적 독립 운동가들을 '불령선인'으로 몰아 잡아가고 고문하던 수법과 다르지 않았다. '학생은 왜 노동자가 되어서는 안 되는가? 노동자는 왜 사회 문제에 대해 의식하면 안 되는가?' 이런 질문에 대한 대답은커녕 그런 생각을 했다는 이유만으로도 권력의 주먹이 먼저 날아왔던 전두환 시대는 '파쇼국가'였다.

1980년 5월 전두환 신군부가 유혈 쿠데타를 일으켰을 때 기성세대의 민

1980년대 초반 쿠데타로 집권한 전두환 신군부의 공포 정치에 거의 모든 민주화 운동 세력은 초토화되거나 침묵을 지켜야 했으나 농민 운동은 꺾이지 않았다. 사진은 1982년 3월 출범한 '기독교농민회'의 1986년 연합회 정기총회 모습이다.

주화 운동은 '일패도지(一敗塗地)'했다. 정치권을 보면, 윤보선은 "반체제 인사와의 대화를 통해 사회 안정에 기여하겠다"고 정권에 응답했고, 김대중은 감옥에 갇혔으며, 김영삼은 "정계은퇴 심경에 변함이 없다"고 했으며, 김종필은 "해야 할 분(전두환을 지칭)이 잘하고 있다"고 말했고, 이철승은 "광주 사태가 전주까지 번지지 않도록 한 나를 정부가 과소평가하고 있다"는 불만을 터뜨렸다.[12] 재야 세력도 종교계 지도자들도 상당 기간 정권에 대한 저항은 꿈도 꾸지 못했다.

이 '침묵의 시대'에 나름의 생존권 투쟁과 민주화 투쟁을 꾸준히 전개한 세력은 농민 운동이었다. 기존 가농에 더하여 1982년 3월 '기독교농민회(이하 기농)'까지 출범했다. '가농'과 '기농'은 1982년 봄부터 '농지세 시정

투쟁'에 손잡고 나섰다.

가농의 정성헌, 정재돈은 다음과 같이 말했다.

> 농지세는 도시근로자의 근로소득세에 해당되는 것으로, 농가의 순소득에서 평균생활비를 보장하는 기초공제액을 빼고 부과해야 함에도 공무원이 임의로 부과해왔고, 기초공제액도 도시근로자에 비해 낮았다. 1980년 음성지역 고추 재배 농민들이 부당농지세 시정대책위원회를 결성하고, 농지세 자진신고 및 이의신청 활동을 하면서 농지세 납부 거부 투쟁을 전개했다. 전두환 정권은 강제 차압으로 대응했다. 그러나 이 투쟁이 가농과 기농을 통해 전국적 서명 운동과 집회로 계속 이어지자, 결국 1984년 농지세법을 개정했다.[13]

가농과 기농은 1983년 여름부터 '농협조합장 직선제 100만인 서명 운동'을 벌였다. 농업협동조합은 '5·16 쿠데타' 이후 '농협 임원 임면에 관한 임시조치법'을 통해 임명제로 바뀌었다. 일부 학자들은 박정희 시대 관제화된 농협은 독점자본을 위해 농민을 수탈하는 파이프라인이 됐다고 지적했다. 두 단체의 서명 운동은 전두환 정권이 촉발한 것이었다. 정권은 미국의 압력에 굴복해 미국산 쌀을 1983년 22만 톤, 1984년 25만 톤 수입했다. 쌀값이 폭락했을 뿐만 아니라, 농협에서 미국산 수입쌀을 팔고 우리 농가의 쌀 수매량은 대폭 줄이는 바람에 농민들은 쌀을 내다 팔 수조차 없게 됐다. '농협이 누구의 것이며, 누구를 위한 단체인가'라는 분노가 폭발한 것은 너무나 당연한 일이었다.

사실 농촌의 붕괴는 박정희 시대 이래 저임금 저농산물 가격 정책으로

20년간 진행 중이었다. 1965년 1,580만 명이던 농가 인구가 1985년에는 850만 명으로 줄어든 사실이나, 1965년 94퍼센트에 육박하던 식량자급률이 1985년에는 48퍼센트로 떨어진 데에서도 알 수 있다. 그런데도 전두환 정권은 '개방농정'이라는 이름으로 농민들의 고통을 더욱 가중시키고 있었다. 두 단체는 농협의 반농민 정책에 저항해 1983년 여름 '농협민주화추진위원회'를 결성하고, '농협을 농민의 품으로'라는 구호와 함께 8월 1일부터 각 도 연합회별로 농협조합장 직선제를 위한 100만인 서명 운동에 돌입했다. 특히 교회와 교회 단체들의 적극적 동참과 지원은 큰 힘이 됐다. 서울 명동 천주교회에서는 하루에만 3,000여 명이 서명에 동참했다.

전두환 정권은 이 직선제 서명 운동이 대통령 직선제 요구로 번질까 봐 특히 신경을 썼다. 방해 공작도 다양했다. 농협 직원, 면사무소 직원, 경찰이 마을에 상주하면서 농민회 회원들을 감시하고 공포 분위기를 조성했다. 이장회의, 동장회의, 반상회가 총동원됐다. 전남 무안의 직원들은 "농민회 활동 자금이 소련에서 조달되고 있다", 화순에서는 "농민회 활동 자금이 미국의 용공 단체에서 나오고 있다"는 유언비어를 퍼뜨렸다. 어느 농촌지도소에서는 "서명 운동에 참가하면 영농후계자 자금을 못 받을 줄 알라"고 위협했다. 강원도 홍천에서는 면장이 "도산(도시산업선교)은 깨버렸는데, 도산 잔당이 가농에 침투해 선동을 획책한다"고 모함했다. 충북 영동과 청원에서는 농협 관계자가 한국전쟁 때의 보도연맹을 운운하며 서명하지 말라고 위협했다. 충북 음성에서는 지서장이 "가농 활동을 하면 친척이나 자식이 취직 못한다, 서명에 참여하면 새마을 지원 자금을 회수하겠다"고 협박했다.

가농은 1983년 12월 23일 서울 전진상교육관에서 농민대표 8명과 각 정당 대표가 참석한 가운데 간담회를 열었다. 이 자리에 참석한 정당 대표들은 원칙적으로 농협민주화에 동의하고 조합장 직선제 실시를 위한 제도 개선에 노력할 것을 약속했다. 이 약속은 지켜지지 않았지만, 농협조합장 직선 운동은 '저항'이 민주화 운동의 출발점이란 사실을 다시 한번 깨우쳐 주었다.

1980년대 민주화 운동

민주화운동청년연합(이하 민청련)이 창립한 지 30년이 더 흘렀고, 해산한 지도 23년이 지났다. '민청련'을 생각하면 내 가슴에는 지금도 아련한 그리움과 슬픔이 교차한다. 왜일까? 그들이 새로운 용기와 희망을 우리들에게 선물했기 때문이다.

전두환의 공포정치 속에서 3년 남짓 숨죽이고 있던 지식인 사회에서, 민주화 운동의 깃발을 다시 힘차게 휘날리며 조직 운동에 가장 먼저 나선 그룹은 1970년대 학생 운동 출신 청년들이었다. 우리는 그들이 목숨 걸고 민청련을 만들었음을 안다. 민청련의 상징인 '독을 품은 두꺼비'만 봐도 알 수 있다. 이 두꺼비 상징은 서울대 문화패 출신의 연성수와 홍대 미대 출신 이기연의 합작품이었다.

민청련은 처음부터 깨지려고 만든 조직이었다고들 했다. 그러나 그들은 비록 전두환 군사 정권에게 깨지더라도 그냥 망가지는 것이 아니라, '민주주의'라는 알을 잔뜩 품고 뱀에게 잡아먹혀 그 독으로 뱀을 죽게 하고 민주주의라는 알들이 뱀을 자양분으로 해서 이 땅에 새 생명을 얻게 하겠다고 마음먹었다. 마치 이순신 장군이 말한 '사즉생(死卽生) 생즉사(生卽死)'의 심경으로 읽힌다.

1983년 9월 출범한 '민청련'은 발기 취지문에서 "민족의 존립 자체가 위협받고 있는 오늘의 현실 상황은 뿔뿔이 흩어진 민주 청년들이 다시 한데 모여 민중 운동의 흐름 속에서 양심적인 지식인, 종교인, 정치인, 노동자, 농민들과의 연대를 강화하면서 민주주의와 민족 통일을 위한 새로운 사회 건설에 온몸으로 매진할 것을 강력하게 요구하고 있다"고 선언했다. 창립 선언문에서는 "고통과 희망을 한 몸에 안고 억압받는 제3세계 민중의 일원으로서, 민족사의 전진에 앞장서야 할 청년으로서, 민주 통일을 위한 민주 정치의 확립, 민족 자립 경제의 확립, 자생적이고 창조적인 문화교육 체계의 형성, 냉전 체제 해소와 핵전쟁 방지를 위해 매진한다"고 밝혔다. 초대 의장에는 김근태, 부의장에 장영달, 상임위원회 위원장에 최민화, 부위원장에 이해찬이 선출됐다.

내가 '민청련'을 주목한 이유 가운데 하나는, 그때까지 학생 운동이 재학 중에 그치고 졸업하고 나면 대부분 현장에서 멀어져가는 데 반해 직업적 민주화 운동가들과 이들을 지원할 단체가 등장했기 때문이다. 또 하나는, 이들이 민주화 운동에 목숨까지 걸었다는 점이었다. 무엇보다도 청년층이 선두에 나섬으로써 학생 운동과 기성세대의 연결이 가능해졌다.

민청련이 대표를 선정하는 데 가장 중요하게 염두에 둔 것은 노동 운동 등 기층 민중 운동 현장과의 유기적 연계성이었다. 노동 운동 등의 언더조직과 연계가 안 되면 대중적 기반을 갖지 못한다고 판단했다.[14] 여기서 엿

볼 수 있듯, 민청련은 1980년대의 민주화 운동이 기층 민중 운동과도 좀 더 폭넓은 소통과 연대를 할 수 있게 된 고리였다.

민청련 세대들은 기존의 기성 지식인 민주화 운동가들과는 달리 한국의 민주화 운동이 분단 극복 운동과 병행하지 않으면 성공할 수 없다고 보고, '민중·민주·민족'을 하나의 운동으로 연결하려는 새로운 운동 노선을 채택했다. 더불어 이들은 민주화 운동 세력의 투쟁성 회복, 청년세대의 내부 역량 체계화, 다른 민주화 운동 세력과의 연대, 대중 운동 참여와 지원, 한국 민주화 운동의 진로 모색과 방법 개발을 위한 조사, 연구 활동을 과제로 설정했다. 출범 6개월 만인 1984년 3월 기관지 〈민주화의 길〉도 창간해 해산 때까지 8년간 19호나 발간하는 저력을 발휘했다.

민청련은 출범 초기부터 미국의 한반도에 대한 냉전 강요와 전두환 군사 정권에 대한 지지에 강한 거부감을 표시했다. 이어 첫 대중 투쟁으로 1983년 11월 레이건 대통령의 방한 반대 운동에 나섰다. 민청련은 한국기독청년협의회와 함께 발표한 "민주화여! 민주화여! 민주화여!"라는 성명에서 미국과 소련의 신냉전은 한반도에서 긴장을 고조시키고 민족의 전멸을 가져올 전쟁 위기를 조성하고 있다며 "레이건 미국 대통령의 방한은 우리의 민주화를 위한 것인가, 아니면 독재 권력의 지원을 위한 것인가?"라는 물음을 던졌다.

1984년 5월 19일에는 광주에서 광주 항쟁 희생자 추도식과 거리 시위를 한 데 이어 1985년 여름까지 '군사 독재의 국가폭력 추방을 위한 투쟁'과 '노동자의 생존권 보장을 위한 연대 투쟁', '노동법 개정 투쟁', '광주 항쟁 진상규명과 책임자 처벌', '전두환 방일 저지 투쟁', '노동자 블랙리스트 철

1983년 출범한 민청련은 전두환 정권에 정면으로 맞서며 학생 운동과 기성세대의 연대를 이끌었다. 사진은 1985년 5월 17일 민청련 회원들이 광주 시내에서 거리 시위를 하는 모습이다.

폐 운동', '전두환 방미 반대 투쟁' 등을 줄기차게 전개했다.

그 무렵 문학, 예술, 문화, 출판, 교육 등 여러 분야의 지식인들이 각각 민주화 운동 단체를 결성하고 나선 것도 민청련의 기세에 자극받은 덕분이었다. 동아투위, 조선투위, 80년해직언론인협의회(이하 80협의회)의 해직 기자들도 1984년 봄부터 사회과학 출판인들과 민주화 운동 단체 결성에 본격 착수했다. 그 결단도 민청련의 등장에 힘입은 바 크다.

1970년대 노동 운동이 전태일 열사의 죽음에서 출발했다면, 1980년대 노동 운동의 재개도 청계피복노조 복구 운동에서 시작됐다고 할 수 있다. 1980년 '5·17 계엄령'으로 수배당해 도피 중이던 이소선은 10월 말 구속됐으나 12월 중순 형 집행 면제로 석방됐다. 청계피복노조 강제 해산에 저항하다 구속됐던 박계현, 김영대, 김성민, 전태삼, 황만호 등도 1982년 겨울 모두 풀려났다. 1983년 여름 조영래 변호사가 쓴《어느 청년 노동자의 삶과 죽음—전태일 평전》이 출판됐고, 11월에는 마석 모란공원에서 '전태일 열사 13주기 추도식'이 열려, 200여 명의 참가자들이 마석역까지 거리 행진을 벌였다. 1984년 3월 '청계피복노조 복구준비위원회'가 결성됐으며, 4월에는 명동성당에서 '청계피복노조 복구대회'가 열렸다. 청계피복노조는 9월과 10월 두 차례에 걸쳐 '합법성 쟁취대회'도 열었다.

1984년 1월에는 '한국노동자복지협의회(이하 한노협)'가 출범했다. 한노협은 민주 노조 건설과 노동 운동의 통일적 발판을 마련하기 위해서 원풍모방, 동일방직, 청계피복, 콘트롤데이타, YH무역, 반도상사, 서통, 고려피혁, 동남전기 등에서 활동했던 민주 노동 운동가들이 만들었다. 천주교와 개신교에서 많은 도움을 주었고, 신부, 목사 등 성직자들이 대거 지도위원을 맡아주었다. 3월 10일 노동절을 맞아 노동자, 학생, 시민 등 2,000여 명이 참여한 가운데 홍제동성당에서 열린 한노협 창립대회에 나도 동아투위 위원들과 함께 참석했다.

민주 노동 운동의 부활에 힘입어 '블랙리스트 철폐 운동'이 탄력을 받았다. 블랙리스트는 노동자의 유일한 자산인 노동력에 대한 일종의 '판매금지 처분'이었다. 그런 짓을 하는 회사들을 처벌해야 할 국가가 오히려 앞장서서 '블랙리스트'를 주도하고 나선 것이 전두환 시대였다. 특히 '블루칼라' 노동자들은 더 딱한 신세였다. 재벌기업 노동자들은 '2등 시민'쯤으로, 중소기업 육체노동자들은 '3등 시민'쯤으로 간주됐다.

전두환 정권의 끈질긴 '노학 연대' 탄압에도 불구하고 학생들의 노동 현장 진출로 자극을 받은 노동 운동은 1984년 이후 곳곳에서 쟁의를 재개했다. 그해 6월 대우어패럴노조가 쟁의를 벌였고, 1985년 4월에는 부평 대우자동차노조가, 6월에는 구로공단에서 동맹파업이 일어났다. 대우어패럴노조가 무려 2년간에 걸쳐 투쟁을 벌이자 정권은 공권력을 투입해 간부들을 형사처벌했고, 서울대 출신 송경평이 주도한 대우자동차 부평공장 쟁의 역시 1985년 4월의 파업 이후 상당한 성과를 거두자 8명 구속, 1명 해고, 1명 자진사퇴로 해체시켰다.

무엇보다 1985년 6월의 구로동맹 파업은 노학 연대의 산물이었다. 학생 세력의 노동야학과 노동 현장 진출로 구로공단에는 200여 개의 신규 노조가 생겼다. 그해 5월 1일 '메이데이' 행사를 계기로 대우어패럴노조가 파업에 돌입했고, 6월 '구로지역 노조민주화추진위원회' 결성에 이어 효성물산, 가리봉전자, 선일섬유, 남선전기, 세진전자, 롬코리아, 삼성제약, 부흥사 노조의 동맹파업과 연대 투쟁이 일어났다. 1983년 결성된 '민주통일민중운동연합(이하 민통련)'과 학생 운동이 성원했고, 임금 인상을 따내는 노조들이 속속 등장했다. 그러자 정권은 공권력을 투입해 1,300여 명을 집단해고하고 44명을 구속했다.

이후 30년이 흐른 지금도 노동자는 '1등 시민'이 되지 못했다. 국민소득 3~4만 달러 시대를 논하고 있는 21세기에도 한국의 이른바 주류 언론들은 노동 운동을 '귀족노조 운동'이라고 매도한다. 노동자들은 보편적 자녀 교육, 노동력 재창조를 위한 최소한의 문화생활과 여가 활동도 누려서는 안 되는 신분인가 보다. 비정규직 노동자 1,000만 명 시대는 노동자 누구라도 돌연 해고당할지 모른다는 불안과 공포 속에 살도록 강요하고 있다. 더구나 이런 해고 노동자들에게 행정부와 사법부는 자본가에게 손해를 안겼다면서 오히려 천문학적 손해배상금을 부과하고 있다. 이는 노동계 전반을 압박하는 수단으로 악용되고 있다.

"우리는 일하는 사람 속에서 일하시는 하느님을 만나게 되니, 일하는 사람을 업신여기는 것은 곧 일하시는 하느님을 업신여기는 것"이라고 했던 정호경 신부(1982~1988년 가농 지도신부)의 말을 되새겨 봐야 한다. 그는 '농촌 사목'이 아니라 '농민 사목'을, '노동 사목'이 아니라 '노동자 사목'을 강조했다. 하지만 한국 사회는 아직도 정호경 신부의 말을 새겨듣지 못하고 있다. 노동은 신성하다고 말하면서도 노동자들은 '쓰다가 언제 버려도 좋은 기계 부품처럼' 여기고 있다. 오늘날 노동자가 없으면 자본은 아무짝에도 쓸모없게 된다는 사실을 새삼 되새겨 봐야 한다.

암흑기의 언론

1984년은 지식인 사회, 지역사회, 정치권의 민주화 운동이 한꺼번에 폭발한 해였다. 우선 3월 80협의회(80년해직언론인협의회)가 결성됐다. 4월에는 문화예술계가 민중문화운동협의회(이하 민문협)를 출범시켰다. 5월에는 김대중과 김영삼이 손잡고 민주화추진협의회(이하 민추협)를 만들었다. 6월에는 12개 단체(정의구현사제단, 인천지역사회선교협의회, 가농, 기농, 기독교학생운동연합, 민청련, 한노협, 민문협, 동아투위, 조선투위 등)가 참여한 가운데 민중민주운동협의회(이하 민민협)가 출범했다. 8월 전북민주화운동협의회, 10월 재야 원로까지 참여한 민주통일국민회의, 11월 인천지역사회운동연합 등이 속속 꾸려졌다. 12월 19일 같은 날 같은 시간에 자실이 재출범하고, 민주언론운동협의회(이하 민언협)가 결성됐다.

전두환 독재의 '1984년'은 박정희 시대 '1974년'을 연상시킨다. 박정희 정권은 1974년 긴급조치 1·2·4호를 발동시켰다. 그러자 오히려 정의구현사제단과 자실이 생겼고, 언론계에는 유례없는 언론 자유 운동이 일어나 박 정권을 최대의 위기로 몰아넣었다. 1984년에도 지난 3년간 움츠러들기만 하던 민주화 운동의 에너지가 동시에 폭발했다. 적어도 1984~1985년 2년간은 민주화 운동 단체들에 의해 그동안 제도 언론에서 외면하고 묵살해왔던 민중의 실상이 알려지고, 그들의 목소리가 사회적 소통의 장으로 진입했다. 독재 체제의 가장 큰 폐해인 정보 독점과 통제가 먹히지 않게 됐던 것이다. 민주화 운동 단체들은 우선 자기 영역의 실태를 파악하고, 성명과 집회, 기관지들을 통해 널리 알리고, 상황들을 서로 나누게 됐다.

1984년 당시 민주화 운동 단체들의 기관지를 살펴보면 가농은 〈농민의 소리〉를, 가톨릭노동사목협의회는 〈노동하는 인간〉을, 한노협은 〈민주 노동〉을, 민문협은 〈민중 문화〉를, 자실은 〈민족 문학〉을, 민청련은 〈민주화의 길〉을, 인천지역사회운동연합은 〈노동자의 벗〉과 〈인천의 소리〉를, 민민협은 〈민중의 소리〉를, 민주통일국민회의는 〈민주 통일〉을 발간하기 시작했다.

민언협도 1985년 6월 〈말〉을 창간했다. 갓 생겨난 수많은 운동 단체들은 1970년대와 달리 '민중'과 '민중민주주의'를 강조했다. 단체들의 기관지 이름에도 '민중'이 들어간 제목이 많았다. 문동환 목사와 안병무 박사가 지적했듯이 민중이란 핍박받는 자들 중에서 저항할 의지와 각오가 되어 있는 사람들을 의미한다. '저항하는 백성'이 개신교 '민중신학'의 요체라 할 것이다. 민중들은 그들이 독재 권력으로부터 핍박당할 때, 일단은 그들의 처지와 고통을 하소연할 메시아적 존재를 찾아보지만 메시아가 그리 흔한가. 결국에는 민중 스스로가 해답을 찾아 나설 수밖에 없다.

이처럼 민중민주주의 운동이 새롭게 폭발하던 시기에 나는 다행스럽게도 가장의 책임에서 면제되는 기회를 얻었다. 사실 1975년 동아일보사로부터 해직된 동아투위 위원 대부분이 그랬듯이 나 역시 아내와 두 아들의 생계를 짊어진 가장이었다. 1970년대 두 차례나 감옥을 갔을 때에는 각계 민주화 운동 인사들과 중고등학교 친구들, 지인들이 음으로 양으로 많은 도움을 주었다. 1979년 말 두 번째 옥살이를 하고 나왔을 때에는 이태영 변호사가 《가정법률상담소 25년사》의 편집을 맡겨주었고, 1981년에는 권호경 목사가 사회선교협의회의 자문역으로 선임해줘 2년간 신세를 지기도 했다. 그래도 생계는 늘 불안정했다.

그래서 나는 1981년 여름부터 1983년 봄까지 약 2년간 동아투위 위원이자 한길사 사장인 김언호가 부탁한 번역 작업에 매달렸다. 미국의 조지 세이빈이 지은 《정치사상사》는 마침 내가 대학 다닐 때 서울대 문리대 정치학과 학과장이었던 민병태 교수가 열강하던 책이었다. 차남희 교수와 공역한 이 책은 1983년 출판됐다.

하지만 동아일보사 기자 시절부터 언론 자유 운동과 나라의 민주화에 전심전력하겠다고 결심했던 나로서는, 그 당시보다 더 암흑기를 맞은 한국 언론의 현실을 덮어두고 번역에 매달리고 있자니 좀이 쑤셨다. 이를 보다 못한 아내가 1983년부터 웅진출판사의 외판사원으로 나섰다. 그 덕분에 나는 1984년부터 생계 책임에서 자유롭게 됐고, 민민협에서 중앙위원을,

민주통일국민회의에서 집행위원을, 그리고 민언협에서 사무국장을 맡을 수 있었다.

'민언협'은 1984년 12월 19일 서울 장충동 분도회관 '피정의 집'에서 창립총회를 열었다. 100여 명이 참석한 가운데 열린 이날 대회에서 의장에 송건호 선생, 공동대표에 김인한 동아투위 위원장, 최장학 조선투위 위원장, 김태홍 80협의회 회장, 김승균 인문사회과학 서적 출판인 모임 대표, 감사에는 〈경향신문〉의 이경일, 나병식(풀빛출판사 대표)이 선임됐다. 실행위원으로는 동아투위에서 윤활식과 이부영 위원을, 조선투위에서 신홍범과 성한표 위원을, 80협의회에서 〈한국일보〉의 노향기 기자, 〈경향신문〉의 박우정 기자를, 출판계에서는 이호웅(형성사), 김도연(공동체출판사)을 보냈

1984년 12월 19일 민주언론운동협의회 창립총회를 마치고 찍은 집행부의 기념사진이다. 앞줄 왼쪽부터 김태홍, 김인한, 송건호, 최장학, 김승균. 뒷줄 왼쪽부터 이호웅, 이부영, 윤활식, 성한표, 신홍범, 박우정, 노향기, 김도연.

다. 나는 사무국장을 맡게 됐다.

민언협 논의는 1984년 봄부터 시작됐다. 동아투위의 이병주 위원장과 이부영 위원 그리고 나, 조선투위의 최장학 위원장과 정태기·신홍범 위원, 80협의회의 김태홍 회장, 그리고 임재경 선생 등이 새로운 언론 운동 단체를 함께 만들어보자는 데에 뜻을 모았다. 1970년대 이래 동아투위, 조선투위나 새로 출범한 80협의회는 해직자들끼리의 '갇힌 모임'인 만큼, 언론 민주화 운동을 지속적으로 발전시키기 위해서는 뜻과 열정을 같이하는 시민들이 참여할 수 있는 '열린 단체'가 필요하다는 취지였다. 몇 차례 준비 모임을 통해 출판인들에게도 동참을 제안하기로 했다.

그해 12월 10일 서울 인사동 음식점 경주집에서 발기인대회를 했다. 송건호 선생, 동아투위의 권근술, 김인한, 김종철, 김태진, 윤활식, 이병주, 이부영, 이종욱(출판국 출신), 이태호, 임채정, 정동익, 그리고 나, 조선투위의 성한표, 신홍범, 최장학, 80협의회의 이경일, 김동호(《중앙일보》), 김태홍(합동통신), 노향기(《한국일보》), 정상모(MBC), 현이섭(《한국경제일보》), 홍수원(《경향신문》), 출판계 나병식, 김도연, 이호웅, 김승균(일월서각) 등이 발기인으로 참여했다.

사실 조선투위는 1970년대부터 동아투위와 운동의 궤적을 같이해왔다. 동아일보사 기자들이 1971년 4월 최초의 '언론자유수호선언'을 발표했을 때와 1974년 10월 24일 '자유언론실천선언'을 발표했을 때 조선일보사 기자들도 동시에 '선언문'을 발표했다.

그러나 이미 1965년부터 사주가 일본 차관을 도입해 호텔업에 나서면서 상업주의에 물든 〈조선일보〉는 기자들의 언론 운동에 아랑곳하지 않고,

1974년 12월 17일 유정회(유신정우회) 국회의원이던 전재구(중앙정보부 출신)의 '유신 찬양' 기고문을 실었다. 이에 분개한 신홍범 기자(외신부)와 백기범 기자가 김용원 편집국장에게 항의하자 이를 방약무인의 언행, 위계질서 위반, 하극상, 편집권 용훼 등으로 몰아 두 기자를 파면했다. 100여 명의 기자들이 항의 농성을 벌이자 조선일보사는 당시 편집부국장 김윤환(노태우, 김영삼 정권 시절 정무수석, 국회의원)을 내세워 창간 55돌 기념일인 1975년 3월 5일까지 복직시키겠다고 약속했다. 하지만 지면은 전혀 변하지 않았고, 기자들은 단결만이 언론 자유 운동의 지름길이라고 판단하여 1975년 1월 11일 '기자협회 조일분회' 총회를 열고 정태기 기자를 새 분회장으로 뽑아 개편했다. 〈조일분회 소식〉을 창간해 2호까지 발간하자 조선일보사는 1975년 2월 11일 정태기 위원장을 일단 조사부로 전보시켰다. 물론 신홍범, 백기범 두 기자의 복귀 약속도 지켜지지 않았다.

기자들이 3월 6일 〈조일분회 소식〉 3호를 발간하고 농성에 들어가자 회사는 정태기 위원장, 김유원 부위원장, 성한표 보도자유부장, 최병선 총무부장, 심채진 기자 등을 파면했다. 기자들은 1차 임시집행부를 구성해 대응했고, 회사는 3월 10일 김명규, 최준명, 박세원, 임희순, 이상현 등 집행부 간부들을 해고했다. 이어 3월 11일에는 농성에 합류한 이종구 차장(정치부)을 비롯해 4명을 파면하고, 2차 임시집행부 등 37명을 무기정직시켜 농성자 전원을 회사에서 몰아냈다. 이 가운데 32명은 3월 21일 조선투위를 결성하고 1970년대와 1980년대, 그리고 1990년대 중반까지 민언협 결성, 〈말〉 창간, 〈한겨레〉 창간에 이르기까지 언론 자유 운동에 헌신했다.

1984년 봄 출범한 80협의회는 김태홍, 정남기, 노향기, 정상모, 전진우,

김동호, 최형민, 정연수, 이원섭, 윤덕한, 박우정, 박성득, 홍수원, 이경일, 표완수, 고승우, 정동채, 백맹종, 현이섭, 이영일, 왕길남, 김상기, 이희찬 등 비교적 젊은 연배여서 민언협 활동에 적극 참여했다.

민언협은 창립 선언문에서 "강제된 힘으로 국민의 의사를 지배하려는 것이 폭력인데, 제도 언론은 가장 큰 정신적인 폭력범"이라고 규정하고, "이 언론 부재의 캄캄한 암흑기를 민언협이 선두에 서서 밝혀 나가자"고 다짐했다.

민주·통일·민중 시대로

1984년 정치권 역시 4년 만에 동면에서 깨어나 '정치적 경칩'을 맞았다. 김영삼, 김대중 '양김씨'가 주도했다. 미국 망명 중이던 김대중은 박형규 목사, 이돈명 변호사를 통해 김영삼과 협의해 그해 5월 18일 김영삼을 공동의장, 김상현을 공동의장 대행으로 하는 민추협을 발족시켰다. 1980년 5·17 쿠데타 때부터 가택연금을 당한 김영삼은 1983년 5·18 광주 민주화 운동 기념일을 기해 23일간 단식 투쟁 끝에 연금에서 풀려났다.

민추협 결성은 1985년 2월 12일 제12대 국회의원 총선을 앞두고 양김씨가 정치생명을 걸고 친 배수진이었다. 전두환의 제5공화국이 '대통령 7년 단임제'를 공약한 만큼, 1987년 이후 '포스트 전두환' 시대를 염두에 둔 포석이기도 했다.

민추협은 상도동계(김영삼)와 동교동계(김대중)가 '5 대 5' 지분으로 철저히 양분한 기묘한 조직이었으나, 그동안 정치 규제에 묶여 정치 휴업을 강제당했던 정치인들, 새로운 정치 지망생들이 몰려들면서 기세를 타기 시작했다. 그 바람에 '전두환 제2중대' 유치송의 민한당은 인기가 폭락했다.

양김씨는 1985년 1월 18일 부랴부랴 '신한민주당'을 창당했고, 김대중은 총선 나흘 전인 2월 8일 드디어 귀국했다. 신민당은 양김씨를 비롯한 14명의 수뇌부가 출마 금지된 상태에서 창당 25일 만에 치른 '2·12 총선'에서 대승을 거두어 파란을 일으켰다. 총선 결과 민정당이 148석(지역구 87, 전국구 61), 신민당이 67석(지역구 50, 전국구 17), 민한당이 34석(지역구 25, 전국구 9), 국민당이 20석(지역구 15, 전국구 5)을 차지했다. 신민당은 서울, 부산, 광주, 인천, 대전 등 5대 도시에서 전원 당선됐고, 득표율에서도 민정당 32퍼센트 대 신민당 29퍼센트로 백중세였다. 특히 서울에서는 신민당이 득표율 43퍼센트로 민정당을 16퍼센트나 앞섰다. 민한당 의원들까지 옮겨오면서 신민당은 제1야당이 됐다.

화려하게 복귀한 양김씨는 민추협 창립 1돌 기념식에서 "전두환 정권은 더 이상 민주주의를 지연시키지 말라"는 성명을 발표했다. 민주 회복을 위한 법적 제도적 조치, 즉 언론의 자유, 자유선거, 전면적인 지방자치 실시, 대통령 직선제를 포함한 민주 헌법에로의 개정, 양심수 석방과 정치사범에 대한 전면적인 사면 복권, 학원 민주화, 노동자와 농민의 자유로운 활동과 권익 보장을 요구했다.

2·12 총선 승리는 이후 한국 민주화 운동에 심대한 영향을 미쳤다. 애초 총선을 앞두고 1984년 가을부터 학생 운동, 청년 운동 등 민주화 운동 일각에서 선거 거부론이 제기되면서 대논쟁이 벌어졌다. 1960년 4월 혁명을 선도한 학생 세력은 이후 19세기적 앙시앵 레짐의 이승만 체제를 극복할 의

지를 보여주지 못한 장면 정권의 무능과 보수성을 보았으며, 1979년 '10·26 사태' 직후에도 유신 체제 청산보다는 '포스트 박정희'의 권력잡기에만 몰두한 양김씨를 비롯한 기성 정치권이 '전두환 쿠데타'를 불러온 요인의 하나로 비판했다. 게다가 전두환 파시즘 체제 아래에서 선거 참여가 자칫 '가짜 민주주의'에 들러리만 서게 될 뿐이라는 우려도 강하게 작용했다. 반면 선거 활용론자들은 선거제도는 대중의 치열한 민주주의 투쟁의 공간이라는 점을 경시해서는 안 된다고 주장했다.

민청련에서도 초기에는 '부르주아 운동 하려고 민청련 만들었냐'는 논리가 우세해 선거 보이콧을 결의했다. 그러나 반발도 만만치 않았다. 서울 성북구에서 출마하려던 민청학련 출신의 이호웅은 여러 만류로 포기했지만, 설훈은 일관되게 '정치판에 들어가야 한다'고 주장하여 이철을 출마시키고 자신은 그 선거 사무장을 맡았다. 이런저런 우여곡절 끝에 민청련은 선거 활용론으로 선회했다. 선거 과정에서 정치선전이 어느 때보다 자유스러운 것을 보았기 때문이었다.

민민협과 민주통일국민회의에서도 처음에는 "정치권과는 일정 정도 거리를 두어야 한다"는 의견이 다수였으나, 가농과 기농에서 농어업 정책에 적극적인 정당과 인물을 지지하겠다고 나서자 노선을 바꾸었다. 민민협과 민주통일국민회의에 참여한 곳곳의 지역 운동 단체들도 선거에 적극 참여해야 한다고 주장하고 나섰다.

언론 단체인 '민언협'은 이 논쟁에 끼어들지 않았지만, 나는 평소 선거 없는 시민민주주의란 없다는 생각을 갖고 있었다. 민주주의란 폭력이 지배하는 사회가 아니라 '말'로 문제를 풀어가는 사회인데, 선거는 말로 하는 정치이기 때문이었다.

2·12 총선 승리는 1980년대 중반 한국 민주화 운동의 초점을 '국민의 주권성, 대표성, 공정성을 담보할 수 있는 선거를 따내자'는 개헌 투쟁으로 집중시키는 계기가 됐다.

1985년 3월 29일 역사적인 '민주통일민중운동연합(이하 민통련)'이 탄생했다. 정의구현사제단, 가톨릭노동사목연구소, 대한가톨릭학생총연맹, 가농, 한노협, 자실, 민문협, 민통련(서울·경북·경남·강원 지부) 등이 참여했다. 내가 사무국장을 맡고 있던 민언협도 가맹했다. 고문에는 함석헌, 김재준, 지학순, 지도위원에 고영근, 유운필, 이소선, 함세웅, 문정현, 유강하, 신현봉, 이돈명, 송건호, 김병걸, 의장에 문익환, 부의장에 계훈제, 김승훈, 중앙위 의장에 강희남, 감사에 호인수, 진관 스님, 정동익, 사무처장에 이창복, 민주통일위원장에 김승균, 민생위원장에 이부영이 선임됐다.

사실 학생 운동, 청년 운동 진영에서는 이미 유신 말기부터 민중의 삶과 생존권 문제, 남북 평화 체제 구축 등이 정치적 민주화 못지않게 중요한 운동의 과제라고 믿고 있었다. 이는 전두환 독재 시대에 이르러 기성세대로 그 외연을 넓혀갔다. 여기에 '2·12 총선'을 계기로 국민들이 문민정치를 얼마나 열망하는지 확인했다. 하지만 동시에 재야 민주화 운동 세력은 기성 정치권에서 외면하고 있는 민중 운동, 통일 운동을 국민들에게, 그리고 세계를 향해 본격적으로 제기하기로 결정했다. 그 하나가 1984년 등장한 민민협과 민주통일국민회의였으나, 두 갈래의 연대 운동은 국민들에게 많은 혼선을 안겨주고 있었다. 이에 이창복, 이부영, 장기표, 임채정, 이재오, 김종철, 방용석, 최민화 등이 민민협과 민주통일국민회의의 통합 논의에 나섰다. 총선 승리가 통합의 촉매제였다면, 이제 막 싹트기 시작한 지역 운동 단체들의 '연대 조직 단일화' 요구는 촉진제가 됐다.

민통련은 통합 선언문에서 분명한 목표와 지향점을 천명했다. "우리는 분단 체제를 극복하고 자주적이고 평화적인 민족 통일을 지향한다"고 밝힌 데 이어 통일 운동, 노동자의 권리, 농민의 권익, 도시 빈민의 생업 보장, 성차별 타파, 공해 추방 운동, 통일 지향적 민족 문화, 통일 지향적인 민중적 교육, 대안 민중 언론의 창출 등을 제시했다. 1970년대 이래 종교계의 민주화 운동에 대한 기여를 높이 평가하면서 민중 운동에 대한 종교계의 지원 노력과 적극 연대할 것도 다짐했다.

그 무렵 부문 운동과 지역 운동도 속속 가지를 퍼뜨려 나갔다. 경북민통련(의장 박병기, 부의장 유연창·유강하), 경남민통련(의장 이응섭), 강원민통련(의장 안승길), 서울민통련(의장 백기완, 부의장 이재오·윤순녀, 사무국장 유영래)이 생겼고, 민중불교운동연합(의장 여익구, 부의장 진관 스님·김래동, 집행위원장 서동석, 기획위원장 현기), 충북민주운동협의회(의장 박용래, 공동대표 정진동·박기식·안순봉, 사무국장 김재수), 충남민주운동협의회, 부산민주시민협의회, 서울노동운동연합(위원장 민종덕, 부위원장 이옥순, 사무국장 이봉우) 등도 결성됐다.

그리하여 그해 9월 개편대회에서는 민통련 가맹단체가 모두 23개로 늘어났다. 민중불교운동연합, 한국기독교노동선교협의회, 한국기독교농민회총연합회, 민청련, 서노련, 인천지역사회운동연합, 부산민주시민협의회, 충남민주운동협의회, 충북민주운동협의회, 전북민주화운동협의회, 전남민주청년운동협의회 등이 새로 연대했다.

더불어 조직도 대폭 강화됐다. 대변인 김종철, 상임위원장 이부영을 비롯해 노동 조춘구, 농민 배종렬, 청년 김희택, 언론 성유보, 문화 교육 채광석, 공해 최열, 민주발전 이재오, 통일 정동년, 인권 곽태영 등 분과위원장이 새로 임명됐다. 지역운동협의회 대표에는 이호웅, 정책연구실장 임채정과 간사 이해찬, 사무총장 이창복과 차장 장기표, 총무국장 장영달과 간사 오경렬, 임병주, 변인식, 홍보국장 임정남과 간사 박계동, 이달원, 이윤숙, 사회국장 조춘구와 간사 정선순, 이명식, 보도실장 박용수 등이었다.

민통련 운동은 한국 사회에서 민주·통일·민중의 시대를 열기 위한 도전을 본격적으로 전개했다는 의의를 갖는다. 광주 항쟁 5돌 기념행사를 전국적으로 벌이는 한편, 학생들의 '서울 미 문화원 점거 농성 사건' 때에는 미국의 전두환 독재에 대한 지지와 지원에 대해 강력히 경고했다. 무엇보다도 민통련은 1985년 여름 전두환 정권이 '학원안정법'을 추진하자, 긴급조치의 재판이 될 것이라고 보고 종교계와 함께 신속히 범사회적 반대 운동을 전개해 결국 제정을 포기시켰다.

— 3장 —

민중 시대로의 출발

민중의 입이 되고자 한 〈말〉

1984년 12월 창립한 민주언론운동협의회(민언협)는 1985년 1월 본격적 업무에 착수했다. 우선 자실과 함께 3층짜리 건물의 15평쯤 되는 2층을 통째로 빌려 반반 나누어 쓰기로 했다. 위치는 마포경찰서 맞은편 골목이었으니 '등잔 밑'인 셈이었다. 1월 말 첫 실행위원회에서 세 가지 사항을 의결했다. 월간지 창간, 각계 민주화 운동과 적극 연대, 특히 문화예술단체들과 함께 표현의 자유를 위한 투쟁에 적극 나선다는 것이었다.

우리는 사건이 터지면 성명, 농성, 집회를 여는 정도로는 만족할 수 없었다. 상설 민주화 운동 단체로서 할 일이 아주 많았다. 일단 해직 기자가 아닌 젊은 시민회원 겸 상근 간사들을 뽑기로 했다. 김도연 실행위원이 간사로 맨 처음 추천한 사람이 최민희(국회의원, 새정치민주연합)였다. 나는 최민희가 전두환 독재 초기 엄혹했던 1982년 가을 이화여대에서 시위를 하다 감옥을 다녀왔다는 이야기를 듣고 면접을 한 뒤 실행위원회에 간사 임명을 제안했다. 그해 말 내가 사무국장을 그만둘 때까지 실무진으로 이화영, 정봉주, 정수웅, 김원옥, 배시병 등을 선발했는데, 그때마다 김도연과 최민희의 추천을 존중했다.

실행위원회는 월간지 제목을 공모하고 2월 초순 제목 결정을 위한 논의를 했다. 송건호 의장이 월간 '민주 언론'을 제안했고, 많은 위원들은 월간 '민주 통신'을 추천했다. 월간 '말'은 신홍범 위원의 아이디어였다. 사르트르의 '레모(말)'라는 소설이 있다면서, "말은 중립적이다. '민주'라는 제목이 들어가는 제목은 전두환 정권의 알레르기로 극심한 탄압을 받을 것"이라고 주장했다.

나는 '말'에 찬성했다. 독재는 주먹이 말하는 사회이고, 민주 사회는 대화와 토론으로 문제를 풀어나가는 사회, 즉 말로 하는 사회라고 늘 생각해 왔기 때문이었다. 기자(記者)는 글로 말하는 자이고 방송인은 마이크를 통해 말하는 자 아닌가. 우리가 민주 사회로 나아가기 위해서는 주먹 사회가 아니라 말의 사회를 만들어야 한다는 것이 그때나 지금이나 내 소신이다.

〈말〉을 만드는 데에는 적지 않은 자금이 필요했다. 민언협은 회원들이 십시일반으로 후원금과 회비를 모아줘 출범하는 데 차질이 없었으나 월간지를 출간하기에는 모자람이 많았다. 이를 두 곳에서 해결해주었다.

먼저 기독교교회협의회의 김관석 목사가 700만 원을 내놓았다. 당시 이

돈을 전달한 이부영이 "종로5가에서 보낸 돈이다"라고만 했고, 우리는 부러 더 알려 하지 않았다. 다른 한 사람은 조선투위의 백기범이었다. 그는 300만 원을 내게 직접 건네주었다. 1,000만 원이면 최소한 3,000부 발행의 월간지 4~5회는 제작할 수 있는 돈이었다.

그럼 누가 편집책임을 맡을 것인가? 통상적으로 본다면 사무국장이 지휘를 해야 할 것이나, 당시 전두환 정권은 '1호 감시 대상' 송건호 의장과 더불어 사무국장인 나의 일거수일투족을 감시하는 터였다. 서울시경에서 '서판석'이라는 나와 비슷한 연배의 형사가, 마포경찰서에서 또 한 사람의 정보 형사가 주로 민언협을 담당했는데, 그 시절 보기 드문 신사들이었다. 그들은 대체로 오전 10시쯤이면 사무실로 '문안인사'를 왔다. 중앙정보부에서는 시도 때도 없이 불쑥불쑥 찾아왔다. 그래서 무언가 '일'을 벌일 때일수록 사무국장인 나는 아무 일이 없는 듯이 종일 들어앉아 담배만 피워대며 신문이나 책을 읽고 있는 것이 상책이었다.

우리는 김도연을 편집차장으로 임명해 〈말〉 창간호 편집의 총책임을 맡기고, 실무 진행의 중심 간사로는 최민희를, 그리고 속성 기자 교육은 현대경제연구소의 백기범을 비롯해 〈경향신문〉 해직 출신인 홍수원(〈한겨레〉 창간멤버), 박우정(〈한겨레〉 편집국장 역임), 표완수(〈시사인〉 사장)에게 부탁하고, 국제정치 관련 기사 해설도 그들에게 부탁했다.

공안 당국의 감시를 피해 모든 편집 작업은 외부에서 비밀리에 진행했다. 창간호 편집 작업은 동아투위 김태진 위원(다섯수레출판사 사장)과, 조선투위의 성한표 위원(〈한겨레〉 부사장 역임)의 집에서 교대로 이루어졌다. 당시 잡지 편집은 컴퓨터 사식(寫植) 작업을 거쳐 편집자들이 이를 출판용 대장에 따붙이는 공정을 거쳐야 했다. 이를 '대지 작업'이라 했는데, 나는 인쇄 과정에 압류당할 수도 있으므로 대지를 2부 만들도록 지시했다.

천만다행이랄까! 마침내 6월 초순 우리가 영등포경찰서 부근의 한 인쇄소에서 〈말〉 창간호를 자동차에 싣고 나오는 순간 경찰이 기다렸다는듯 검문을 해서 3,000부를 몽땅 압수해갔다. 우리는 곧바로 예비 대지를 세진인쇄 사장 강은기에게 맡겨, 1주일 만인 6월 15일 창간호 3,000부를 재발행했다.

김도연이 운영하던 공동체출판사를 통해 서점가에 배포하자 〈말〉은 불티나게 팔렸다. 경찰은 서점에서 일제히 잡지를 압류하고, 창간호 편집인인 나를 마포경찰서로 연행해 즉결심판에 넘겨 29일간의 구류에 처했다. 그러나 민언협은 회원들, 민주화 운동가들, 그리고 일부 현직 언론인들을 통해 비공식 유통망을 만들어 날로 인기를 더해갔다.

1985년 6월 15일 〈말〉 창간호 표지 맨 위에 선명하게 인쇄되어 있는 '민주·민족·민중 언론의 디딤돌' 표어는 민언협 회원들이 추구해온 언론관을 고스란히 표현하고 있다. 민주주의와 민족 자주에 대해서야 더 설명할 필요가 없겠지만, 민중 언론에는 〈말〉이 사회 현상과 사건을 대할 때 "늘 민중의 눈으로 보고, 민중의 귀로 듣고, 민중의 입이 되라"는 명령어가 담겨 있었다.

그런데 왜 '디딤돌'인가? 지금은 민언협에서 잡지에만 도전하고 있지만, 머지않은 장래에 민중 신문, 민중 방송도 만들어내겠다는 각오가 깃든 표어였다. 그래서 우리는 창간호부터 〈말〉을 회원들에게만 무료 배포하는 기관지가 아니라 시민들에게 판매하는 월간지로 만들었던 것이다.

"말다운 말의 회복, 이 명제는 진실을 알고자 하는 다수의 민중들에게 절실한 염원이다. 오늘의 우리 말은 본래의 건강성을 오염시키는 무리들에 의해 있어야 할 자리를 올바로 찾지 못한 채 심각히 표류하고 있다. 거짓과 회의(懷疑), 유언비어가 마치 이 시대를 대변하는 언어인 양 또 하나의 폭력으로 군림하고 있음을 본다. …… 월간 〈말〉은 어느 누구의 사사로운 소유물이 아니며 오직 민족과 국가의 역사적 발전적 시각을 대변하는, 문자 그대로 공공기관이 될 것이다."

내가 사무국장을 맡은 그해 말까지 〈말〉 4호(12월 20일)를 발간했는데, 기존의 모든 제도 언론들에 비해 취재 대상과 주제를 달리했다. 기사 제목만 봐도 일목요연하게 알 수 있다. '새로운 언론기관의 창설을 제안한다', '출판 탄압, 현대판 분서갱유', '언론기본법은 폐기되어야 한다', '창작과비평사 폐쇄의 교훈과 과제', '교회, 여성, 청년단체들의 텔레비전 시청료 거부운동 추진', '제도 언론, 대학생에게 외면받고 있다'라는 주제는 당시 어떤 제도 언론도 다루지 못하던 주제였다.

민족 자주의 문제는 어떠했는가? 제도 언론들이 대학생들의 미 문화원 점거 농성(5월 23~26일)을 일제히 '반미'로 몰아갈 때 〈말〉은 창간호에서 미 '문화원 농성이 의미하는 것: 광주의 비극은 누구 책임인가', '광주 사태에 미국은 책임없다? 글라이스틴 전 주한미국대사 책임회피 발언'을 실었다.

〈말〉은 민중생존권 문제를 가장 많이 다루었다. '경제 성장인가, 외채 성장인가', '대학 출신 노동자는 불순 세력인가', '노동 현장이 격동하고 있다', '대우자동차 파업, 어떻게 볼 것인가', '외국 농축산물에 침몰하는 농촌', '누구를 위한 도시 개발인가', '어느 목동 아줌마의 서울 행적', '대우어패럴 동맹파업 왜 일어났나', '소 값 폭락 항의 시위 전국으로 확산', '농민은 선진조국의 머슴인가', '외자도입 수출주도 성장 정책, 정치적 폭압으로 귀착', '우리가 일군 간척지 왜 빼앗으려 하나: 서산 홍성 간척 농민들 불하 요구', '소작농이 크게 늘고 있다: 비농민 부재지주 소유가 60퍼센트나' 등의 기사가 그것이었다.

인권 문제로는 '민청련'의 김근태와 이을호 고문 사건을 계기로 '고문 용공조작 저지 운동 적극 전개'와 '인류문명의 암, 고문'을 통해 정면으로 비판했다. '민중 교육 사건'에 연루된 민주화 운동 교사들과 지지 학생들도 〈말〉은 놓치지 않았다. '선생님, 우리 선생님: 민중 교육 관련 교사들에 보내온 제자들의 편지', '민중 교육, 무엇을 말했나', '법정에 선 교육: 민중 교육 사건 재판 참관기'를 실어 사건의 진상을 널리 알렸다.

당시의 모든 언론이 묵살하던 여성 조기 퇴직 관행도 간과하지 않았다. 창간호에서는 '여성, 26살=결혼=퇴직'에 대한 문제를 제기했고, 3호에서는 '2,000만 여성의 힘을 모읍시다: 25살 조기 정년제 철폐를 위한 대토론회'를 상세히 보도했다. 남북 문제와 통일 문제도 본격적으로 다루었다. 창간호에서 신홍범 실행위원은 문익환 민통련 의장 인터뷰를 통해 '민주와 통일은 하나입니다'라는 장문의 대담을 실었다.

당시 〈말〉 발행인인 송건호 의장은 편집인만 구류를 살게 하는 당국의 처사를 안타까워하면서 호마다 편집인 등재를 교대로 하게 했다. 그래서 2호 발행 때에는 신홍범 위원이, 3호 때에는 최장학 공동대표가, 4호 때에는 다시 내가 구류를 살고 나왔다. 내 후임으로 2대 사무국장은 김태홍이 맡았다. 그는 1986년 한해 동안 〈말〉 5호부터 9호까지를 발행했는데, 그해 9월

25일자 〈말〉 특집호 필화 사건으로 구속되는 바람에 1987년 3월과 5월의 10, 11호는 정상모 사무국장 대행이 맡았다. 그리고 마침내 1987년 '6월 항쟁'이 일어났다.

반미의 진원지는 민청련이다?

1985년 5월 23일 서울지역 5개 대학생 73명이 서울 미 문화원 2층 도서관을 점거하고 농성을 벌이는 초유의 사건이 터졌다. 학생들은 "광주 학살 지원 책임지고 미국 행정부는 공개 사과하라", "미국은 전두환 군사 독재 정권에 대한 지원을 즉각 중단하라", "미국 국민은 한-미 관계의 올바른 정립을 위해 노력하라"고 요구했다.

전두환 군사 독재 정권은 발칵 뒤집혔다. 학생들은 "5월 28일 맞은편 롯데호텔에서 남북 적십자회담이 예정되어 있다"는 김영삼, 김대중 '양김씨'의 설득에 따라 농성 나흘째인 5월 26일 스스로 나왔으나 25명이 구속됐다. 전국학생총연맹(이하 전학련) 의장이자 서울대 총학생회장 김민석, 전학련 삼민투위 위원장이자 고려대 총학생회장 허인회, 전학련 선전국장이자 연세대 총학생회장 정태근, 전학련 사무국장이자 서강대 총학생회장 이해식, 전학련 서울지역평의회 의장이자 성균관대 서울지역 총학생회장 오수진, 연세대 광주 사태 진상규명투쟁위원회 위원장 박선원, 성균관대 삼민투위 위원장 고진화, 전학련 중부평의회 의장 전순필, 전남대 총학생회장이자 호남평의회 의장 오병윤, 부산대 총학생회장이자 전학련 영남평의회 의장 이병탁, 서울대 광주투위 위원장 함윤식, 고려대 광주투위 위원장 이

장훈 등이 수배됐다.

전두환의 공안 당국은 전학련과 그 산하 단체인 '전학련 민족 통일 민주 쟁취 민중해방 투쟁위원회(삼민투위)'가 이 사건을 주도하고, 그 배후로 서울대 지하 운동 조직 '민주화추진위원회'를 지목하고는, 그 배후의 배후로 '민청련'에 혐의를 뒤집어씌웠다.

〈동아일보〉와 〈조선일보〉 등 제도 언론들은 미 문화원 점거 학생들에게 '용공 좌빨'의 올가미를 씌우는 데 총동원됐다. 민언협은 〈말〉을 통해 제도 언론들과 다른 시각을 제시했다. 그해 6월 15일자 창간호에서 "학생들의 농성은 광주 문제에 대한 국민들의 인식을 새롭게 했으며 '광주'가 1980년대를 사는 우리 모두가 공통적으로 짊어지고 해결해야 할 민족적 부채임을 다시 상기시켰다"고 보도했다.

공안 당국은 삼단논법으로 민청련도 수사했다. 민청련은 그해 4월 24일 전두환의 두 번째 방미를 반대하는 시위를 하고 〈민주화의 길〉(1985년 5월 13일 9호)에 '미국은 과연 한국 민중의 벗인가'라는 시론을 실었다. "우리는 한국군의 지휘권을 미국이 가진 상태에서 카터 정권이 묵인 내지 방조한 1980년의 광주 학살극을 기억하고 있으며, 미국 보수 세력의 이기적 국익 추구와 1980년 광주 학살극에 대해 정면으로 문제를 제기한 부산 미 문화원 방화 사건 관련자들이 반국가 사범으로 아직도 옥중에 있음을 알고 있다. …… 이번 방미에서도 미국 보수 세력의 한반도 예속화 음모는 정치, 군사, 경제, 외교의 모든 측면에서 노정될 것이며 이를 위한 군사 독재 정권에 대한 지원이 이루어지고 있는바, 이 모든 음모는 명백히 거부되어야 한다. 특히 최근 문제가 되고 있는 미국의 수입 개방 압력에 대해서도 적절

한 대응이 필요하다"는 주장이었다.

이에 전두환 정권은 "한국 반미 운동의 진원지는 민청련이다"라고 선전하며, 민추위의 문용식, 박문식, 안병룡, 윤선주, 박승현 등과 민청련의 김근태 의장, 이을호 2기 상임위원회 부위원장 등을 연행해 살인적인 고문을 가했다. 치안본부 남영동 대공분실은 김근태로부터 "문용식을 통해 서울대 '민추위'로 하여금 학내외 시위와 노사분규를 배후조종하도록 지령했다"는 허위자백을 받아냈고, 제도 언론들은 기다렸다는 듯 "자생적 사회주의 집단", 김근태는 적색분자라고 대필했다. 김근태 의장은 고문 상처로 생긴 딱지를 휴지에 싸 모아 1985년 9월 26일 면회 온 부인 인재근(국회의원)에게 전달해 '고문기술자 이근안'의 존재를 폭로했다. 이를 보고받은 민청련은 9월 27일 기독교회관 한국기독교교회협의회 인권위원회 사무실에서 항의 농성에 들어갔다. 보름 뒤인 10월 15일부터는 인재근과 민청련과 민통련 회원, 구속 학생의 부모들이 경찰이 폐쇄하고 있던 민청련 사무실로 들어가 농성을 벌였다.

이를 계기로 교회협의회 인권위 총무 권호경 목사가 재야 민주화 운동과 종교계, 야당 정치권을 한자리에 모아 결성한 것이 '고문·용공 조작 저지 공동대책위원회(이하 고문공대위)'이다. 1985년 10월 17일 기독교회관 소회의실에서 결성된 초기 고문공대위는 고문에 함석헌, 홍남순이 공동대표에는 문익환, 계훈제, 박형규, 송건호, 김승훈, 성래운, 김영삼, 김대중, 이민우가 추대됐다. 실행위원으로는 사회선교협의회의 이길재, 민통련의 이부영과 성유보, 가톨릭의 윤순녀와 이명준, 개신교의 배종열·최종진·박준철, 민추협 상도동계의 최형우·김동영·박찬종, 동교동계의 김병오·한영애·한

광옥이 선임됐다. 고문공대위는 민통련을 중심으로 하는 범재야 운동, 가톨릭, 개신교, 불교계 등 범종교계, 야당 정치인들이 연대한 최초의 민주화 운동 조직이었다.

폭력기관으로 회귀한 국가

1986년 5월 3일에는 인천에서 직선제 개헌 운동 집회가 열렸다. 나도 민통련 회원의 한 사람으로 참가했다. 전두환 정권은 재야·노동·청년·학생 운동이 총집결한 이날 인천의 주안 네거리 집회를 용공·폭력 집회로 몰아 민주화 운동권에 궤멸적 타격을 가했다. 이 '인천 집회'에 대한 제5공화국 정권의 대대적 탄압을 당시 언론들은 '5·3 인천 사태'라고 불렀다.

1985년 '2·12 총선'에서 승리한 김대중, 김영삼 '양김씨'는 이민우 신민당 총재를 앞세워 그해 말 '직선제 개헌 1,000만인 서명 운동'을 선언했다. 재야 민주화 운동의 통합을 추진해온 민통련도 앞서 9월 개편대회 뒤 연말을 맞아 '민주헌법쟁취위원회'라는 특별위원회를 발족시켰다. 2년도 채 안 남은 제13대 대통령 선거를 계속 '체육관 선거'로 맞을 수는 없다고 생각했기 때문이다.

전두환 정권은 1986년 1월 16일 새해 국정연설에서 "지금 헌정제도를 변경하는 것은 난국을 초래한다. 현행 헌법으로 1987년 대선을 치러 대통령 단임 전통을 먼저 확립한 다음에 개헌 문제는 '88서울올림픽' 이후 논의하자"고 응수했다. 이는 1987년 자신이 직접 군인 중에서 차출해 허수아비 후임 대통령을 앉혀 놓고 계속 권한을 유지하겠다는 속셈이었다. 실제

1986년 들어 '개헌 – 호헌 논쟁' 속에 경쟁적인 서명 운동을 벌이던 재야와 '양김씨'의 야당은 5월 3일 '신민당 개헌추진대회'가 괴한들을 동원한 경찰의 폭력 저지로 번지면서 분열의 길로 들어섰다. 사진은 '5·3 인천 사태'로 불린 이날 대회 장소인 인천 시민회관 일대에서 각 단체들이 저마다의 주장을 담은 현수막을 들고 행진하는 모습이다.

로 전두환은 세칭 '상왕' 자리를 만들기 위해 재벌들의 돈을 끌어모아 '일해재단'을 추진하고 있었다. 그리하여 1986년 초 한국의 정치지형은 '개헌이냐, 호헌이냐' 또는 '1987년 이전 개헌이냐, 1988년 이후 개헌 논의냐'를 둘러싸고 대치 국면에 들어갔다. 재야 운동권과 야당 정치인들 사이에 개헌의 내용과 추진 방법을 둘러싼 간극도 벌어지고 있었다.

야당 개헌 운동의 초점은 '대통령 직선제'에 맞추어져 있었다. 그 근저에는 대통령 직선제만 도입되면 자신들이 집권하는 민간정부가 들어서게 될 터이고, 그러면 한국의 군부정치는 끝장나게 되므로 나라의 민주화가 저절로 궤도에 오르게 된다는 '양김씨'의 정치관이 강하게 투영되어 있었다.

이에 반해 민통련 등 재야 세력들은, 개정 헌법에 인간의 존엄과 민중생존권, 남북 평화와 분단 극복 등의 가치가 담겨야 한다고 생각했다. 즉 새 헌법에는 집회 결사의 자유, 언론의 자유, 노동자들의 단결권, 단체교섭권, 단체행동권 등이 더 명백히 보장되어야 할 뿐만 아니라 반민주적, 반민족적, 반민중적 권력의 폭압에 대해서는 시민들의 저항권이 헌법적 권리로 분명히 명시되어야 하며, 제왕적 대통령의 권한은 대폭 축소되어야 한다고 생각했다. 더불어 자유로운 통일 논의 권리도 보장되어야 할 것이었다.

양김씨는 전두환 정권을 향해 더 이상 망설이지 말고 개헌 협상에 나서라고 촉구하고 나선 데 반해, 재야·청년·학생 운동권은 "전두환은 하루빨리 퇴진하라"고 요구하고 있었다. 정권을 잡으려고 시민들을 학살한 전두환과 협상하려는 개헌 운동은 용납할 수 없다는 것이 당시 재야 운동의 신념이었다. 이러한 갈등에도 불구하고 양김씨가 1986년 2월부터 본격적인 개헌 서명 운동을 시작하자, 민통련도 지역 가맹단체들과 함께 신민당 옥내 집회에 맞춰 거리 집회를 동시에 개최했다. 경쟁과 협력이 혼재된 기묘한 상황이었다.

민추협과 신민당은 1986년 3월 11일 서울 혜화동 흥사단에서 '개헌추진위 서울시지부 결성대회'를 연 뒤 부산, 광주, 대구, 대전, 청주 등 전국 대도시를 순회하면서 개헌 현판식을 했다. 양김씨의 정치적 고향인 부산과 광주에서는 각각 10만과 20만 명의 학생, 시민들이 동참했다. 민통련도 그 공간을 활용해 거리 집회를 계속했다. 민통련 가맹단체들의 홍보 선전에 힘입어 대구, 대전, 청주 등에서 최소한 1만여 명의 학생, 시민이 집회에 참가했다. 3월 들어서는 천주교, 개신교, 불교 등 종교계와 여성계, 교수사회, 문화예술계, 법조계, 노동 운동, 농민 운동 등 사회 각 분야에서 개헌 요구 성명서 발표와 서명 운동이 전개됐다. 김수환 추기경이 '직선제 개헌'을 촉구했고, 3월 11일에는 한국기독교교회협의회, 4월 4일에는 성공회 소속 신부들, 5월 9일에는 조계종 승려들의 시국선언문 발표가 잇따랐다.

이처럼 광범위하게 퍼져나가던 개헌 운동은 '5·3 인천 사태'로 파탄이 났다. 신민당이 이날 오후 인천 시민회관에서 열기로 했던 개헌 현판식은 정체불명의 괴한들이 대회장 안에 최루탄을 던져 넣고 김영삼 고문과 이민우 총재를 앞세운 신민당 인천·경기 지역 당원들의 대회장 진입을 경찰이 최루탄을 난사하면서 저지하는 바람에 무산됐다.

한편 이날 민통련과 가맹단체들, '서노련', '인노련' 등 노동·학생 운동권과 민청련에서는 같은 장소에서 따로따로 거리 집회를 주최하면서 신민당의 타협주의를 비판하고, 저마다 '개헌'에 대한 주장을 선전하는 성명서, 깃발, 구호들을 백화제 방식으로 내걸었다.

경찰은 한동안 어수선한 상황을 방치하더니 오후 5시부터 강제 해산에 들어갔고, 5만을 헤아리는 시위대는 순식간에 흩어졌다. 그러자 주안 네거리에는 수백 개의 깃발, 수십 개의 현수막, 갖가지 유인물들만 잔해가 되어 남아 있었다.[15] 경찰은 그날 129명을 연행해 구속한 뒤, 6월 2일에는 45명에게 특별수배령을 내렸는데, 그 가운데 민통련 간부가 37명이나 됐고, 서노련도 집중적 탄압을 받았다.

한편으로 전두환은 신민당에 대해 국회에서 개헌 논의를 하자고 회유작전을 폈다. 이른바 '분할 지배(디바이드 앤 룰) 작전'으로 재야와 야당 사이를 이간질한 것이다. 신민당은 '5·3' 이후 대중적 동력이 떨어진 것을 보고, 전두환의 공작인 줄 알면서도 5월 30일 '국회 헌법 개정 특별위원회' 구성에 합의해 국회로 돌아가고 말았다.

'5·3 인천 사태'는 국가가 다시 국민에 대한 폭력기관으로 되돌아갔음을 의미하는 것이었다. 전두환 정권은 우선 인천 집회를 국가전복을 꾀한 폭동이라 규정하면서, 민통련을 배후 중의 배후로 몰았다. 5·3 인천 집회에서 노동·학생 운동권과 민통련이 서로 다른 주장을 했는데도 총배후를 민통련에 뒤집어씌우는 데 아무런 지장을 주지 못했다.

검찰은 중간 수사 결과 발표에서 "급진좌경 활동과 격렬한 폭력소요를 자행해온 '민민투' 학생 운동과, 체제 전복 기도 등의 범죄 전력이 있는 장기표, 정동년 등이 핵심 간부로 활동하고 있는 민통련 및 그 가맹단체 소속원 등이 인천 소요를 주도한 것으로 밝혀졌다"며 "이번 폭력 소요 사태에서 인천을 해방구로, 해방인천 만세, 미·일 외세 몰아내고 민중 정권 수립하자는 등 북괴의 상투적 대남 선전, 선동과 현저히 유사한 내용의 구호가 나타났다"고 주장했다. 한마디로 인천 집회의 배후인 민통련은 반국가 단체라는 것이었다.

전두환이 이처럼 자신만만했던 배경에는 야당과 재야가 서로 분열하고 반목한 데에도 한 원인이 있었다고 생각한다. '인천 집회' 당시 학생 운동의 한 그룹, '전국 반미 반파쇼 민족민주 투쟁 학생연합'은 '제헌의회 소집'을 외쳤고, 또다른 학생 운동 그룹인 '반미 자주화 투쟁 민족민주 투쟁 학생연합'에서는 '미제 축출, 반전 반핵'을 외쳤다. 서노련과 인노련 등 노동단체들은 '노동자가 주인되는 세상'을 요구했다. 가맹단체인 민청련조차 민통련을 "야당과 타협하는 기회주의 작태를 보이고 있다"고 비판했다.

나는 자유로운 비판은 민주주의 사회에서 지극히 정상적인 행위로 존중받아야 한다고 생각한다. 하지만 인천 집회에서 재야 단체들의 '중구난방'은 때와 장소를 잘못 고른 커다란 실책이었다고 생각한다. 그렇다고 인천 집회 같은 사태가 일어나서는 결코 안 됐다. 서로 의견이 조율되지 않는다면, 최소한 모든 참가 단체의 대표자가 회의를 해서 연합 집회를 열고, 각자 차례대로 단상에 올라가 주장함으로써 학생, 시민 모두를 선전하고 설득하는 것이 정답이다. 나는, 한 사회에서 독재와 민주 세력이 대립하고 있을 때 특히 민주 세력은 연대를 하지 않고는 결코 승리할 수 없다고 믿는다. 또 연대를 할 때에는 '논이구동(論異求同)'의 마음가짐을 가져야 한다고 생각한다. 서로 생각이 다를 때에는 토론을 해서 뜻이 합쳐진 부분만 행동을 같이하기로 한다는 뜻이다. 그래도 끝내 생각을 달리하는 부분은 그대로 내버려둘 일이었다.

5·3 인천 사태 이후 민통련은 문익환 의장, 강희남 대의원총회 의장, 백

기완 부의장, 정동익 감사, 임채정 상임위원장, 김종철 대변인, 이부영 사무처장, 조춘구 사무차장, 장기표 정책연구실장, 장영달 총무국장, 박계동 홍보실 차장 등이 구속, 수배되는 바람에 쑥대밭이 됐다.

그해 6월 26일 구속된 이창복 부의장은 6월 초 나를 불러 수배된 이부영 대신에 민통련의 사무처장 대행을 맡아달라고 부탁했다. 나는 두 가지 이유로 사양했다. 그 하나는 원체 약골이었던 탓에 '민언협' 사무국장을 맡았던 1년 동안 해친 건강부터 회복해야 했기 때문이었다. 또 하나는 활동 자금을 조달해낼 능력이 전혀 없었기 때문이었다. 그러나 "아무 일도 하지 않아도 좋다. 간판만 지켜달라"라는 그의 부탁을 나는 끝내 거절하지 못했다.

6월 말 장충동 민통련 사무실로 출근해보니 상층부로는 계훈제 부의장, 이해찬 정책위원회 차장, 박우섭 총무부 차장만 남아 있었다. 그러나 다행스럽게도 일당백의 간사들 정선순, 이명식, 임병주, 이달원, 이윤숙, 오경렬, 변인식 등이 남아 민통련을 든든히 지키고 있었다.

나는 시인 김정환을 대변인 대행으로, 김도연을 편집실장 대행으로, 박우섭을 총무부장으로, 간사 정선순을 총무부 차장으로 하는 최소한의 진용을 새로 꾸렸다. 또 고난의 1986년 여름, 민통련의 건재함을 안팎에 알리고자 〈민중의 소리〉를 꾸준히 발간하는 한편 지역운동협의회 간사 이명식을 통해 '민통련 지역운동가맹단체협의회(이하 지운협)' 활동가들과 함께 '다가올 전두환 정권과의 전면적 대결에서 지역 대중들과 민통련이 어떻게 결합할 것인가'에 대해 지속적으로 연구, 분석하는 과제를 맡게 했다.

그런 와중인 7월 3일 권인숙 학생에 의해 '부천서 성고문 사건'이 폭로됐다. 이 천인공노할 사건에 대해, 검찰은 사실 자체를 부정하고 운동권이 마침내 성까지 혁명의 도구로 이용하고 있다고 역공을 폈다. 전국의 모든 언론에서 검찰 발표를 대서특필했음은 물론이다. 고문공대위가 다시 소집됐고, 7월 19일 명동성당에서 '성고문 용공조작 폭로 규탄대회'를 열어 항의했다. 그러나 권인숙은 공문서 위조 혐의로 대법원에서 1년 6월 형을 확정받았고 1987년 '6월 항쟁' 이후 7월에야 가석방됐다. 이후 가해 형사 문귀동은 기소되어 1989년 5년 형을 선고받았다.

그때 조영래 변호사가 써서 발표한 '권인숙 변론서'는 온 국민의 심금을 울렸다. 반면, 고문공대위는 그다지 인상 깊은 활동을 하지 못했기에 나는 개인적으로 늘 송구스럽게 생각해왔다. 그나마 '인천' 때문에 갈라질 위기였던 재야와 야당이 이 사건을 계기로 다시 연대를 시작한 것은 다행스러운 일이었다.

언론인 쫓아내고 보도지침 내리고

1986년 9월 민언협은 〈말〉 특집호로 '보도지침, 권력과 언론의 음모: 권력이 언론에 보내는 비밀통신문'을 발간했다. 전두환 정권의 문공부가 신문과 방송에 매일매일 전화로 지령한 10개월간의 보도지침(1985년 10월~1986년 8월), 즉 비밀통신문을 요약, 정리해 폭로했다.

신문 제목에 '호헌'이나 '개헌'이라는 용어를 일체 사용하지 말 것, 신민당 광주 개헌 집회에서 시위 군중들이 '축 직할시 승격' 아치를 불태우는 장면 사진을 꼭 실을 것, '전국 대학 학생회 사무실을 수색했더니 화염병과 총기 등이 나왔다'는 것을 꼭 제목으로 뽑을 것, 전방 입소 거부 서울대생 시위 때 분신 사망한 김세진, 이재호 사건 보도에는 '신성한 병역의무인 입소를 거부하려 한다'고 기사 도입부에 꼭 넣을 것, 5·3 인천 사태 보도에는 '학생 근로자들 시위'로 쓰지 말고 '자민투, 민민투, 민통련 등이 시위를 주도했다'고 할 것, 과격한 인천 시위는 신민당이 유발했다고 다룰 것 등…….

이 비밀통신문의 원자료는 〈한국일보〉 김주언 기자(당시 편집부)가 편집국에서 보관 중인 문서를 복사해 민언협에 제공한 것이었다. 김주언과 〈말〉 초대 편집차장 김도연(당시 민통련 편집실장), 1986년 2월부터 민언협 사무차장을 맡은 이석원은 모두 서울대 72학번 민주화 운동 동지들이었다. 문리대 화학과 출신인 김주언은 1974년 '민청학련' 사건 때 강제 징집됐고, 이석원은 1975년 봄 박정희 정권이 전국 대학생 수백 명을 학교에서 추방했을 때 제적당해 '학적 변동자'로 징집됐으며, 김도연은 1975년 문리대 '오둘둘 시위 사건'으로 감옥에 갔었다.

1986년 3월 초 셋이 함께한 술자리에서, 김주언이 문공부의 보도지침 때문에 기자 노릇이 죽을 맛이라고 푸념하자, 김도연이 비밀통신문을 국민들에게 폭로하자고 제안하면서 사건은 시작됐다. 그리하여 김주언은 야근 때마다 남몰래 보도지침을 복사해 두 차례에 걸쳐 김도연에게 넘겨주었다. 김도연은 원래 이를 민통련을 통해 폭로할 계획을 세웠으나, 이석원이 "언론 민주화 운동을 맡은 민언협에서 하는 게 더 좋지 않으냐? 우리 쪽에 주면 〈말〉에 싣겠다"고 제안했다. 당시 민통련 사무처장이던 나는 그 제안을 전해 듣고 참 잘됐다고 동의했다. 앞서 이야기했듯, 민통련은 1986년 5·3 인천 집회 이후 공안 당국의 감시로 운신이 크게 부자유스러웠기 때문이다. 그 순간부터 나는 '보도지침 폭로 작전'에 대해 일체 모른 척했다.

비밀통신문을 건네받은 민언협은 송건호 의장, 김태홍 사무국장, 박우정 편집국장, 이석원 사무차장, 신홍범 실행위원, 백기범·홍수원·박성득 회원, 최민희 간사 등이 협의해 〈말〉 특집호로 내기로 했다. 편집책임자를 홍수원으로 결정해 대방동 기상처 부근의 허름한 2층 건물을 빌려 비밀 편집 작업에 들어갔다. 석달간 진행된 특집호 편집, 인쇄, 배포 과정에는 박성득, 이석원, 최민희, 한승동(현 〈한겨레〉 기자), 권오상(전 〈한겨레〉 기자) 등이 참여했다. 박우정 편집국장과 허정화, 정의길(현 〈한겨레〉 기자), 이근영(현 〈한겨레〉 기자), 김태광 등은 별도로 월간 〈말〉의 편집 제작을 진행했다.

그러나 문제가 하나 있었다. 보도지침을 폭로했을 때, 김주언을 고문해 폭로 내용은 허위날조라고 조작할 가능성이었다. 그즈음 권인숙이 부천서 문귀동 형사의 성고문 만행을 폭로했을 때, 〈조선일보〉, 〈동아일보〉, 〈중앙일보〉 등 '제도 언론'에서 일제히 전두환 독재 정권의 편에 서서 '운동권에서 성 문제까지 악용한다'고 매도하는 꼴을 지켜봤기 때문이었다.

이에 대비하고자 김태홍, 김주언, 신홍범은 김정남(청와대 교육문화수석비서관 역임)과 상의한 끝에 김주언이 김승훈 신부에게 '양심선언'을 한 뒤, 민언협과 정의구현사제단에서 보도지침을 폭로하는 공동 기자회견을 하기로 했다. 마침내 1986년 9월 6일 오전 10시 명동성당에서 송건호 의장, 김인한·최장학 공동대표, 김승훈·함세웅·정호경·김택암 신부가 공동 기자회견장에서 〈말〉 특집호 '보도지침'을 발표했다.

'보도지침'이란 괴물은 전두환 정권이 언론기본법을 통해 신문, 방송에 대한 허가권과 면허취소권 등 무소불위의 권한을 문공부 장관에게 부여하면서 태어났다. 이에 따라 문공부는 1981년 초 홍보조정실(1985년 홍보정책실로 변경)을 만들어, 1988년 초 전두환이 퇴진할 때까지 무려 7년간 날마다 보도지침을 내려 언론을 지배했던 것이다. 1986년 당시 홍보정책실에는 실장 밑에 홍보정책관(1명), 홍보기획관(3명), 홍보심의관(1명), 홍보담당관(7명)이 있었다. 그들 대부분은 언론인 또는 정보기관 출신이었다. 이들은 수시로 중앙정보부의 후신인 국가안전기획부와 협의했다.

〈말〉 특집호는 '보도지침이란 어떤 것인가'에서, "이 보도지침(홍보조정지침)은 문공부 홍보정책실이 하루도 빠짐없이 각 신문사에 은밀하게 시달하는 '보도 통제 가이드라인'이다. 보도지침에 '가', '불가', '절대(일체) 불가'를 지시했다. 이에 따라 뉴스의 비중이나 보도 가치에 구애됨이 없이 '절대 불가'면 기사를 주저 없이 빼고, '불가'면 조금 미련을 갖고 있다가 빼며, '가'면 안심하고 서둘러 싣는다. 이런 빈틈없는 지시와 충실한 이행 과정 속에서 우리 주변에서는 '있는 것이 없는 것으로, 없는 것이 있는 것으로' 둔갑하는가 하면 '작은 것이 큰 것으로, 큰 것이 작은 것으로' 뒤바뀌는 어이없는 대중조작이 끊임없이 되풀이되고 있다"고 지적했다.

당시 김주언이 제공한 보도지침은 10개월치에 불과한데도 건수는 무려 584개 항목에 이르렀다. 보도지침을 지시 유형별로 보면, 보도 절대 불가가 46.1퍼센트, 정권의 홍보성 보도 요구가 24.5퍼센트, 축소 보도가 16.1퍼센트, 용어 사용 불가가 6.9퍼센트였다. 이를 다시 지시 내용별로 나누면, 민주화 운동에 대한 것이 24.6퍼센트, 대외관계가 18.5퍼센트, 집권 세력에 대한 칭찬 보도가 13.8퍼센트였다.

보도지침이 공개되자 공안 당국은 김태홍을 전국적으로 지명수배하는

1986년 9월 〈말〉 특집호에서 공개한 '부천서 성고문 사건' 보도지침 원본. '취재보도 불가', '일체 보도 불가', '꼭 실어줄 것' 등 지시 사항이 적혀 있다.

한편, 이 사실을 일체 보도하지 말라는 또 다른 보도지침을 언론에 즉각 시달했다. 동시에 전국의 경찰력을 동원해 〈말〉 특집호를 압수, 수거하게 했다. 그러나 잡지는 전국의 민주화 운동 네트워크와 용기 있는 시민들에 의해 무려 2만 부 이상이 팔려 나갔다. 나중에는 복사판까지 나돌았다.

1986년 12월 10일 도피 중이던 김태홍이 잡히자, 12일에는 신홍범, 그리고 15일에는 김주언이 연행됐다. 박우정은 계속 도피했다. 하지만 아무리 군사 독재 시절이라 해도 정의구현사제단에서 '진실'임을 보증한 '보도지침 폭로'를 '허위 날조'라고 조작할 수는 없었다. 그러자 검찰은 〈말〉 특집호 기사 중에서 보도지침과 상관없는 군사관계, 외교관계 관련 내용을 집중적으로 문제 삼았다.

"검찰은 F-16 전투기 인수식을 보도하지 말 것, 미 하원 전문위원 3명 항공기 구입 관련 뇌물공여 조사차 방한 사실 일체 보도하지 말 것, 미국 핵무기를 실은 전투기 각국 배치 중 한국은 빼고 보도할 것, 북한의 남북한 국회회담 제안 사실을 보도하지 말 것" 등 국가기밀이 담긴 보도지침을 폭로했다며 국가기밀 누설죄를 적용했다. 또 민언협, 자실, 민문협 등 세 단체 회원들이 1985년 5월 개최한 5·18 광주 항쟁 5돌 기념행사를 불법 집회로 몰아 집시법 위반 혐의를 씌웠다.

1987년 4월 시작된 보도지침 사건 재판에는 당시 정법회를 만들어 활동하던 민권변호사들 한승헌, 고영구, 조준희, 홍성우, 황인철, 이상수, 조영래, 김상철, 신기하, 함정호(《한국일보》 고문 변호사) 등이 선임계를 냈다. 변호인단의 변론에 밀린 검찰은 애초 제출했던 11개 공소 사실 가운데 4개 조항을 철회하는 이변을 보이기도 했다.

1987년 4월 개시된 보도지침 사건 공판 과정에서 김태홍은 "현 정권은 이 나라 최고의 범죄자이다. M-16 들고 미국으로부터 사주받아 정권을 찬탈한 자들이다. 〈AP통신〉에서, 세계에서 가장 악명 높은 집단은 팔레비의 사바크(이란), 한국의 중앙정보부, 칠레의 정보기관으로 꼽힌다는 보도를 하자, 그 가운데 한국은 빼고 보도하라는 보도지침이 내려왔다"고 증언했다. 김주언은 "가장 큰 문제는 통일에 대한 권력의 태도이다. 통일 논의가 국민에 의해 이루어지지 못하고 보도 통제로 베일에 가려져 있으며, 민족과 국민의 열망과는 달리 비밀로 취급, 권력이 주무르고 있다. 또 하나의 큰 문제는 남한에 배치된 미국 핵무기에 대한 정부의 태도이다. 만약 핵전쟁이 일어나 우리 민족이 전멸할지라도 보도 통제를 할 것인지 알 수가 없다"고 진술했다. 신홍범은 "(동아투위, 조선투위가 생겨난) 1975년 3월은 권력과 신문 기업주가 결탁해 언론을 죽인 '한국 언론의 24시'였다. 그로부터 5년이 지나 언론의 자유를 주장하던 680여 명의 기자가 무더기로 쫓겨난 1980년 8월을 나는 '한국 언론의 25시'라고 말하고 싶다. 그로부터 7년이 흘러 권력과 언론의 음모의 산물인 '보도지침'을 폭로했다 하여 이 법정에 서서 재판을 받고 있는 지금이야말로 '한국 언론의 26시'라고 말하고 싶다"고 했다.

이들은 또 법정 최후진술에서, "조작된 (남북)긴장을 위해 쓰이는 (국가예산) 5조 원을 문화비, 건설비, 공공투자비로 쓴다면 얼마나 좋은 나라가 되겠는가?"(김태홍), "언론은 캄캄한 밤중을 달리는 자동차의 전조등과 같다. 그 자동차에는 국민 모두가 타고 있다. 재판장과 우리는 이 자동차의 전조등을 밝혀야 한다고 용감하게 말해야 한다"(신홍범), "우리가 공기 없이 살 수 없듯이 언론의 자유, 학문의 자유 없이 민주주의는 살아갈 수 없다"(김주언)고 당당하게 주장했다. 한승헌 변호사는 '보도지침 사건은 불낸 자들이 신고한 사람들을 처벌하겠다고 나서는 꼴'이라고 정리했다.[16]

1987년 6월 항쟁이 시작되기 직전이던 6월 3일 김태홍은 징역 10월에 집행유예 2년, 김주언은 징역 8월에 집행유예 1년, 자격정지 1년을, 신홍범은 선고유예를 받고 풀려났다.

우리는 1987년 6월 항쟁으로 한국의 민주화는 많은 진전이 있었다고 믿어왔다. 하지만 지금 한국의 언론 자유는 다시 위기를 맞고 있다. 2008년 이명박 정권이 들어선 이후 다시 권언유착 상태로 빠져들기 시작한 언론은 박근혜 정권에서는 아예 관변화되고 있다. 특히 방송의 정권 예속화가 심각하다. '공영방송'이라고 자부하던 KBS와 MBC는 '청영방송(青營放送)'이라 불릴 지경이다.

2014년 5월 22일 63개 언론사 5,592명의 현역 언론인들이 시국선언문을 통해 반성과 함께 오직 국민의 알 권리를 위해 정진하겠다고 다짐한 것은 뒤늦게나마 다행스런 일이다. 전국언론노동조합 한국방송본부(KBS 제2노조)는 23일 '청영방송의 관리자' 길환영 사장의 사퇴와 공정방송 쟁취를 요구하는 파업을 결정했다. 방송 민주화 운동은 이미 시작됐다. 그들과 연대해서 그들을 지켜주는 것, 그것은 국민들의 몫이다. 왜냐하면 언론 자유는 언론인을 위해서가 아니라 국민들을 위해서 존재하기 때문이다.

국민 모두가 상주다

한국 민주화 운동사에서 1986년과 1987년처럼 극과 극을 달린 해도 없을 터이다. 1986년은 공개 민주화 운동이 '존폐의 위기에 처한 시기'였는데, 불과 1년 뒤인 1987년 온 국민이 함께한 '6월 항쟁'이 일어났으니 말이다.

전두환은 '군사 정권이 20년 더 집권할 수 있는 계획을 세우라'고 국가안기부에 지시하는 한편, 학생 운동과 민통련, 민통련 가맹단체들을 철저히 감시하고 국민들과 차단시켰다. 이러한 상황에서 1985년 8월 한국기독교교회협의회 시국대책위원회가 'KBS 시청료 거부 운동 기독교 범국민운동본부'를 발족한 것은 민주화 운동의 대중화에 크게 기여했다. 앞서 가장 먼저 조직적인 KBS 시청료 거부를 선언하고 나선 것은 1984년 4월 전북 완주의 가농과 천주교회였다. 1986년 2월에는 1만여 기독교회와 14개 교구의 천주교회를 중심으로 청년, 여성 등 사회 운동 단체들이 'KBS 시청료 거부 범국민운동본부'를 결성해 한 차원 더 높은 연대 운동에 시동을 걸었다.

1986년 10월 28일 전국 26개 대학 학생들이 건국대에서 '전국 반외세 반독재 애국학생투쟁연합 결성식'을 열었다. 그런데 전두환 정권은 이날 모인 2,000여 명의 학생들을 전쟁터의 적과 같이 대했다. 학교를 봉쇄하는 바람에 건물에 갇힌 학생들은 어쩔 수 없이 농성을 벌였다. 이른바 '건국대 사태'였다. 나흘째 굶주림과 추위로 학생들이 탈진하기 시작한 10월 31일 정권은 아침부터 헬리콥터로 소이탄을 쏘는 한편 8,000여 명의 전투경찰을 동원해 최루탄을 쏘면서 농성 건물들로 쳐들어가 1,525명의 학생을 연행하고 이 가운데 1,287명을 구속시켰다. 언론에서는 당시 경찰의 '전투 작전'을 "용공 좌익 학생 소탕 작전"으로 대대적으로 보도했다.

이에 민통련은 11월 3일 "군부 독재의 건국대 연합 집회에 대한 폭력적 탄압을 규탄한다"는 성명을 발표했다. 그러자 경찰은 바로 민통련 사무실이 들어 있는 장충동 분도회관을 포위했다. 나는 사무국장으로서, 계훈제 부의장을 모시고 민통련 간사들, 가맹단체 지원자들 30여 명과 함께 민통련 사무실에서 농성에 들어갔다. 농성 닷새째인 11월 7일 전투경찰은 산소용접기와 쇠망치를 들고 사무실로 쳐들어왔다. 그들은 김인한 동아투위 위원장, 박용수 보도실장, 그리고 나를 치안본부 남영동 대공분실로 끌어가고, 김정환 대변인, 이해찬 정책연구실 차장, 김승균·이재오·김도연·최장학·고광진 회원 등을 수배했다. 또 이날 민통련과 민통련 가맹단체들인 한노협, 서노련, 청계피복노조, 인노련, 민통련(서울·강원·경북·경남 지부) 등에는 해산명령이 내려졌다.

내가 남영동을 거쳐 검찰에 넘어갔을 때, 담당 검사는 "우리는 지난 1년간 민주화 운동권을 죄다 평정했다. 건국대 사태로 학생 운동 주동자들을 모두 일망타진했다. 민통련도 이번에 사무실까지 폐쇄했으니 걱정할 것 없다. 종교인들이 좀 남아 있기는 하나, 그들이 운동에 앞장서지는 못한다"고 자신만만했다. 나는 1986년 12월 13일 기소유예로 석방됐다. 그사이 분도회관 사무실은 폐쇄되어 있었다.

보안사, 안기부, 경찰은 '5·3 인천 사태'부터 1987년 2월까지 9개월에 걸쳐 '서울대 대자보 사건', '전국노동자연맹 추진위 사건', '마르크스레닌주의당(ML당) 사건', '반제구국노동자동맹당 사건', '안산 노동자 투쟁위원회 사건', '제헌의회그룹(CA) 사건', 《한국 민중사》 사건'을 잇달아 발표했다. 공안기관들은 경쟁적으로 용공 세력을 조작해내 국민들에게 겁을 주고자 했다.

나에 대한 감시는 강동경찰서로 넘어가 있었다. 하지만 나는 감시망을 피해가며 민통련 간사들과 비밀 연락망을 구축했다. 민통련과 지역 가맹단체들 사이의 연락망은 이명식 간사가 맡고 있던 지운협을 통해 여전히 잘 가동되고 있었다. 그런데 민통련과 서울의 각 부문 운동 사이의 연결 통로는 끊어져버렸다. 나는 서울대 총학생회장 출신의 김부겸을 간사로 영입해 민통련과 서울지역 부문 운동 단체와 연락망을 맡기는 한편, 서울지역 학생 운동권과 접촉을 강화하기 위해서 동북부지역 학생 운동과의 연락망은 고려대 출신인 이명식에게, 서남부지역 학생 운동과의 연락망은 김부겸에게 맡겼다. 1986년 12월 하순께였다.

민통련은 의연하게 1986년 송년사를 내고 1987년부터 강력한 투쟁을 예고했다. "국민 여러분, 옥중에 있는 동지들과 더불어 송년인사를 드립니다. 분단 이래 불행한 우리 현대사의 흐름을 바로잡고자 지난 시대 운동역량의 축적을 토대로 진정한 민중 노선과 조직 운동을 표방한 우리 민통련이 저들의 말기적 발악에 쉽게 흔들리겠습니까? 민주장정의 현장 어디에서나 민통련의 깃발은 계속 국민 여러분과 함께 영원히 휘날릴 것입니다. 1987년은 이 땅의 반외세 자주화와 반군사 독재 민주화가 실현되는 민중해방의 새날이 되도록 우리 모두 하나 되어 정진합시다."

전두환 정권은 수배자들을 검거하고자 과속 엔진을 밟았다. 1987년 1월 14일 치안본부 남영동 대공분실에서 터진 서울대생 박종철 군 고문치사 사건은 무리한 수배자 몰이가 빚은 비극의 절정이었다. 전두환과 장세동 당시 안기부장 등은 '고문살인 교사범'들이었다.

"탁 치니, 억 하고 쓰러졌다"는 박종철 군의 죽음 사실이 알려지자 민주화실천가족운동협의회와 한국기독학생회총연맹, 한국기독청년협의회 등이 당장 항의 농성에 돌입했고 서울대 언어학과 학생들은 교내에서 장례식 집회를 열었다. 1월 17일에는 '고문공대위'가 다시 소집됐다. 고문공대위 실행위원들은 당면 민주화 운동을 고문 추방에 집중시키기로 했다. 실행위원으로는 민통련에서 나와 이해찬, 개신교에서 김동완, 허병섭, 인명진, 이해학 목사와 황인성 간사, 천주교에서 이길재와 이명준, 민가협에서 인재근과 유시춘, 여성 운동계에서 이미경, 신민당과 민추협에서 김도현, 김병오, 이규택, 한영애 등이 활동했다. 당시 민통련의 이부영과 김종철은 구속된 상태였고, 권호경 목사는 홍콩의 아시아교회협의회 본부에 나가 있었다. 우리는 고문 추방 운동의 구호를 "고문 없는 세상에서 살고 싶다", "군사 독재 청산 없이 고문 청산 없다"로 정했다.

서울대에서 열린 박종철 군 추모 집회의 행렬. 박종철 고문치사 사건은 전두환 정권의 장기집권 의지를 노골적으로 드러내면서 빚어진 일이었다.

고문 추방 운동 장기전략 기획은 민통련의 나, 민추협의 김도현, 가톨릭의 이명준, 개신교의 황인성이 맡기로 했다. 네 사람은 합숙 끝에 다음과 같은 행동방침을 제안했다. "국민 모두가 상주다. 모든 민주화 운동 사무실과 야당 정치권은 사무실에 빈소를 차린다. 1월 20~26일을 박종철 군 분향 기간으로 정한다. 고 박종철 군 국민추도회를 결성한다. 모든 교회, 성당, 사찰은 고 박종철 군을 위한 기도회를 연다. 2월 7일 범국민 추도회를 개최한다. 박종철 군 사십구재 때인 3월 3일 '고문 추방 전국 평화대행진'을 한다" 등이었다.

박종철 군 국민추도회 발기인으로 무려 7만 2,674명이 자발적으로 참여한 것을 보면, 국민적 슬픔과 분노가 어느 정도였는지 알 수 있다. '2·17 국민추도회'와 '3·3 평화대행진'에는 서울, 부산, 광주, 대구, 대전, 인천 등 전국 곳곳에서 시민들이 참여했다. 이 사건은 학생 중심의 민주화 운동에서 학생과 시민 연합의 민주화 운동으로 탈바꿈하는 대전환점이 됐다.

'고문 추방 전국 평화대행진' 이후 국민 행동이 다소 잠잠해지자 전두환은 1987년 4월 13일 "내 임기 중에 개헌은 없다"며 '호헌선언'을 들고나왔다. 전두환은 "평화적 정부이양과 88서울올림픽이라는 양대 국가대사를 성공적으로 치르기 위해서 소모적 개헌 논의는 지양되어야 한다. 민정당의 후임 대통령 후보는 조속한 시일 안에 결정하겠다. 폭력 좌경 세력은 엄정하게 다스리겠다"고 말했다. 이 호헌선언과 함께, 전두환은 통일민주당 창당에 나선 김영삼, 김대중을 '구시대 정치인'으로 몰아 정치판에서 제거하려 시도했다. 폭력배까지 동원해 통일민주당 창당을 방해한 것이다.

미국은 전두환의 호헌론에 대해 애초에는 지지하는 태도를 보였다. 당시 미 국무부 동아시아, 태평양 담당 차관보인 개스턴 시거와 주한 미 대사관의 던롭 참사관은 "이승만, 박정희에 걸치는 한국 정치사에서 집권자가 스스로 물러난 사례가 어디 있느냐? 비록 군부끼리의 권력이양이라 하더라도 한국 정치사상 최초로 권력이 평화적으로 이양되는 것은 대단한 일이다"라고 칭찬하면서 "너무 많은 것을 얻으려 하다가 아무것도 얻지 못한다"고 경고했다.[17]

이러한 미 행정부의 태도에 미국 언론들이 먼저 우려를 표시했다. 그들은 '한국의 새로운 반미 운동'을 우려했다. 미국으로서는 중국이 새롭게 강대국으로 등장하고 있는 동아시아에서 한국을 '반미 감정' 때문에 놓칠 수는 없는 일이었다. 미국 행정부는 슬그머니 '호헌 지지'에서 발을 뺐다.

1987년 4월 초 4차 정기총회를 거쳐 전열을 재정비한 민통련은 학생 운동과 함께 '4월 혁명 17돌'을 맞아 '4·19 묘소'에서 대규모 연합 집회를 열었다. 또 민통련은 전두환의 호헌론에 맞서기 위한 재야, 종교계, 야당, 학생 운동의 총연대를 제안했다. 그러나 개신교 쪽은 정치권과의 연대에 반대했고, 야당과 가톨릭도 연대를 망설이고 있었다. 민통련의 나와 정성헌, 이해찬, 가톨릭의 이명준, 개신교의 황인성, 민가협의 인재근 등은 저마다 개신교, 가톨릭, 양김씨 설득에 나섰다. 이 문제로 보름을 허비했으나, 천주교 쪽에서 먼저 방침을 바꾸자 개신교계와 야당도 뒤따랐다.

'민주헌법쟁취 국민운동본부(이하 국본)' 결성을 위한 중견 민주화 운동가들의 최종 논의는 1987년 5월 20일 저녁 서울 우이동 개나리산장에서 있었다. 이날 참석자는 이길재, 김병오, 김도현, 나, 정성헌, 이재오, 정상모, 이명준, 황인성, 이미경, 이병철, 인재근, 유시춘, 박우섭, 김희택 등으로 기억한다. '국본' 결성의 세부 기획을 위임받은 나와 김도현, 이명준, 황인성은 또다시 사흘간의 비밀 합숙을 거쳐 국본의 강령, 조직 운영 대강, 발기인 모집, 고문, 공동대표, 집행위원, 상임 공동대표, 상임 집행위원, 사무국 운영 원칙들을 정하고 창립선언문, 결의문, 국민에게 드리는 글 등을 기초했다.

마침내 1987년 5월 27일 아침 8시 역사적인 국본 발기인대회 겸 창립총회가 서울 향린교회에서 열렸다. 발기인은 2,191명이었다.

6월 항쟁의 성공 조건

나는 한국 현대사에서 '4월 혁명'을 제1의 시민 혁명, '6월 항쟁'을 제2의 시민 혁명이라고 본다. 근대 시민 혁명은 국민들이 '나라의 주권자 자리'를 쟁취해 나가는 운동사이기도 하다. 4월 혁명과 6월 항쟁은 한국의 시민 혁명사라 할 수 있다.

6월 항쟁은 1987년 '6·10 국민대회', '6·18 최루탄 추방대회', '6·26 평화대행진'에 이르기까지 "호헌 철폐", "직선제 개헌", "민주 헌법 쟁취", "전두환 정권 타도"를 외치며 국민들이 20일 동안 거리로 뛰쳐나와 시위를 벌인 현대 한국사 최장 최대의 민중 운동 파노라마였다. 어림잡아 전국적으로 연인원 500만 명 이상이 참여했다.

국본이 생기고 6월 항쟁이 뜨거웠던 그 격변의 시기에 나는 정작 '도망자 신세'였다. 1987년 4월 19일 민통련과 서대협 학생들이 함께 벌인 '4월 혁명 27돌' 시위로 수배 중이었기 때문이었다.

그런데 5월 중순 이런 일이 있었다. 이해찬과 함께 정현백 교수(성균관대) 집에 들렀다가 헤어져 사당역 지하도로를 혼자 걸어가고 있는데 누군가 "성 처장" 하고 불렀다. 돌아보니 국가정보원 정보국의 민통련 담당 정아무개였다. 그가 "차나 한잔 합시다"라고 말해 다방으로 들어가 앉았다. 그는 "위에서 당신을 잡으라고 난리다. 열흘 전에는 수사국 요원과 같이 당신 집 앞에서 일주일간 잠복했다. 나는 그때 당신이 내 손에 잡히지 않기를 하늘에 빌었다. 다행히 당신은 나타나지 않더라"며 하는 일이 잘되기를 바란다고 말하고는 가버렸다. 나는 그때 '전두환 정권은 이제 끝났구나!' 확신

1987년 '6·10 국민대회 출정식'이 열린 와중에 연세대생 이한열 군이 경찰의 최루탄에 머리를 맞아 쓰러지면서 '6월 항쟁'이 촉발됐다. 사진은 7월 1일 끝내 숨을 거둔 이한열 열사를 추모하는 학생들의 모습이다.

을 가지게 됐다.

국본에서 1987년 6월 10일을 '국민대회의 날'로 잡은 것은, 민정당이 이날 노태우를 '체육관 선거 대통령 후보'로 지명하는 전당대회를 열기 때문이었다. 김대중과 김영삼은 국민대회 시간을 오전 10시로 하자고 제안했다. 민정당 전당대회와 야당·재야의 군부 독재 반대 시위가 같은 날 같은 시간에 일어나야 국제적 매스컴을 탄다는 이유였다.

하지만 나는 그 제안을 반대했다. 최근의 박종철 군 추모 집회를 통해 점점 많은 시민들이 시위에 합류하기 시작한 것은 확실했다. 하지만 아침부터 시민들이 거리로 뛰쳐나오기를 기대할 수는 없는 일이었다. 전투경찰이 곳곳에서 '수상한 청년'들을 검문하는 마당에, 아침 시위에 나서면 경찰이 먹을 욕을 민주화 운동 세력이 뒤집어쓰게 될 것이라 생각했다. 거꾸로 저녁 시위를 하면, 퇴근하던 시민들이 구경꾼에서 응원군으로, 나중에는 시위대의 일원으로 변하게 될 것이라고 주장했다.

애초 민통련은 학생 운동권도 국본에 참여해야 한다고 주장했으나 성사시키지 못했다. 학생 운동의 '극렬 반미 구호'가 정치권과 종교계의 발목을 잡았다. 한국 민주화 운동은 늘 학생 운동이 선도해왔다. 하지만 1986년 들어 학생 시위 하면 전투경찰의 최루탄 대 학생들의 화염병과 투석전이거나 전투경찰, 백골단의 곤봉 대 학생들의 각목이 맞붙는 거리 전투가 국민들의 뇌리에 박혀 있었다. 그래서 전두환 반대 시위에 참여하기로 작정한 시민들이 늘어나면 늘어날수록 학생들의 전투적 시위가 이를 가로막는 상황이 빚어지고 있었다. 운동권 학생과 일반 학생들 사이도 틈이 많이 벌어져 있었다.

서중석 교수는 이 점에 대해 다음과 같이 지적한 바 있다. "1986년은 서울대에서 휴학이 가장 많았던 해였다. 학교 앞 술집에서 노랫소리가 사라졌고 술만 먹으면 우는 학생들이 늘어났다. 학교가 무서워 나오기 싫다는 학생도 있었다."[18]

이 위기의 학생 운동사에 "한 사람의 열 걸음보다 열 사람의 한 걸음으로"라는 구호 아래 대중 운동으로 조용한 선회가 일어나고 있었다. 1987년 5월 18개 대학 학생 대표들이 연세대에 모여 '서울지역 대학생대표자협의회(서대협)'를 결성했다. 의장에 이인영 고려대 총학생회장, 부의장에 이남주 서울대 총학생회장을 선출하고 동부·서부·남부·북부 지역 평의회로 나누어, 동부권은 한양대의 김병식, 서부권은 연세대의 우상호, 남부권은 서울대의 이남주, 북부권은 고려대의 이인영이 각각 의장을 맡았다.

민통련과 서대협은 5월 23일 호헌 철폐 공동 시위를 벌였다. 이때 탑골공원에 모인 서대협 시위대 3,000여 명은 돌, 화염병, 각목 등을 전혀 지니지 않았다. 시위대는 전투경찰이 연행하려 하자 서로서로 팔깍지를 끼고 '연좌(連坐) 연와(連臥) 투쟁'을 벌였다. 지나던 시민들이 열렬히 지지와 격려, 박수를 보냈다. 이날 1,284명을 연행했던 경찰은 학생들을 구속할 명분을 잃고 전원 석방할 수밖에 없었다.

6·10 국민대회 직전 열흘간 학생 운동은 6월 항쟁을 예열했다. 고려대에서는 '대자보 백일장'을 열어 "두환아, 종 쳤데이. 아무 소리 말고 미련 없이 잘 가거래이"라는 구호를 만들어 내었고, 5월 29일에는 전국 29개 대학에서 고문 추방, 호헌 철폐 시위가 있었고, 6월 1일부터는 서대협 13개 대학 총학생회장과 학생회 간부 20여 명이 서울대에서 단식 농성에 들어갔으며, 6월

9일에는 전국의 대학에서 '6·10 대회 출정식'을 열었다. 이 와중에 고 이한열 열사가 경찰의 최루탄에 뒤통수를 맞고 의식불명으로 쓰러지는 모습, 그를 끌어안고 있는 동료 학생의 애절한 모습이 〈중앙일보〉에 대문짝만하게 실려 온 국민들이 눈물을 흘리게 만들었다. 이한열 열사의 한스러운 죽음에도 불구하고 서대협 학생들이 6·10 대회 출정식 행동원칙에서 '(화염병과 각목 대신에) 태극기를 들고나오라'고 한 것은 참으로 놀랄 일이다.

군사 독재에 대한 항의 방법에 꼭 거리 시위만 있는 것은 아니다. 김도현, 이명준, 황인성 그리고 나는 6월 항쟁 전략을 기획하면서 국민들이 전두환 독재에 대한 저항을 표시할 수 있는 모든 방법을 궁리했다. 국기 하강식 때 '애국가 제창과 1분간 묵념하기', '전국 교회, 성당, 사찰의 42번 타종(1987년은 해방 후 42년 되는 해였다)과 기도회', 자동차 경적 울리기, '(땡전뉴스 안 보기 운동의 일환으로)밤 9시에 10분간 소등하기', 각계각층의 기자회견과 성명, 강론 등 국민 누구나가 어떤 방식으로든 항의 행동에 동참하라는 것이 우리들의 주문이었다. 우리는 농민 운동의 경험을 통해 시위가 여러 곳에서 동시에 일어났을 때 독재 정권이 약점을 드러낸다는 사실을 알게 됐다. 6월 항쟁도 전국적 동시다발 봉기 여부가 승패를 좌우할 터였다.

6·10 국민대회는 이날 오후 6시 성공회 대성당에서 박형규 목사, 계훈제 선생, 오충일 목사, 서경원, 오대영, 제정구, 유시춘, 금영균 목사, 성공회의 김재열·박종기 신부, 지선·진관 스님, 민추협의 양순직, 김명윤, 김병오, 김현수, 이규택, 송석찬 등 70여 명이 모여 "4·13 호헌조치는 무효임을 전 국민의 이름으로 선언한다"는 선언문을 낭독하면서 시작됐다.

전국 22개 도시에서 30만 명이 참가한 6·10 국민대회는 서울의 2,000여 시위대가 명동성당으로 도피했다가, 전투경찰과 밤새도록 최루탄-화염병 공방을 벌이면서 계속됐다. 이때 농성자들을 보호하기 위해 보여준 천주교 사제단들의 용기와 지혜, 김수환 추기경의 "이들을 잡아가려면 나를 밟고 지나가라"는 순교자적 자세가 전두환의 기세를 꺾어버렸고, 농성자들은 신부들의 보호 아래 6월 14일 안전하게 귀환했다.

앞서 6월 9일 교문 앞에서 시위 중이던 연세대생 이한열을 혼수상태에 빠뜨린 최루탄에 대한 분노가 6월 18일을 '최루탄 추방의 날'로 정하게 만들었다. 전투경찰은 이날 최루탄을 가장 많이 쏘았다. 최루탄이 동이 나 더는 쏘지 못할 지경이었다.

명동성당 농성 투쟁의 승리로 기세가 오른 학생과 시민들은 이날 전국 16개 도시에서 60만 명이 시위에 나섰는데, 이는 6·10 국민대회 때보다 갑절이나 많은 규모였다. 특히 노무현이 상임집행위원장을 맡고 있던 부산에서는 30만 시민이 "최루탄 추방", "전두환 독재 타도"를 외쳤다.

6월 19일 '6·26 평화대행진'을 결의하기 위해 '국본 고문, 상임공동대표, 상임집행위원 연석회의'가 열렸다. 그런데 뜻밖에도 민추협 쪽에서 평화대행진을 연기하자고 주장했다. 전두환의 비상조치 발동설이 있으니 여야 영수회담 이후에 집회 일정을 다시 논의하자는 것이었다. 그러나 군의 정치개입을 국민들이 힘으로 막지 못하고는 민주화를 달성할 수 없으며, 군을 두려워하기보다는 정치군부에 맞서야 한다는 것이 '80년 서울의 봄'에서 학습한 교훈이었다. 마침 전두환과 김영삼 회담이 결렬되는 바람에 6·26 평화대행진이 예정대로 진행될 수 있었다.

평화대행진 집회에는 전국적으로 150만 명이 거리로 쏟아져 나왔다. 서울과 광주에서는 각각 30만 명이, 부산에서는 15만 명이 밤새 시위를 벌임으로써 전국의 사회 기능이 마비됐다. 결국 전두환 정권은 민심에 굴복했다. 6월 29일 노태우 민정당 대표위원을 통해 '직선제 개헌' 요구를 받아들이겠다고 발표했다.

6월 항쟁은 '직선제 대통령 선거 제도 도입', '대통령 5년 단임제', '지방자치제 도입' 등으로 대한민국 수립 이래 30년 넘게 지속되어온 정치의 국민 대표성 부재를 해소하면서 절차적 민주주의를 확립해나가는 성과를 거두었다. 하지만 6월 항쟁의 성과는 그야말로 절차적 민주주의의 진전에 그쳤다. 경제 민주화, 노동의 민주화, 언론의 민주화, 사법의 민주화, 교육의 민주화, 문화예술의 민주화 등 사회 각 분야에서의 민주화는 너무나 소홀히 취급됐다. 남북의 평화 공존과 교류 협력에 필수적인 '국가보안법' 폐기도 방치됐다.

이러한 결말은 '양김씨'가 재야 세력과 너무 빨리 결별했기 때문에 빚어졌다고 생각한다. 대권 경쟁이 급했던 두 정치인은 민주·민중·통일 운동의 목소리를 듣기보다는 운동권 인사들을 세 확보를 위한 '포섭 대상'으로 삼았다. '재야'는 분열됐다.

그날 이후 '1987년 체제'에서 30년 가까이 살고 있는 우리는, 독재 체제로 퇴행하느냐, 아니면 새로운 시민 운동을 일으켜 다시 민주화 개혁에 나서느냐의 갈림길에 서 있다.

암흑 천지 속에서 희망을 구하다

1988년 5월 15일 〈한겨레〉가 창간됐다. 〈한겨레〉는 1987년 12월 대통령 선거에서 '5·17 군사 쿠데타' 주역이자 전두환의 친구인 노태우가 제13대 대통령에 당선되고, 민주 진영이 패배한 뒤 공황 상태에 빠져 있던 수많은 시민들에게 내일의 민주화를 위한 희망의 새 아이콘으로 등장했다.

송건호 초대 사장은 창간사에서 "〈한겨레〉는 시종일관 이 나라의 민주주의 실현을 위해 노력할 것이다", "이 나라의 민주화는 남북의 관계 개선을 위해서, 특히 동족 간의 군사대결을 지양하고 통일을 이룩하는 데 있어 절대적 조건이 될 것이다"라고 선언했다.

〈한겨레〉 초대 편집위원장을 맡은 나는, 민주주의와 평화 통일을 강렬하게 이미지화하기 위해 창간호 1면 오른쪽에 백두산 천지 사진을 크게 싣고 "6,000만 그리움의 끝이자 희망의 시작 백두산 천지"라는 설명을 달았다.

앞서 1987년 7월 새 신문 창간을 준비할 때 가장 큰 걸림돌은 자본금 마련이었다. 당시 언론계에서는 전국적 일간신문을 창간하려면 최소한 200억 원 이상이 들 것이라고 추산했다. 그런데 '조선투위'의 정태기가 50억 원만 있으면 새 신문 창간이 가능하다고 주장했다. 인쇄기술 혁명 등으로 편집·제작·인쇄 비용이 엄청나게 낮아졌다는 것이었다. 정태기는 우선 송건호, 리영희, 이병주, 김태홍, 임재경, 권근술 등과 뜻을 모은 뒤, 여러 해직 기자들과 새 언론 창설에 대한 꿈을 나누면서 그해 7월 말부터 자본금 모금에 나섰다. '새 언론 창설 연구위원회'를 꾸리고 발기인 모집 운동을 시작했다.

이어 8월 31일 정태기와 권근술은 대전 근교의 어느 연수원에서 열린

'민통련 임시 대의원 총회'에 찾아와, 민통련과 가맹단체 간부들에게 새 언론 창설의 필요성을 설명했다. 그날 그 자리에서 나도 언론인으로 되돌아가기로 마음먹었다. 이어 9월 해직 기자들 중심으로 196명이 새 신문 창간을 발의했고, 10월 30일 전국 각계각층의 3,317명이 참여한 가운데 서울 명동 YWCA 강당에서 창간 발기인대회가 열렸다.

그러나 창간 자본금 모금은 기대만큼 여의치 않았다. 12월 16일 대선 직전까지 모은 자금은 10억 원 정도에 불과했다. 그런데 대선 패배 이후 불과 두 달 만인 1988년 2월 25일 50억 원 목표가 달성됐다. 특히 그때 광고대행사 대홍기획 국장으로 근무하던 동아투위 출신의 강정문이 퇴근하면 곧장 '한겨레 창간준비위'에서 출근하다시피 하며 열성을 다했다. 하지만 그는 〈한겨레〉에 입사하지 않고 끝까지 밖에서 도왔다. 그는 훗날 대홍기획의 대표이사가 되어 광고대행사의 스타가 됐으나 1999년 54살의 한창나이로 먼저 떠났다. 너무나 안타까운 일이었다.

그렇게 기적처럼 자본금을 모아 새 신문 〈한겨레〉를 창간할 수 있었다. 그러나 운영자금이 금세 바닥을 드러냈다. 창간 지사와 판매지국들의 적자가 눈덩이처럼 커지고 있었다. 그럼에도 본사 역시 쪼들린 까닭에 사납률을 높게 책정할 수밖에 없었고, 그 고통은 고스란히 창간 지사와 지국에 전가됐다. 창간 초기 기꺼이 지사나 지국을 맡았다가 소중한 가산을 탕진한 이들이 속출했다. 내가 아는 분만 해도 김자동 선생, 문재인 부산지사장, 송광영 열사의 모친, 석규관 선생, 이주형 영동지국장 등 헤아릴 수 없이 많았다.

운영난은 좀처럼 해소되지 않았다. 문제의 핵심은 광고 수입의 절대 부

1988년 5월 14일 밤 서울 양평동 한겨레신문사 윤전실에서 막 찍혀 나온 〈한겨레〉 창간호를 들고 기뻐하는 창간 주역들로, 왼쪽 뒤부터 심채진 편집부장, 이효재 교수, 홍성우 변호사, 필자, 리영희 논설고문의 모습이다.

족이었다. 한국의 광고시장은 예나 지금이나 재벌들의 손에 들어 있다. 그런데 〈한겨레〉가 창간하자마자 유가 부수 40여 만 부로 '조중동'에 이은 4위의 발행부수를 기록하고 있음에도 당시 재벌들은 '왜 우리가 재벌의 적인 〈한겨레〉에 실탄을 대주어야 하는가'라면서 광고를 내주지 않았다. 기업의 홍보 담당자나 광고대행사로서는 어쩔 수 없는 노릇이어서, 광고국 사원들이 아무리 열심히 뛰어도 실적은 제자리걸음이었다.

〈한겨레〉는 궁여지책으로 발전기금 모금 운동에 나섰다. 1988년 9월 이사회에서 70억 원 증자를 결의했다. 처음에는 모금 실적이 괜찮았다. 첫 한 달 만에 10억 원이, 11월에는 8억 원 정도, 12월에는 6억 원이 걷혔다. 그런데 해가 넘어가면서 모금 동력이 거의 사라져버렸다.

1989년 1월 17일 36차 이사회에서 나는 모금 운동이 새로운 동력을 얻으려면 국민들에게 희망의 메시지를 줘야 한다고 주장했다. 그래서 신문에 모금 광고 캠페인과 더불어 '모금특별위원회'를 만들자고 제안했다. 그러자 이사진들은 내게 모금특별위원회를 맡아서 해달라고 결의했다. 마침 그때 나는 1988년 8월 처음 도입된 '편집위원장 직선제 선거'에서 장윤환 선배에게 져서 '농업 담당 논설위원'을 맡고 있던 중이었다.

평생 돈에 대한 개념 없이 살아오던 내가 모금특위 위원장 자리를 수락한 것은 이대로 만약 〈한겨레〉가 파산한다면 창간에 참여한 해직 기자 전체가 '새 시대 새 언론의 사도'가 아니라 '사기꾼'으로 전락할 판이었기 때문이었다.

1989년 1월 말 나를 비롯해 황윤미, 김선주, 홍수원, 고희범, 윤석인, 박준철, 박상진 등으로 '발전기금 모금 특별위원회(이하 특위)'를 꾸리고, 2월 초부터 새로운 모금 운동에 나섰다. 특위는 세 가지 전략을 세웠다. 그 하나는 모금 광고를 통해 〈한겨레〉의 미래 발전 비전을 제시한다는 것, 그 둘째는 특위 위원들이 적극적으로 투자 권유 대상자들을 찾아 나서는 것이었다. 이 일환으로 신문 광고가 나가는 날 오후와 저녁 투자 희망자들을 위한 '투자설명회'도 열었다. 셋째는 〈한겨레〉 전 사원들을 모금 운동에 참여시키는 것으로, 이를 위해 모금 운동에 성공하면 일정한 수고비를 지급하기로 했다.

모금 운동은 일상 업무 외에 가외로 하는 활동인데다, 투자를 권유하려면 상대방에게 최소한 차나 막걸리 한잔은 대접해야 할 것 아닌가. 초기에 몇 사람이 모금에 성공해서 받은 수고비로 동료들에게 한턱내기 시작하자, 임직원들의 모금 운동이 순식간에 전 사원들에게 번졌다. 특위 위원들은 오후부터 밤까지는 약속된 사람들을 만나러 곳곳을 돌아다녔고, 오전에는 다음 신문 광고 콘셉트를 무엇으로 할 것인지 몇 시간씩 토론을 했다.

1989년 2월 초부터 5월 말까지 1~2주마다 바꿔 나간 신문 광고 내용은 특위 위원들의 고심의 흔적을 여실히 보여주고 있다. '민주화를 다지던 시대, 엄마는 무얼 하셨나요, 뒷날 우리 자식이 묻습니다', '일일 16면 〈한겨레〉를 내년부터 보고 싶지 않으십니까? 고속윤전기가 필요합니다', '일일 16면 〈한겨레〉를 내년부터 보고 싶지 않으십니까? 윤전기 설치에 사옥은 필수적입니다', '도약을 향한 제2의 도전, 고속윤전기 도입 사옥 건립을 위한 개발본부 발족', '당신은 관객일 뿐입니까? 지금부터 당신과 제가 이 민주 사회의 주인입니다', '〈한겨레〉의 눈으로 지구촌을 바라보지 않으시렵니까?', '바야흐로 다가오는 민족 자주와 통일 시대를 열어가도록 적극 성원 바랍니다', '민주화와 통일로, 세계로 뻗어나갈 '한겨레', 〈한겨레〉를 버팀목 삼아주십시오', '모집 총액 100억 돌파, 알찬 경영 꿋꿋한 신문, 〈한겨레〉에 출자하십시오. 5월 15일에 마감합니다', '비바람이 몰아쳐도 흔들리지 않는 〈한겨레〉! 어떠한 탄압에도 이겨내고 꿋꿋하게 일어서는 〈한겨레〉! 온 국민과 함께 43만 구독자, 5만여 주주가 함께하는 〈한겨레〉! 지금 출자하십시오. 작은 돈 모아 큰일 하는 〈한겨레〉입니다.'

우여곡절 끝에 모금 운동을 초과달성한 〈한겨레〉는 1989년 5월 21일 송건호 사장 명의로 국민들과 신규 주주들에게 감사 인사를 드릴 수 있었다. 창간 자본금 50억 원, 1차 모금 24억 원, 특위가 모금한 돈이 95억 원이었다. 이로써 〈한겨레〉는 1989년 하반기부터 독자배가 운동, 해외 특파원제 도입, 자체 땅 구입과 사옥 건립, 고속윤전기 도입 등에 나설 수 있었다.

모금 운동 과정에서 가장 인상에 남는 사건은 리영희 논설고문이 방북 취재를 계획했다가 국가보안법으로 구속된 사건이었다. 리영희 고문은 1989년 1월 방북 취재를 기획했다가 문익환 목사가 먼저 방북하는 바람에 취소했는데, 노태우 정권은 뒤늦게 4월 15일 리영희 고문을 구속했다. 수많은 시민들이 한겨레에 리영희 고문 구속에 항의하는 격려광고를 냈고, 발전기금 모금에 폭발적으로 호응해주었다. 4월 21~27일 한 주간만 모금 총액이 무려 17억 2,000만 원에 이르렀다.

또 하나 생각나는 게 있다. 회사가 특위 위원들 부부에게 설악산 3박 4일 위로 휴가를 마련해주었는데 공교롭게도 우리가 떠나려던 이틀 전 리영희 선생이 1심 선고공판에서 유죄선고를 받았다. 이 침통한 분위기 속에서 휴가를 떠날 수 없어 우리는 연기 요청을 한 바 있는데, 회사는 그 이후 아무런 후속 대책을 마련해주지 않아 위로 휴가는 유야무야됐다. 나는 이 점을 늘 당시의 특위 위원들과 그 가족들에게 미안한 마음을 가지고 있다.

나는 역마살이 많은지 1991년 2월 한겨레를 떠났다. 1988년 2월부터의 3년 동안 한겨레에서 맡은 직책만도 1기 편집위원장, '〈한겨레〉 발전기금 특위' 위원장, 관리담당 이사, 광고담당 이사 겸 광고국장, 총괄담당 이사, 4대 편집위원장을 맡아 정신없이 보냈다.

내가 4대 편집위원장을 끝으로 〈한겨레〉를 떠난 데에는 몇 가지 사연이 있었지만 한 10년 지나 되돌아봤더니, 내가 갓 42살 때인 1985년 '민언협' 초대 사무국장을 맡은 이래, '민통련' 사무처장, 두 차례 〈한겨레〉 편집위원장을 맡으면서 '나도 모르게 자만심과 엘리트 의식에 깊이 빠져들어 있었기 때문이었구나' 하는 것을 깨닫게 됐다. 이러한 반성 이후 나의 마음은 늘 〈한겨레〉와 함께하고 있다.

2018년이면 〈한겨레〉가 창간 30돌을 맞는다. 온갖 어려운 고비를 넘기고 지금까지 살아남은 〈한겨레〉의 저력이 참으로 대단하다. 그럼에도 불구하고 〈한겨레〉에 들려주고 싶은 말이 한 가지 있다. 〈한겨레〉는 앞으로도 '없는 것보다는 있는 것이 더 나은 신문'이 아니라 '한국의 민주주의와 한반도의 평화를 위해서 절대 없어서는 안 될 신문'으로 우뚝 서 있기를 바란다는 점이다.

성유보의 가을

이 책에 부칠 보론 형식의 글을 써달라는 한겨레출판의 요청을 받은 것은 그가 타계한 지 반년이 지난 2015년 4월의 일이다. 평생을 언론계에 몸담으며 언론 민주화 운동에 일생을 바친 인간 성유보를 임재경의 시각에서 풀어 달라는 것이 취지였다. 〈한겨레〉에 연재한 고인의 글은 많은 공을 들여 객관적으로 치밀하게 구성된 것이라 평가된다. 연대기적(年代紀的) 순서로 짜인 타인의 회고록에 두서없이 들었다 사라지는 기억의 파편들을 주워 모아 붙인다는 것이 적잖게 부담스러웠으나 잠시 망설이던 끝에 응낙했다. 인간 성유보에 대한 기억은 내 삶의 지울 수 없는 자산으로 남아 있는 까닭이다.

성유보가 눈을 감기 이틀 전 오후, 언론인 신홍범(〈한겨레〉 논설주간 역임)과 나는 그가 입원했던 병원에 찾아갔다. "환자는 눈을 감고 휴식을 취해야 할 터인데, 공부를 하면 어떻게 하지?" 연필을 들고 침대에 앉아 열심히 책을 읽고 있는 그를 향하여 농담조의 첫 마디를 던졌다. 그는 "환자는 무슨 환자에요, 이 책? 생각을 많이 하게 만드네요"라며 읽고 있던 백낙청의 책을 들어보였다. 이 날의 만남이 그와의 마지막 대면이 되리라는 것은 꿈에도 생각하지 못했다. 팔에 연결된 링거 대를 이끌고 배웅을 하겠다고 따라나서는 성유보를 만류했으나, 무슨 고집인지 엘리베이터를 타고 아래층까지 내려왔다. 바람을 쏘이겠다는 거였다.

성유보의 마지막 2년(2013~2014)은 통일 문제에 누구보다 열심히 몰입하던 기간이다. 김대중-노무현 정부 시절과는 판이하게 달라진 대북정세에서 그는 '정전 협정 60년을 평화 시대로'라는 슬로건을 내걸고 '희망래일'의 깃발을 높이 흔들었던 것이다. 아현동 기독교 회관과 서교동에서 열린 두 차례 평화축제에는 짐작했던 이상으로 사람이 많이 모였다. 통일 운동과 남북 교류에 관련된 성유보의 기억들은 꽤 오래되고 다양한데 그중에서 빼놓을 수 없는 것이 〈한겨레〉 창간 초기에 벌어진 일들이다.

1988년 리영희 선생의 '김일성 인터뷰 기획' 사건이 먼저 떠오른다. 내가 편집인으로, 성유보가 논설위원으로 일할 때인데, 북한 방문 취재에 둘 다 신중론 입장이었음을 뒤늦게나마 밝혀두어야겠다. 신문사 내부에서 공식적으로 이 취재 기획을 논의한 바는 없으나 성유보를 급진파로 분류하는 세간의 소문과는 달리 그는 김일성 인터뷰가 신문이 놓인 여러 사정을 참작하면 모험에 가깝다는 입장이었다. 신홍범도 신중론이었다. 여하튼 일은 벌어졌고, 리영희 선생이 구속된 데 이어 나와 회사 간부 셋이 안기부에 연행되어 며칠 동안 밤샘 심문을 당하는 고초를 겪었다. 이때 성유보는 안기부의 언론 탄압에 맞서는 싸움을 이끌었던 것이다.

성격은 조금 다르지만 '서경원 의원 방북' 사건 때에도 마찬가지이다. 누구도 달가워하지 않는 특별대책위원장이라는 책무가 성유보에게 돌아갔다. 그 자신의 담당 분야이거나 그의 책임 아래 일어난 것이 아니더라도 일단 일이 벌어지고 나면 수습하는 '궂은 일'은 그가 도맡아 하는 경우가 비일비재했다.

〈한겨레〉 창간 초기의 '궂은일'은 뭐니 뭐니 해도 창간 기금을 모으는 일이었다. 직무와 직위의 경중 고하를 막론하고 사내의 동지들이 기금 모집에 적극적이지 않은 사람이 없었겠으나 그 임무를 관장하는 자리는 모두 꺼리는 것이었다. 결국 그 모금특별위원장직은 그 말고는 맡을 사람이 없었다. 특위의 부위원장을 맡았던 칼럼니스트 김선주(〈한겨레〉 논설주간 역임)는 당시를 회고하며 성유보가 탁월한 지도력을 발휘했다고 술회했다.

궂은일은 하나 더 있었다. 성유보가 역임했던 광고국장이란 자리인데, 〈한겨레〉의 광고 수주는 고달픈 데 비해 성과가 쉽게 나오지 않았다. 광고와 관련하여 신문의 기사와 논평을 절대 악용하지 못한다는 창간 정신이 어려움으로 작용했을 터다. 송건호 사장을 보좌하는 부사장직에 있던 나는 공석 중인 광고국장 인선을 놓고 딜레마에 빠졌다. 창간 정신을 굳건히 지키며 광고국장직을 수행할 자원자를 신문사 안에서 찾기가 수월하지 않은데다 외부에서 스카우트할 대상도 마땅치 않았기 때문이다. 해직 기자로서 창간에 참여한 간부들 가운데 지면이 상대적으로 넓은 외근 유경험자일수록 광고국장직을 더 기피했기 때문에 눈앞이 캄캄했다. 나는 결국 광고국장 감으로는 제일 꼴찌라야 맞을 성유보에게 마지막으로 광고국을 맡아 달라고 간청했다. 모든 사람이 고개를 좌우로 흔든다면 자신이 나갈 수밖에 없다며 그는 내 청을 수락했다. 성유보의 광고국장직 수락 이후 〈한겨레〉 편집국 간부를 지내고 나서 광고국 일을 마다하지 않은 사람들을 나는 소중한 인물로 마음속에 간직한다. 김두식(《한겨레》 6대 사장), 홍수원(《한겨레》 편집국 부국장), 고희범(《한겨레》 11대 사장), 고광헌(《한겨레》 14대 사장), 정영무(《한겨레》 16대 사장) 등이 곧 여기에 해당한다.

자타분한 이해타산에 매달리지 않고 어려운 결단을 내렸던 성유보에게 본받을 점이 많다는 것은 두말할 나위 없으나 그가 직장과 조직에서 같이 일하기 항상 편한 상대는 아니었다. 언론 민주화 운동에 몸을 던진 사람치고 고집 없는 사람 찾아보기 힘들지만 그중에서도 성유보의 고집은 유명하다. 성유보가 편집위원장으로 있을 창간 2년이 됐을까 말까한 때의 일이다. 그가 워싱턴 특파원을 두어야 한다는 제안을 불쑥 내밀었다. 그 시절 〈한겨레〉의 낮은 봉급 수준 때문이겠으나 워싱턴 특파원 한 사람을 유지하는 데 필요한 지출이 사원 20명의 인건비와 맞먹는 것이어서 나는 시기상조라는 이유로 반대했다. 그러나 낮은 봉급 수준에서 고생하는 기자들에게 내일의 희망을 주기 위해서라도 해외 특파원은 꼭 두어야 한다며 자신의 주장을 굽히지 않아 결국 그에게 졌다. 어찌됐건 첫 워싱턴 특파원 정연주(《한겨레》 논설주간, KBS 사장 역임)의 뛰어난 취재와 보도로 성유보의 고집은 보람찬 결실을 맺었다.

신문 제작을 포함한 세상사에 서로의 생각이 엇갈렸던 적은 한두 번이 아니었으나 기록해두지 않아 여기서 일일이 열거하기는 힘들다. 하지만 공공성이 짙은 한 가지 일은 꼭 소개하고 싶다. 성유보가 논설위원, 내가 편집인·논설주간일 때의 일이다. 노태우 정부가 조각을 앞둔 어느 날 제1사설의 주제를 '국방부 장관 군인 출신이 아닌 문민(文民)'으로 하자고 내가 발의했다. 그런데 예상과는 달리 성유보가 시기상조를 내세워 반대하는 것이었다. 이 문제를 놓고 설왕설래하는 것이 오해를 불러일으키지 않을까 두려워 더 이상 거론하지 않았지만 내 주장을 관철하지 않은 것이 지금껏 후회스럽다. 이 글을 쓰면서 〈한겨레〉의 논설위원과 편집인을 지낸 곽병찬에게 확인한 결과 나와 성유보가 신문사를 떠난 뒤에도 '국방부 장관 문민기용'을 표제로 내건 사설이나 기명 칼럼은 나간 적이 없다고 했다.

1990년대 초 〈한겨레〉의 짐을 벗은 그와 나의 나이는 50살, 57살이었다. 그로부터 작고하기까지 20여 년간 그에게 닥친 일 가운데 굵직한 것만 골라도 월간지 〈사회평론〉 발행인, 개혁신당 부대표, 민주언론운동시민연합 이사장, 총선연대(낙천-낙선 운동) 공동대표, 방송위원회 상임위원, 희망래일 이사장, 우리겨레하나되기운동본부 이사장 등 여간 다양하지 않다. 특기할 것은 이 중 그가 드린 품에 보수(급여)를 지불한 곳은 3년간의 방송위원직이 유일하다. 가난을 타고 난 팔자라고 하면 간단히 끝날 일인지 모르겠으나 자유 언론 운동과 민주화 운동에 참여했던 투사들 중에서 정말 특이한 존재라 할 것이다. 그런 점에서 가족, 특히 그의 부인 장연희 여사에게 빚을 잔뜩 지고 이승을 하직한 사람이다.

성유보의 칠십 평생 중 그 자신이 별로 달가워하지 않는 이력이 있다면 1996년 총선거에 개혁신당 공천으로 분당에서 출마한 '사건'이다. 두려움을 모르고 군사 독재에 맞서서 싸웠던 재야의 박형규 목사와 인권 변호사 홍성우가 중심이 된 개혁신당은 '지역주의 청산'이란 구호가 무색하게 선거에서 실패했고 그 역시 낙선했다. 고집스러운 성품에다 돈 만드는 재간은 눈곱만큼도 없는 성유보가 선거 운동을 어떻게 하드냐고 허물없이 지내던 동료, 선후배들이 내게 물었다. 그가 선거에 출마했을 때 내가 성유보의 후원회장을 맡았던 까닭에 비교적 가까운 거리에서 관찰할 기회가 있었다. 분당은 강남보다 더 '골 때리는 부르주아 영역'이었던 때문에 개혁신당의 깃발로는 애당초 바람을 일으키기가 어려운 선거구였다. 술과 밥을 얻어먹겠다고 빌붙는 뜨내기는 별로 없었으려니와 몰표를 주겠다며 접근하는 정치깡패는 범접할 염을 내지 못했다. 그런데도 최소한의 차량비와 인건비가 자꾸 늘어남에 따라 돈 만드는 일을 후원회장이 간접적으로나마 거들어야 했다. 가까운 친구들이 십시일반으로 후원금을 낸 것은 더할 나위 없으려니와 그것으로 모자라 결국 누군가에게 손을 내밀어야 하는 지경에 갔다. 성유보의 인품을 잘 아는 몇을 직접 만나 특별 출연을 간청했더니 두말없이 응해주어 급한 불을 끌 수 있었다. 그때 처지로는 적지 않은 액수를 도와준 김영기, 이헌조, 최욱에게 고인을 대신해 뒤늦게나마 감사의 말씀을 드려야겠다.

뜻을 같이하는 사람들(동지)에게는 격식을 차리지 않는 것으로 소문이 난 성유보가 선거 운동 판에서는 자유롭지 못했던 같다. 낙선 이후 부인 장 여사가 들려준 바에 의하면 출마 당시 세 들어 살고 있던 아파트의 엘리베이터에서 성유보의 몸가짐은 도무지 이해가 가지 않았다고 한다. 그는 거기서 마주치는 초면의 이웃들에게 꾸벅 고개를 숙이며 "이번에 출마한 아무개입니다. 한 표 부탁합니다"라는 말을 하지 못하더라는 거였다. 그런 모습을 보고 장 여사가 어떻게 충격을 받지 않을 수 있겠는가.

격식을 차리지 않는 성유보가 바둑을 몹시 즐긴 것은 널리 알려졌는데 이와 관련된 일화 한두 가지를 소개해야겠다. 하나는 정태기(《한겨레》 12대 사장)가 목격한 장면으로 '오원춘 사건'의 최종 변론을 위해 대구로 내려가는 열차 안에서 황인철 변호사와 성유보가 벌인 바둑 대결이다. 대구역 플랫폼에 열차가 막 진입하는데도 바둑판을 덮지 않는 두 사람에게 내리자고 독촉하자 성유보는 "조금만 기다려요. 한두 집 차이인데……"라고 대답하더란 거였다. 아슬아슬한 판세의 끝내기 국면이었던 모양이다. 60대 이후는 말할 것도 없고 〈한겨레〉를 만들 때에도 틈만 나면 성유보와 나는 바둑을 두었다. 양평동에 위치한 〈한겨레〉 사옥 근방에는 기원이 없어 퇴근길에 영등포 역전 '먹자골목'에서 탕수육과 짜장면에 고량주를 한잔 씩 걸친 후 허름한 기원으로 향하고는 했다.

다음은 2006년 5월 성유보와 내가 한겨레통일문화재단 후원으로 준공하는 어린이 학습장 공장을 참관하기 위해 평양을 방문했을 때의 이야기이다. 우리보다 앞서 평양에 다녀온 바둑 친구 김용태(화가, 민예총 이사장 역임)는 저녁에 평양 시내에 나가는 것은 불가능함으로 바둑판을 준비하여 호텔에서 바둑을 두며 시간을 보내라고 귀띔해주었다. 경탄할 일은 비행기나 열차 안에서 쓰는 휴대용 소형 바둑판이 아니라 값이 꽤 나갈 고급 대형 바둑판과 특수 유리 재질의 바둑알 한 쌍을 성유보가 준비해온 것이다. 그런데 이 묵직한 보따리의 바둑판과 바둑알은 북한의 순안 공항 보안검사대에서 걸리고 말았다. 수화물 주인을 찾는 바람에 그가 나서자 검사원은 바둑판이 든 가방을 가리키며 무슨 물건이 들었냐고 물었다. 바둑판이라는 대답에 보따리를 풀고 바둑알을 꺼내 만져보고 나서야 "처음 봅네다. 이게 바둑알이구만"하며 나가라 했다. 방문 팀이 투숙한 호텔에서 그와 나는 평양에 머문 사흘 동안 매일 저녁 밤늦도록 바둑을 두었다. 다섯 번을 두었다면 승률은 2 대 3으로 내게 유리했는데 그의 수는 나보다 높은 편이지만 실전에서 너무 바둑 원론에 충실하려는 결과라 생각했다. 그리하여 나는 "성유보가 육사(陸士) 바둑을 둔다"고 놀려댔다.

자유 언론 운동과 민주화 운동을 하는 과정에서 나이가 일곱 살 아래지만 성유보로부터 나는 많은 것을 배웠다. 일반적으로 보면 경험을 먼저 많이 한 선배로부터 배우는 것이겠지만 실제는 그렇지 못하다. 내 경우는 선배가 '정교사(正教師)'가 아닌 '반면교사(反面教師)'일 때가 더 흔했다. 언뜻 떠오르는 예로 성유보는 집회나 모임이 끝나 사진을 찍을 때 언제나 가운데 자리를 양보했다. 쉬운 일 같지만 버릇이 잘못 들어 집회에 참여하는 것은 둘째고 사진을 찍는 데에만 신경을 쓰게 되기 마련이다. '염불에는 마음이 없고 잿밥에만 마음이 있는 격'인데, 이런 것이 반면교사라면 성유보는 언제나 정교사였다.

2015년 5월

임재경(언론인)

주

저자 서문 멈출 수 없는 언론 자유의 꿈

1. 박석무, 《다산 정약용 평전》, 민음사, 2014, 229~230쪽.

1부 민주의식의 태동

1. 진실·화해를 위한 과거사정리위원회, 〈경산 코발트광산 민간인 학살 관계 보고서〉, 2010.
2. 이대우교수유고집간행위원회, 《2·28은 살아 있다: 이대우 교수 유고집》, 세종출판사, 2010.
3. 위의 책.
4. 위의 책.
5. 민주화운동기념사업회, 《4월 혁명 사료총집》, 민주화운동기념사업회, 2010.
6. 민주화운동기념사업회, 《한일 협정 반대 운동(6·3 운동) 사료총집》 1, 민주화운동기념사업회, 2013, 373쪽.
7. 위의 책, 613~621쪽.
8. 이재오, 《한일회담과 반대 운동: 1951~1965년》, 파라북스, 2011, 274쪽.
9. 민주화운동기념사업회, 《한일 협정 반대 운동(6·3 운동) 사료총집》 2, 민주화운동기념사업회, 2013, 231쪽.

2부 광기의 시대, 포기할 수 없는 꿈

1. 김진배, '1968년 그해 영광과 곤욕: JP 특종, 차관필화(借款筆禍)', 〈관훈저널〉 2008년 봄호, 관훈클럽, 73~100쪽.
2. 민주화운동기념사업회연구소 편, 《한국민주화운동사 1: 1공화국부터 3공화국까지》, 돌베개, 2008, 530~531쪽.
3. 김기선, 《시대의 불꽃 1: 전태일》, 민주화운동기념사업회, 2003, 97~98쪽.

4. 사마천 지음, 소준섭 평역, 《사기》 상하, 서해문집, 2008.
5. 이철승, 《대한민국과 나: 이철승의 현대사 증언》 1, 시그마북스, 2011, 410~411쪽.
6. 민주화운동사업기념회연구소 편, 앞의 책, 562~564쪽.
7. 한홍구, 《유신》, 한겨레출판, 2014, 55쪽.
8. 송건호, '박정희 정권하의 언론', 《한국 언론 바로보기 100년》, 다섯수레, 2000, 281~290쪽.
9. 김민환, 《한국 언론사》, 나남출판, 2002, 494~495쪽.
10. 신홍범·임재경 정리, 《나의 믿음은 길 위에 있다: 박형규 회고록》, 창비, 2010, 218~219쪽.
11. 한홍구, 앞의 책, 78~94쪽.
12. 민주화운동기념사업회연구소 편(2), 《한국민주화운동사 2: 유신체제기》, 돌베개, 2009, 123~124쪽.
13. 동아자유언론수호투쟁위원회, 《자유언론: 1975~2005 동아투위 30년 발자취》, 해담솔, 2005, 77~78쪽.
14. 민주화운동기념사업회연구소 편(2), 앞의 책, 127쪽.
15. 동아자유언론수호투쟁위원회, 앞의 책, 119쪽.
16. 윤활식 외, 《1975: 유신 독재에 도전한 언론인들 이야기》, 인카운터, 2013, 73쪽.
17. 위의 책, 126쪽.
18. 성유보 외, 《너마저 배신하면 이민갈 거야》, 월간말, 2002, 228~231쪽.
19. 신동호, 《70년대 캠퍼스》 1, 도요새, 2007, 206쪽.
20. 동아일보사노동조합 편, 《동아 자유언론실천운동 백서》, 동아일보사노동조합, 1989, 75~79쪽.
21. 〈동아일보〉 1975년 2월 26일자 3면.
22. 동아자유언론수호투쟁위원회, 앞의 책, 176~180쪽.
23. 민주화운동기념사업회, 〈희망세상〉 2010년 1월호, 민주화운동기념사업회.
24. 서권석, '미국 이민 32년 내내 그리운 얼굴들', 윤활식 외, 《1975: 유신 독재에 도전한 언론인들 이야기》, 인카운터, 2013, 158~167쪽.
25. 신동호, 앞의 책, 218~219쪽.
26. 이영록, '역천의 세월, 아직도 계속되고 있는가', 윤활식 외, 《1975: 유신 독재에 도전한 언론인들 이야기》, 인카운터, 2013, 285~305쪽.
27. 신동호, 앞의 책, 99~100쪽.

3부 암흑 속에서 희망을 일구다

1. 최장집, 《민주화 이후의 민주주의》, 후마니타스, 2002.
2. 신동호, '1970년대 학생 운동의 특징과 방식', 《학생 운동의 시대》, 민주화운동기념사업회, 2013, 120쪽.
3. 신동호, 앞의 책, 265~274쪽.

4. 이호룡·정근식 엮음, '학생 운동 연구를 위한 방법론적 모색', 《학생 운동의 시대》, 민주화운동기념사업회, 2013, 153~156쪽.
5. 〈한국일보〉 1979년 12월 8일자 7면.
6. 김삼웅, '정치지도자들의 정세인식', 《1980년 서울》, 민주화운동기념사업회, 2010, 55~65쪽.
7. 위의 글.
8. 조광, '1980년과 정의의 문제', 《1980년 서울》, 민주화운동기념사업회, 2010.
9. 김재홍, '1980년 신군부의 정치사회학: 정치군벌 하나회의 정권찬탈 내란과정', 《1980년 서울》, 민주화운동기념사업회, 2010.
10. 고승우, '1980년 언론과 언론인: 광주 항쟁과 기자들의 투쟁', 《1980년 서울》, 민주화운동기념사업회, 2010, 17~27쪽.
11. 김창룡, '우상화 저널리즘을 경계한다', 《미디어오늘》, 2003, 38~54쪽.
12. 김삼웅, 앞의 글.
13. 6월항쟁을기록하다편집위원회, '가톨릭농민회와 기독교농민회', 《6월 항쟁을 기록하다》 1, 민주화운동기념사업회, 2010, 377~378쪽.
14. 6월항쟁을기록하다편집위원회, '민주화운동청년연합, 깃발을 높이 들다', 《6월 항쟁을 기록하다》 1, 민주화운동기념사업회, 2010, 201쪽.
15. 6월항쟁을기록하다편집위원회, '5·3 인천 사태: 민통련 집회를 중심으로', 《6월 항쟁을 기록하다》 2, 민주화운동기념사업회, 2010, 350~353쪽.
16. 김정남, 《진실, 광장에 서다: 민주화 운동 30년의 역정》, 창비, 2005, 548쪽.
17. 〈4·13 발표 전후의 정치 정세〉 기독교사회문제연구원 리포트.
18. 서중석, 《6월 항쟁: 1987년 민중운동의 장엄한 파노라마》, 돌베개, 2011.

사진 출처

38쪽 〈동아일보〉 1963년 4월 19일자 7면
52쪽 〈부산일보〉 1960년 4월 12일자 3면
65쪽 《대한민국정부기록사진집》 4권
72쪽 〈경향신문〉 1964년 4월 27일자 6면
111쪽 〈경향신문〉 1970년 10월 7일 7면
132쪽 《대한민국정부기록사진집》 9권
137쪽 〈동아일보〉 1973년 8월 9일자 1면
152쪽 〈동아일보〉 1974년 4월 4일자 1면
163쪽 〈동아일보〉 1974년 10월 24일자 1면
177쪽 〈동아일보〉 1974년 12월 26일자 4~5면
242쪽 〈한국일보〉 1979년 12월 8일자 7면
248쪽 《보도사진연감 '80》
262쪽 〈조선일보〉 1980년 8월 23일자 1면
306쪽 《보도사진연감 '80》
335쪽 〈한겨레〉 자료사진

* 이 책에 수록한 사진들은 대부분 저작권자의 동의를 얻었지만, 일부 출처 확인을 하지 못한 사진도 있음을 알려드립니다. 누락된 저작권자께서는 편집부로 알려주시기 바랍니다.

미완의 꿈

언론인 성유보의 한국 현대사

초판 1쇄 인쇄 2015년 6월 29일
초판 1쇄 발행 2015년 7월 6일

지은이 성유보
펴낸이 이기섭
편집인 김수영
책임편집 이조운
기획편집 정회엽 최선혜
마케팅 조재성 정윤성 한성진 정영은 박신영
경영지원 김미란 장혜정

펴낸곳 한겨레출판(주) www.hanibook.co.kr
등록 2006년 1월 4일 제313-2006-00003호
주소 121-750 서울시 마포구 효창목길6(공덕동) 한겨레신문사 4층
전화 02) 6383-1602~3 **팩스** 02) 6383-1610
대표메일 book@hanibook.co.kr

ISBN 978-89-8431-913-4 03900

* 책값은 뒤표지에 있습니다
* 파본은 구입하신 서점에서 바꾸어 드립니다.